W0360807

Werner Sonne

# Israel und wir

Werner Sonne

# Israel und wir

## Geschichte einer besonderen Beziehung

C.H.Beck

In den historischen Abschnitten dieses Buches wurden einige Textpassagen übernommen aus: Werner Sonne, Staatsräson? Wie Deutschland für Israels Sicherheit haftet, Berlin 2013.

© Verlag C.H.Beck oHG, München 2024

Alle urheberrechtlichen Nutzungsrechte bleiben vorbehalten. Der Verlag behält sich auch das Recht vor, Vervielfältigungen dieses Werks zum Zweck des Data Mining vorzunehmen.
www.chbeck.de
Umschlagabbildungen: Portrait des Autors: © picture alliance; Jerusalem: © istockphoto
Umschlaggestaltung: Kunst oder Reklame, München
Satz: Janß GmbH, Pfungstadt
Druck und Bindung: Pustet, Regensburg
Gedruckt auf säurefreiem und alterungsbeständigem Papier
Printed in Germany
ISBN 978 3 406 82013 7

myclimate

verantwortungsbewusst produziert
www.chbeck.de/nachhaltig

## Inhalt

# Prolog

Oktobertage sind in Israel bunte Postkartentage. Blauer Himmel, gesprenkelt mit weißen Wölkchen, warme, aber nicht mehr zu heiße Tage, milde Temperaturen am Abend, die zum unbeschwerten Ausgehen einladen. Das Rauschen der Wellen am Strand von Tel Aviv, die ersten Jogger sind an diesem Morgen unterwegs. Das Laubhüttenfest, das jüdische Erntedankfest, geht an diesem Schabbat zu Ende.

Um 6.30 Uhr morgens an diesem 7. Oktober 2023 ist plötzlich alles ganz anders. Die Sirenen heulen, schrecken uns auf, dann zwei Explosionen.

Kurz darauf meldet sich mein Freund Ron Ben-Yishai, ein bekannter israelischer Militäranalyst, telefonisch und sagt, dies sei kein Probealarm, dies sei Krieg.

Ziemlich schnell blitzen die ersten Meldungen auf meinem Smartphone auf, berichten von Überfällen aus dem Gaza-Streifen auf israelisches Gebiet, von heftigen Schießereien und offensichtlich auch von Geiselnahmen.

Mein erster Gedanke ist: schon wieder! Die Geschichte wiederholt sich. Eigentlich war ich in Israel zum 50. Jahrestag des Jom-Kippur-Krieges. Das war am 6. Oktober, einen Tag zuvor. Als junger ARD-Hörfunkreporter hatte ich 1973 aus Israel berichtet.

Auch damals war der Staat der Juden völlig blind von dem Angriff der Araber überrascht und anfangs in eine existentielle Krise gebracht worden. Die hochgelobten Geheimdienste hatten völlig versagt. Und diesmal schon wieder. Es war die Arroganz der Macht. Nach dem so erfolgreichen Sechstagekrieg des Jahres

1967 waren die Israelis im Oktober 1973 überzeugt, dass es die Araber nicht wagen würden, sie anzugreifen. Und auch diesmal waren die Sicherheitsdienste der Meinung, sie hätten die Lage im Griff. Da wird nichts passieren, jedenfalls nicht aus Richtung Gaza. Wie fürchterlich und eigentlich unerklärlich falsch sie damit lagen!

Die israelische Bevölkerung und damit auch die Netanjahu-Regierung hatte zu diesem Zeitpunkt ganz andere Probleme. Seit Monaten gingen immer wieder Hunderttausende auf die Straße, um gegen die Justizreform zu demonstrieren. Die unabhängige Justiz sollte entmachtet werden, so empfanden sie es, sie sollte nicht länger als Korrektiv gegenüber der Regierung dienen dürfen.

Die Netanjahu-Regierung, zusammengesetzt auch aus Parteien mit ultra-rechten, ultra-orthodoxen und ultra-nationalistischen Kräften, wollte sich nicht länger dabei stören lassen, ihre radikale Agenda durchzusetzen. Im Kern ging es darum, welche Identität der Staat der Juden in Zukunft haben sollte: eine weltoffene, liberale Gesellschaft oder ein Land auf dem Weg zu einem Gottesstaat mit den Spielregeln aus dem Alten Testament.

In den Tagen unmittelbar vor dem Ausbruch des Krieges waren wir in Israel, aber auch in der palästinensischen Westbank unterwegs, besuchten Jericho und dann auch Bethlehem. Dort trafen wir auf Hassan (Name geändert), einen Fremdenführer. Ein kluger, gebildeter Palästinenser Mitte dreißig, der stolz darauf war, dass sein Großvater noch als Beduine in einer Höhle gelebt hatte. Er berichtete freimütig von den zunehmenden Spannungen innerhalb der palästinensischen Bevölkerung. Sowohl in der Westbank wie auch in Gaza schwinde die Unterstützung der Menschen für die Herrschenden, die nur an ihrem Machterhalt interessiert und darüber hinaus völlig korrupt seien. Ja, auch für die Hamas in Gaza, versicherte er auf Nachfrage. Ich teilte seine Analyse. Als ich ihm berichtete, ich hätte vor einigen Jahren bei einer öffentlichen Veranstaltung in Nordrhein-Westfalen Palästinenser-Präsident Abbas vor einem großen Publikum als Moderator eines etwa einstündigen Gesprächs mit meinen kritischen Fragen so verärgert, dass er auf der Bühne (erfolglos) verlangte, von diesem lästigen Fragesteller befreit zu werden, stand er auf und umarmte mich spontan. Ich war offenbar sein Held, endlich einer, der Abbas die Stirn geboten hatte. Es war ein Bild der zunehmenden Hoffnungslosigkeit und Resignation, das er von seinen Landsleuten zeichnete. Dann führte er uns zu einem Beobachtungspunkt und zeigte auf die riesigen israelischen Wohnblöcke, die rund um Jerusalem im Osten auf palästinensischem Gebiet entstanden sind. Eine hohe Mauer, gut doppelt so hoch wie die einstige Mauer in Berlin, schirmt sie von dem Gebiet ab, das den Palästinensern verblieben ist. Wir fahren weiter zum Aida-Flüchtlingslager, das dort am Rande von Bethlehem seit 1950 steht. Über einem großen Eingangstor in Form eines Schlüssellochs liegt quer ein riesiger, rostiger Schlüssel, bis heute das Symbol schlechthin für den Anspruch, in die Häuser zurückzukehren, die sie im Krieg 1948 an die Juden verloren haben. Gleich daneben auf der Mauer ein großes Wandgemälde mit vermummten Kämpfern, die mit Schleudern gegen die israelischen Feinde vorgehen. Darüber in Knallrot die Zeile: We will win!

Am Abend vor dem Angriff, am Jahrestag des Beginns des Jom-Kippur-Krieges, sind wir bei Freunden zum Abendessen eingeladen. Yael, damals Leutnant und Verbindungsoffizier der israelischen Armee und als 22-Jährige die Organisatorin des Transports für uns Korrespondenten an die Fronten auf den Golanhöhen und auf dem Sinai, hat sich viel Mühe gegeben, ein europäisch-jüdisch-arabisches Menü zusammenzustellen. Ihr Mann Dani war einer der ersten, die 1973 an der Sinai-Front von der ägyptischen Armee gefangen genommen wurden.

Auch Ron ist dabei, der hoch erfahrene journalistische Sicherheitsexperte. Er berichtet von den zunehmenden Spannungen in den Palästinensergebieten auf der Westbank in den zurückliegenden Monaten, vor allem in dem Flüchtlingslager in Jenin, wo die Armee massiv gegen vermutete Terroristen vorgeht und es zu zahlreichen Opfern kommt. Dort ist der Fokus des israelischen Sicherheitsapparates. Es zeichne sich die Gefahr einer dritten Intifada ab, befürchtet Ron. Auch hier zeigt sich, dass die Hoffnungslosigkeit der jungen Palästinenser sich ein Ventil sucht, und das ist die Gewalt. Die israelische Armee hat einen wesentlichen Teil ihrer Truppen dorthin verlegt. Von Gaza ist nicht die Rede.

Das sollte sich rächen. Die IDF, die israelischen Streitkräfte, sind nicht nur geschwächt, sie sind völlig unvorbereitet und über Stunden unfähig, diesen Angriff abzuwehren.

Ron, der eine Vielzahl von Krisen und Kriegen erlebt hat, wird mir später berichten, er habe schon so viele schreckliche Dinge gesehen. Etwa in Sabra und Shatila, wo die christlichen Milizen unter den Augen der israelischen Besatzer 1982 im Libanon ungeheure Massaker begingen, seien die Leichen zum Teil brusthoch gestapelt gewesen. Ron hat dann nach dem jüngsten Angriff vom 7. Oktober Zugang zu dem Videomaterial bekommen, das die Hamas-Terroristen selber aufgenommen haben, als sie an einem Tag rund 1200 Menschen abschlachteten. Eine solche Brutalität, so Ron, habe er trotz allem noch nie gesehen.

Es sollte ein neues, nie gekanntes Trauma für die Israelis werden. Aber auch eine Herausforderung für die übrige Welt, die nun entscheiden musste, wie sie auf diesen Überfall auf den Staat der Juden reagieren sollte. Eine Frage, der sich vor allem die Nachfahren der Nazi-Täter stellen mussten, deren Kanzlerin Angela Merkel Israels Sicherheit zur deutschen Staatsräson erhoben hatte. Plötzlich stand die Frage im Raum: Israel und wir – was nun?

Die Antwort hieß: Staatsräson, Staatsräson, Staatsräson .... Ein Wort in aller Munde, fast wie eine Endlos-Schleife, so klang es wochenlang in Berlin in nahezu jeder Rede. Geprägt wurde das Bekenntnis am Morgen des 18. März 2008. Zusammen mit der deutschen Delegation saß ich als journalistischer Beobachter auf der Besuchertribüne der Knesset, dem israelischen Parlament, gespannt, wie die deutsche Kanzlerin diese Rede meistern würde. In das Jahr 2008 fiel der 60. Jahrestag der Gründung des Staates Israel, bei vielen war die Erinnerung an die tief sitzenden Tragödien in den eigenen Familiengeschichten noch sehr lebendig.

Arieh Eldad hatte bis zur letzten Minute vergeblich dagegen gekämpft, dass Angela Merkel auf Deutsch in der Knesset reden durfte. Der Abgeordnete der ultrarechten Nationalen Union trat ans Mikrofon und sagte, seine Großeltern seien dem Holocaust zum Opfer gefallen, er könne es nicht ertragen, dass in der Knesset Deutsch gesprochen werde. Dann verließ er den Saal.

Er hörte nicht mehr, wie Angela Merkel, dem Anlass entsprechend würdig in einem schwarzen Hosenanzug, die Abgeordneten auf Hebräisch ansprach – einige kurze Sätze, die sie einstudiert hatte. Dann fuhr sie auf Deutsch fort.

Es ging aber keineswegs nur um die Frage Deutsch – ja oder nein. Dieser Auftritt einer deutschen Bundeskanzlerin war noch in weiterer Hinsicht besonders. Es ging darum, ob sie überhaupt sprechen durfte. Eigentlich wurden nur ausländische Staatsoberhäupter vor das israelische Parlament geladen. Die Knesset hatte aber eigens für sie die Regeln so geändert, dass Angela Merkel als weltweit erste Regierungschefin in der Geschichte des Landes dort eine Rede halten durfte.

Die Kanzlerin zollte der Geschichte Tribut, sie sprach von der Scham der Deutschen über den Holocaust und fuhr fort, dass sie sich vor den Opfern und den Überlebenden verneige. «Der Zivilisationsbruch der Shoah ist beispiellos. Er hat Wunden bis heute hinterlassen.» Es war die Linie, die vom ersten Kanzler Konrad Adenauer bis heute die deutsche Politik prägt und die deutsche Sonderrolle gegenüber dem Staat der Juden in ihrem Kern begründet.

Aber Angela Merkel stellte auch einen aktuellen Zusammenhang her. Schon damals fühlte sich Israel vom Iran bedroht. Kein Wunder, hatte doch der damalige Präsident Mahmud Ahmadinedschad gleich nach seiner Wahl im Jahre 2005 Israels Existenz infrage gestellt und davon gesprochen, das Land der Juden «von der Landkarte fegen» zu wollen. Und den Holocaust nannte er einen «Mythos». Angela Merkel sah darin offenbar den angemessenen Anlass, die deutsche Position klarzustellen, und das auch so grundsätzlich, dass es bis heute nachwirkt.

«Jede Bundesregierung und jeder Bundeskanzler vor mir war der besonderen historischen Verantwortung verpflichtet. Diese historische Verantwortung Deutschlands ist Teil der Staatsräson meines Landes. Das heißt: Die Sicherheit Israels ist für mich als Bundeskanzlerin niemals verhandelbar.»

So deutlich, so weitgehend wie sie hatte es bis dahin kein deutscher Regierungschef formuliert. Und zugleich hatte sie schon damals eine Diskussion begonnen, die bis heute nichts an Aktualität verloren hat. Im Gegenteil: Nie war sie so aktuell, so dringlich wie gerade heute. Aber schon damals stellte sich die Frage: War diese Erklärung wirklich so unmissverständlich, so eindeutig, wie der Text es vermuten lässt? Hat sie im Namen Deutschlands an diesem Frühlingstag in Jerusalem ein Versprechen abgegeben, das sie möglicherweise gar nicht einhalten konnte – und ihre Nachfolger auch nicht?

Und hatte möglicherweise Helmut Schmidt, einer ihrer Amtsvorgänger, damals recht, als er sofort öffentlich die Frage stellte, ob Merkels Aussagen vor der Knesset aus Nähe zur amerikanischen Politik gefallen seien oder aus «unklaren moralischen Motiven». Helmut Schmidt spitzte das noch weiter zu: «In meinen Augen eine schwere Übertreibung, das klingt fast nach einer Art Bündnisverpflichtung.» Und Schmidt war damit keineswegs allein, wie sich auch noch lange danach herausstellen sollte. Ausgerechnet der erste Mann im Staate setzte hier ein großes Fragezeichen, und er tat es ausgerechnet in Israel.

Wir begleiteten Joachim Gauck im Mai 2012 auf dieser Reise. Schon im Flugzeug machte er uns mitreisenden Journalisten klar, dass er der von Angela Merkel eingegangenen Verpflichtung eher skeptisch gegenüberstand. Und dann, in Jerusalem angekommen, wiederholte er seine kaum verhohlene Kritik an Angela Merkel auch öffentlich. «Ich will mir nicht jedes Szenario ausdenken, welches die Bundeskanzlerin in enorme Schwierigkeiten bringen könnte mit ihrem Satz, dass Israels Sicherheit deutsche Staatsräson ist.» Es war kein Ausrutscher, es war ein sorgfältig überlegter Satz des Bundespräsidenten, der erst kurz zuvor ins Amt gekommen war und seinen ersten offiziellen Staatsbesuch absolvierte. Nicht überraschend, machte diese Bemerkung in Deutschland sofort Schlagzeilen und verursachte eine Debatte. Joachim Gauck schien noch vor Ort zurückrudern zu müssen. «Wer gemeint hat, zwischen der Bundeskanzlerin und mir Distanz herauszulesen, wäre im Irrtum», sagte er uns.

In der Sache sei er «ganz dicht bei der Kanzlerin». Ganz dicht, aber eben nicht deckungsgleich. Aber als dann im Oktober 2023 das Thema Staatsräson eine völlig neue Dynamik bekam, korrigierte sich Gauck noch viel deutlicher. «Eigentlich war das eine Äußerung, die ein Bundespräsident nicht machen sollte», sagte er in der ZDF-Sendung «Maybrit Illner». «Was ich niemals wollte, ist die Verbindlichkeit unseres Beistands infrage zu stellen.»

Doch trotz der von ihr ausgerufenen Staatsräson würde Angela Merkel in ihrer langen Amtszeit noch bei mehreren Gelegenheiten sehr deutlich machen, dass diese Formel keineswegs als Carte blanche für die Regierenden in Jerusalem zu verstehen war und die Bundesregierung schweigend alles einfach hinnehmen würde, was dort beschlossen und umgesetzt wurde. Das musste vor allem der Dauer-Ministerpräsident Benjamin Netanjahu erfahren, mit dem Merkel harte Auseinandersetzungen mit ganz konkreten Auswirkungen hatte. Reuven Rivlin, von 2014 bis 2021 Israels Präsident, sagte ganz unumwunden im Berliner «Tagesspiegel»: «Sie war nicht blind und hat uns auch mal knallhart die Meinung gesagt, wenn es sein musste. Aber sie hat Israel immer ohne Zögern unterstützt – ohne Spiele mit uns zu spielen.»

Seit diesem Frühlingstag im Jahre 2008 gab es viel Auf und Ab in den deutsch-israelischen Beziehungen. Und lange schien es so, als sei der Begriff der Staatsräson bestenfalls noch für Sonntagsreden tauglich. Das änderte sich nach dem 7. Oktober 2023 schlagartig. Es war fast so, als habe die Berliner Politik den etwas angestaubten Begriff über Nacht wieder aus der Kiste geholt. Und plötzlich standen Regierung und Opposition vor der Herausforderung, ihn mit Inhalt zu füllen.

Es ist Zeit, Bilanz zu ziehen. Gerade jetzt. Wir Deutschen müssen uns fragen, wo wir angesichts dieses so blutig verlaufenden Konflikts stehen. Hatte Angela Merkel recht, als sie sich ohne Wenn und Aber für das Existenzrecht Israels einsetzte? Natürlich hatte sie recht. Für mich ganz persönlich, der ich als Deutscher 1947 in die Ruinen des Zweiten Weltkriegs hineingeboren wurde, zwei Jahre nach dem Ende des Holocaust, kann man das nicht anders sehen. Aber die Frage darf nicht nur von Älteren beantwortet werden. Gerade die nachgewachsenen Generationen müssen sich jetzt darüber klar werden, wie sie mit dem Staat der Juden umgehen wollen.

Wie auch ich tragen sie keine persönliche Schuld an dem dunkelsten Kapitel deutscher Geschichte. Verantwortung dafür, dass es sich nicht wiederholen kann, dagegen schon. Und auch hier gilt, schaut man auf die Reaktionen auf deutschen Straßen oder auch an deutschen Universitäten: gerade jetzt!

Israel hat seine moralische Existenzberechtigung durch diesen so unvorstellbaren, so entsetzlichen und so belastenden, von Deutschland ausgehenden Zivilisationsbruch erworben. Zeit für einen Schlussstrich?

Wohl kaum.

Ebenfalls schmerzhaft ist jedoch die Einsicht, dass die Gründung Israels auf Kosten der arabischen Bewohner Palästinas geschehen ist, denen bis heute Unrecht widerfährt. Der so brutale Angriff der Hamas, der die Menschen in Israel auf nie dagewesene Weise traumatisiert und viele gar an den Holocaust erinnert hat, darf das nicht überdecken. Er hat mit einer neuen Dringlichkeit deutlich gemacht, dass eine Lösung für die Palästinenser gefunden werden muss, soll sich die Spirale der Gewalt nicht immer und immer wieder weiter drehen.

Vor diesem Hintergrund ist sicher weder blinde Gefolgschaft gegenüber Israel noch eine undifferenzierte Dauerkritik angemessen. Jede Auseinandersetzung mit der israelischen Politik und der deutschen Israel-Politik muss vielmehr von den Realitäten ausgehen – und die sind wahrlich komplex.

Dazu gehören die ernstzunehmende Bedrohung durch einen zunehmend radikalen und vielleicht irgendwann atomar aufgerüsteten Islamismus genauso wie die Ungerechtigkeiten und die Gewalt, die im Namen Israels ausgeübt werden. Israel ist stolz auf seine demokratische Tradition, auf seine humanitären Werte – und hat sie bisher gleichzeitig fünf Millionen Palästinensern verwehrt, deren Führung allerdings ebenfalls nicht bereit war, die Chancen für einen endgültigen Frieden mit Israel zu ergreifen, die sich viele Jahre geboten haben. Die Palästinenser blieben zerrissen zwischen politischer Vernunft und wütendem Israel-Hass und machten es so der israelischen Politik leicht, die Frage eines eigenen palästinensischen Staates weiter zu ignorieren und zugleich mit ihren Siedlungen auf palästinensischem Gebiet immer mehr Fakten zu schaffen, die einen solchen lebensfähigen Staat fast unmöglich machen.

Deutschland hat sich schon früh seiner moralischen Verantwortung gestellt. Ohne diese frühe deutsche Hilfe – gerade auch im Sicherheitsbereich – hätte der junge Staat der Juden große Probleme gehabt zu überleben. Gewiss, das ist lange her. Aber wenn jetzt die deutsche Politik, über die Parteigrenzen hinweg, wieder die Sicherheit Israels zur Staatsräson erhebt, dann dürfen das nicht leere Worte bleiben.

Auf der Suche nach tauglichen Beschreibungen für den deutschen Beistand begab sich die Politik gleichwohl schnell auf ein Gebiet, das sich noch als Glatteis herausstellen könnte. Bei einer Bundestagsdebatte zum 85. Jahrestag der Reichspogromnacht etwa nutzte Bundesinnenministerin Nancy Faeser eine zu Fragezeichen einladende Definition, als sie mit Hinweis auf den grausamen Überfall der Hamas auf israelische Bürger feststellte: «Wir stehen fest an der Seite Israels, und ich sage es in aller Deutlichkeit, dieser Tage darf es kein Aber geben.»

Kein Aber? Gilt das ausschließlich als Beschreibung dieses

blutigen und für die Israelis so traumatischen Gemetzels der Hamas, und gilt das nur «dieser Tage»? Oder ist das die Steigerung des Versprechens, wonach Israels Sicherheit deutsche Staatsräson ist? Kann Israel, auch wenn die Waffen schweigen, davon ausgehen, dass es bei den Deutschen künftig kein Aber mehr gibt?

Neben der Bundesinnenministerin saß bei dieser Debatte Annalena Baerbock, die Außenministerin. Hatte sie nicht gerade bei der Abstimmung in den Vereinten Nationen gezeigt, dass die Bundesregierung durchaus nicht so eindeutig ohne dieses Aber auf der Seite Israels stand, als Deutschland sich der Stimme bei einer Resolution enthielt, in der die Verbrechen der Hamas nicht einmal beim Namen genannt wurden? Das hatte in Israel für eine große Welle an Zorn und Unverständnis gesorgt. Yael, die einst für die israelischen Streitkräfte unsere Fahrten an die Front organisiert hatte, schrieb empört, sie sei doch für eine Zweistaatenlösung, ihr Herz sei bei den armen Leuten in Gaza, aber unschuldige Menschen seien in Israel von der Hamas im Schlaf ermordet oder entführt worden, und all das zähle nicht – nur eine Enthaltung durch die Deutschen in der UN! «Was für eine Heuchelei!»

Diese politischen Debatten zeigten auf, wie schwierig es wurde, angesichts tiefer Risse in der Welt, die vor allem im Forum der Vereinten Nationen offenbar wurden, eine Balance zu finden zwischen einem Bekenntnis zu Israel und dem Anliegen, auch an die Opfer in Gaza zu erinnern und die dortige humanitäre Krise einzudämmen.

Aber im Hintergrund setzte sich die Staatsräson mit ihrem Versprechen, für Israels Sicherheit einzustehen, auf eine herausragende Weise praktisch durch, vieles davon geheim. Deutschland lieferte militärisches Gerät und Munition an den Staat der Juden, in Deutschland hergestellte Schiffe wurden im Kampf gegen die Hamas eingesetzt, eigentlich für die Bundeswehr vorgesehene Drohnen kreisten über dem Kampfgebiet. Twentyfour/seven, rund um die Uhr, so lobte man in der israelischen Botschaft, seien die Deutschen für die weitgehenden Anliegen bei dieser konkreten Hilfe ansprechbar gewesen. Ex-Präsident Rivlin fasste es nach einem Vierteljahr Krieg so zusammen: «Deutschland ist das für uns hilfreichste Land, wenn es um unsere Sicherheit geht.» Es war ein spektakulärer Testfall für die Formel von der deutschen Staatsräson.

## Staatsräson konkret
### Die Berliner Politik nach dem 7. Oktober

Als Olaf Scholz am 17. Oktober, zehn Tage nach dem Beginn des Krieges, in Israel war, heulten gleich viermal die Sirenen – Raketenalarm! Zweimal musste der Kanzler allein in der deutschen Botschaft in den Schutzbunker. Zuletzt erwischte es die deutsche Delegation unmittelbar vor dem Abflug mit dem Regierungsflieger der deutschen Luftwaffe. «Alles liegen lassen, alles raus», hieß es plötzlich. Die rund 50 Begleiter, darunter Journalisten und Journalistinnen, wurden aufgefordert, die auf dem Vorfeld des Ben-Gurion-Flughafens geparkte Maschine sofort zu verlassen, sie legten sich flach auf den Asphalt. Der Kanzler wurde eilends in das nahegelegene Flughafengebäude gebracht. Es knallte, das israelische Abwehrsystem Iron Dome schoss über Tel Aviv die anfliegenden Raketen ab.

Olaf Scholz war der erste ausländische Regierungschef, der nach dem Hamas-Überfall nach Israel kam. Auch US-Präsident Joe Biden war in der Region. Beide hatten vereinbart, dass sie nicht am gleichen Tag in Israel sein sollten. Biden kam dann am nächsten Tag. Überhaupt, das zeigte sich früh, waren es diese beiden Regierungen, die während des gesamten Konflikts am engsten kooperierten und ihre Positionen abstimmten, zum Teil praktisch wortgleich in den öffentlichen Stellungnahmen. Der Kanzler wiederholte die Botschaft, die man in diesen Tagen auch in Berlin immer wieder hörte: «Dies ist ein Besuch bei Freunden in schwierigen Zeiten. Die Sicherheit Israels und seiner Bürger ist Staatsräson.» Der politisch entscheidende Satz, auch das sollte sich immer wieder zeigen, war dieser: «Israel hat das Recht, sich gegen diesen Terrorismus zu wehren.»

## Die Linie der Regierung

Auf der Suche nach einem Inhalt für das so weitgehende Versprechen der Staatsräson hatte das Kanzleramt drei Punkte festgelegt, die zugleich auch eine durchaus konkrete Antwort sind auf die immer wieder gestellte Frage, was das Versprechen eigentlich bedeutet, wenn es darauf ankommt:

1. Die moralische Unterstützung: öffentlich zu zeigen, dass man angesichts des ungeheuren Traumas, das der brutale und so unerwartete Hamas-Überfall ausgelöst hatte, an der Seite der Überfallenen stehe. Der sonst mit drastischen Worten nicht zimperliche Gastgeber Netanjahu übertrieb nicht, als er die weit verbreitete Befindlichkeit in der israelischen Bevölkerung beschrieb, indem er sagte, der Terrorangriff sei das «schlimmste Verbrechen gegen Juden seit dem Holocaust».
   Die zahlreichen Besucher aus dem Berliner Kabinett vor Ort versicherten die deutsche Solidarität wieder und wieder. Kein Land schickte so viele Repräsentanten, auch Bundespräsident Frank-Walter Steinmeier reiste an und besuchte eine von der Hamas zerstörte Ortschaft gleich an der Grenze zu Gaza. «Israel hat jedes Recht, sich selbst zu verteidigen und seine Existenz zu sichern», so Steinmeier in Übereinstimmung mit der deutschen Regierungslinie.
2. Die Diplomatie: Berlin wollte sich international darum kümmern, Israel für seine Aktionen in Gaza den Rücken frei zu halten. Es ging darum, so formulierte man das in der Umgebung von Olaf Scholz, der Netanjahu-Regierung «Raum und Zeit» zu verschaffen. Dafür habe man auch «teuer bezahlt» und die Abkehr von einstigen Freunden in Kauf genommen. Israels Bedürfnisse hatten Priorität. «Das geht nicht umsonst», so die bittere Erkenntnis. Hier nahm man auch ein

Zerwürfnis innerhalb der Europäischen Union in Kauf, vor allem mit Deutschlands wichtigstem Partner Frankreich. Immer wieder wehrte sich die Berliner Politik dagegen, Israel zu einem andauernden Waffenstillstand aufzufordern, was der französische Präsident Macron wollte. Dabei ging es um feine semantische Unterschiede. Ging es um «Pause» oder «Pausen»? Humanitäre Pausen ja, so die Berliner Position, Dauerpause jedoch nicht. Das konnte die Bundesregierung in Brüssel durchsetzen. Dieser politische Kraftakt sei allerdings, so ein Beteiligter, «verdammt schwierig» gewesen. «Frankreich und wir gehen da getrennte Wege.» Das sei nicht angenehm gewesen für den Kanzler, «aber er stand».

3. Die ganz praktische, auch militärische Hilfe. Hier hatte Scholz eine Formel im Gepäck, die noch eine wichtige Bedeutung bekommen sollte: «Wenn ihr was braucht, meldet euch!»

Die Bundesregierung richtete eine Arbeitsgruppe ein. Quer durch die Ressorts sollte geprüft werden, was man konkret machen konnte. Dabei rückte schnell der Bereich der militärischen Unterstützung in den Vordergrund. Angesichts der weiterhin mit erheblichen Ausstattungslücken kämpfenden Bundeswehr und vor allem der andauernden Unterstützung der Ukraine mit Waffen und Munition in großen Mengen war diese Aufforderung des Kanzlers eine, die nicht nur einen symbolischen Wert hatte.

Denn bald meldeten die Israelis tatsächlich einen Bedarf an. In Berlin wurde dem schnell stattgegeben: 155-Millimeter-Geschosse für die Artillerie und 120-Millimeter Granaten für die Merkava-Panzer. Hier zahlte sich aus, dass Israels Artillerie die im Westen standardisierten Granatendurchmesser nutzt und die Merkava-Panzer die in Deutschland entwickelte Glattrohrkanone haben.

Es seien Mengen im «fünfstelligen Bereich» geliefert worden, hieß es dazu im Bundesverteidigungsministerium, im Vergleich zum gewaltigen Lieferumfang an die Ukraine – Deutschland ist im Rüstungsbereich der zweitgrößte Lieferant nach den USA –

keine riesige Belastung, aber dennoch ein handfester Beitrag für Israels Verteidigung. Diese Menge, so ein hochrangiger Bundeswehrgeneral, habe ihm «nicht den Schlaf geraubt».

Dazu kamen 3000 tragbare Panzerabwehrwaffen, 500 000 Schuss Munition für Maschinengewehre und andere Schusswaffen, Zünder und Treibladungen. Die Bundesregierung ging damit an die Öffentlichkeit. Insgesamt habe sie 2023 Rüstungslieferungen im Wert von 326,5 Millionen Euro für Israel genehmigt – zehnmal so viel wie im Vorjahr. Und es wurden auch 10 000 Schutzhelme geliefert, die von den israelischen Streitkräften besonders wegen der Leichtigkeit des Materials geschätzt werden. Sofort zugesagt wurden auch zwei Heron-TP-Drohnen, die die Bundeswehr von Israel geleast hatte und die vor Ort einsatzbereit waren.

Besonders hilfreich war auch die schnelle Lieferung von Blutplasma durch das Deutsche Rote Kreuz. Diese Hilfe ist keineswegs nur eine Fußnote, die hinter der militärischen Unterstützung verblasst. Der DRK-Blutspendedienst West hat hier eine auch im weltweiten Maßstab besondere Technik entwickelt. Aus den rund 700 000 Blutspenden pro Jahr kann – ohne dass es zu Verlusten für die eigentliche Versorgung kommt – zusätzlich Trockenplasma hergestellt werden. Dieses Spezial-Präparat hat den Vorteil, dass es lange haltbar ist und keine Kühlkette braucht. Es wird bei größeren Verletzungen eingesetzt und erhöht signifikant die Überlebensquote der Patienten – was gerade für schwer verletzte Soldaten von besonderer Bedeutung ist –, und davon gab es bei den israelischen Streitkräften viele. Alle diese Lieferungen wurden im Übrigen nicht geschenkt, sondern von Israel bezahlt.

## Herausforderung im Roten Meer

Von Anfang an wurde die Bundesregierung von der Sorge umgetrieben, der Konflikt könne sich zu einem Flächenbrand entwickeln, der die ganze Region erfassen würde. Schließlich wurde bald nicht nur im Gaza-Streifen geschossen, sondern auch an der Nordgrenze Israels. Anfangs überließ die Hisbollah diese militärischen Nadelstiche noch den Palästinensern, die im Libanon seit Jahrzehnten ein weitgehend rechtloses Dasein erdulden müssen. Doch die Schießereien entlang der Grenze nahmen auf beiden Seiten zu und wurden bald zu einem beinahe täglichen Schlagabtausch, der mit zunehmender Härte geführt wurde. Große israelische Ortschaften wurden evakuiert, Tausende mussten ihre Häuser verlassen. So kann es nicht weitergehen, war die naheliegende Schlussfolgerung, die man auch in Berlin aus dieser Lage zog. Die Bundesregierung setzte den BND ein, der mit der Hisbollah Kontakt aufnahm und die dringliche Botschaft überbrachte, eine weitere Eskalation zu unterlassen. Außenministerin Baerbock griff selber zum Telefon und beschwor ihren iranischen Kollegen, Teheran solle nicht selber aktiv in den Krieg eingreifen und dafür sorgen, dass die Kampfhandlungen begrenzt blieben. Mit Erleichterung nahm man in Berlin zur Kenntnis, dass trotz aller militärischen Scharmützel die totale Eskalation zunächst eingedämmt werden konnte. Die Iraner hätten zwar, so die Berliner Analyse, «mit dem Feuer gespielt, aber auf kleiner Flamme».

So begannen die vom Iran unterstützten Huthi-Rebellen bald nach dem Beginn der Auseinandersetzung mit dem Beschuss von Handelsschiffen, die sie israelischen Reedereien und Unterstützern Israels zuordneten. Das war problematisch, denn knapp 15 Prozent des maritimen Welthandels verlaufen über diesen Seeweg in Richtung Suezkanal. Immer wieder griffen die Huthis an, entführten Schiffe und schickten auch ballistische Raketen selbst bis nach Israel, was die Israelis zwang, sie mit ihrem hochentwickelten Arrow-3-System abzuschießen – der erste scharfe Einsatz für dieses System. Die Angriffe im Roten Meer zogen die USA stärker in den Konflikt hinein, mehrfach schossen amerikanische Kriegsschiffe jemenitische Drohnen ab und versenkten Huthi-Boote, die Handelsschiffe angreifen wollten. Allein am 9. Januar 2024 wehrten US-Kriegsschiffe, unterstützt von F-18-Jagdbombern des Flugzeugträgers «Dwight D. Eisenhower», einen Großangriff ab, bei dem 18 Drohnen sowie Marschflugkörper und ballistische Anti-Schiffsraketen der Huthis abgeschossen wurden. Kurz darauf schlugen sowohl die USA wie auch Großbritannien zurück. Mit einem Angriff sowohl mit Jagdbombern aus der Luft wie auch mit Marschflugkörpern, die von Kriegsschiffen gestartet wurden, griffen beide Länder Ziele im Jemen an und ließen weitere Angriffe folgen. Für die Bundesregierung signalisierte Außenministerin Annalena Baerbock sofort Zustimmung. «Die Reaktion hat unsere politische Unterstützung», sagte die Grünen-Politikerin. Dieser militärisch begrenzte Schlag stehe «im Einklang mit dem individuellen und dem kollektiven Recht auf Selbstverteidigung der Charta der Vereinten Nationen.»

Washington hatte zuvor eine internationale Lösung verlangt. Deutschland als die drittgrößte Exportnation der Welt konnte sich da nicht wegducken. Zusammen mit 13 anderen Staaten unterzeichnete die Bundesregierung am 3. Januar 2024 eine Erklärung mit einer harschen Warnung an die Angreifer: «Die Huthis tragen die Verantwortung für die Konsequenzen, wenn sie weiterhin Leben, die Weltwirtschaft und den freien Handelsverkehr in diesen kritischen Wasserwegen der Region bedrohen.»

Nun ging es darum, ein geeignetes Schiff zu finden, das vor allem effektiv bei der Luftabwehr eingesetzt werden konnte. Schließlich entschied man sich nach längerer Prüfung für die Fregatte «Hessen», die dann im Rahmen einer EU-Mission ins Rote Meer entsandt werden sollte – durchaus mit der Gefahr, ebenfalls konkret in diesen Konflikt hineingezogen zu werden. Eine weitere Kraftanstrengung für die gebeutelte deutsche Sicherheitspolitik, die zwar auch unter der Ampel-Koalition betont hatte, mehr Verantwortung in der Welt übernehmen zu wollen, damit aber auch an Grenzen der Belastbarkeit stieß.

## Diplomatie auf Hochtouren

Die deutsche Diplomatie lief derweilen weiter auf Hochtouren, etwa in der Geiselfrage. Denn unter den Hamas-Geiseln gab es Menschen, die neben einem israelischen auch einen deutschen Pass hatten. Kanzler, Bundespräsident und Außenministerin tourten nicht zuletzt deshalb durch den Nahen Osten, um in Ägypten, Jordanien, der Türkei und vor allem auch in Katar mit seinen direkten Kontakten zur Hamas-Führung Unterstützung für ihre Freilassung zu finden. Tatsächlich wurden dann bei der Waffenpause und dem Gefangenenaustausch Ende November auch zehn Geiseln mit deutschem Pass nach Israel entlassen.

Gleichzeitig gab es im Gaza-Streifen gar nicht so wenige Menschen, die unter anderem die deutsche Staatsbürgerschaft besaßen. So ging es auch darum, den Spagat auszuhalten, einerseits eindeutig auf Seiten Israels zu stehen, andererseits aber Antworten auf die Frage zu finden: Was ist mit der anderen Seite? Wie kann man vermeiden, die Gräben noch zu vertiefen? Das erwartete vor allem die arabische Welt, die angesichts der deutschen Solidaritätsbekundungen für Israel besonders kritisch auf die Berliner Position schaute.

Nicht nur die israelische Politik stand durch die immer weiter steigenden Opferzahlen unter den palästinensischen Zivilisten unter steigendem Druck. Auch wenn die Bundesregierung an ihrer Linie festhielt, kein Ende der Kampfhandlungen zu verlangen, kam sie nicht umhin, auf zahlreichen Kanälen, intern und auch öffentlich, sowohl in Berlin wie auch vor Ort, auf eine Mäßigung bei den Angriffen zu drängen, und sie wurde dabei immer deutlicher.

Wirtschaftsminister Robert Habeck bekräftigte bei einem Israel-Besuch, die Zerschlagung der Hamas müsse mit «möglichst wenig zivilen Opfern» einhergehen, und auch die humanitäre Hilfe müsse ausgeweitet werden, ohne dass gleich dagegengehalten werde, man versorge so die Hamas. Das sei in seinen Gesprächen mit den Israelis «nicht einheitlich so gesehen» worden.

Besonders Außenministerin Annalena Baerbock, zuvor stets darum bemüht, die Solidarität mit Israel zu betonen, übernahm die Rolle der offiziellen Mahnerin gegenüber der Netanjahu-Regierung. Sie hatte dabei auch die übrige Bundesregierung hinter sich, wo die Sorgen wegen der israelischen Eskalation der Gewalt zunahmen. Dabei verschärfte Baerbock den Ton immer mehr.

Erneut in Jerusalem sagte sie im Januar, es dürfe nicht sein, dass so viele Menschen zu Schaden kämen: «Wir brauchen eine weniger intensive Operationsführung. Das kann so nicht weitergehen.» Auch auf Reisen in andere Teile der Welt, etwa in Ostafrika, bekräftigte sie, sie sei «äußerst besorgt über die verzweifelte Lage der Menschen» im Gaza-Streifen: «Auch beim Recht auf Selbstverteidigung gibt es Regeln, und auch beim Kampf gegen Terroristen gilt das humanitäre Völkerrecht.»

Mitte Februar reiste Baerbock wieder nach Israel. Und wieder legte sie verbal nach. Premierminister Netanjahu hatte eine groß angelegte Offensive gegen die Hamas in Rafah angekündigt, wo sich im Süden über eine Million verzweifelte Menschen aufhielten, die keinen Ausweg mehr sahen. Ein solcher Angriff, so Baerbock, wäre eine humanitäre Katastrophe mit Ansage. Die Menschen könnten sich «nicht einfach in Luft auflösen». Deshalb müsse es eine weitere Feuerpause geben. Zudem müssten sichere Fluchtkorridore eingerichtet und Grenzübergänge für humanitäre Hilfe geöffnet werden. «Es gibt hier kein entweder oder, sondern nur ein sowohl als auch», sagte sie und setzte das Leid auf beiden Seiten nebeneinander. «Die Sicherheit der Menschen in Israel vor dem Terror der Hamas ist ebenso wichtig wie das Überleben der Palästinenserinnen und Palästinenser.»

Und im ZDF-«Heute-Journal» machte sie Front gegen die Siedler auf der Westbank, die mit brutaler Gewalt gegen Palästinenser vorgingen. «Wir dürfen nicht nur darüber reden», sagte sie. Vielmehr habe die Bundesregierung Sanktionen gegen die israelischen Täter in der Europäischen Union angestoßen «wie es die Amerikaner auch machen».

Während die Bundesregierung mit hoher Taktzahl immer

wieder prominente Vertreter nach Israel schickte, ließ sich Oppositionsführer Friedrich Merz lange Zeit. In der Woche, in der Baerbock ihren fünften Besuch antrat, reiste der CDU-Vorsitzende ebenfalls in das Konfliktgebiet und wurde dort von Premierminister Netanjahu empfangen.

Hinterher hielt er sich mit Kritik an seinem israelischen Gastgeber, der von zahlreichen europäischen Regierungen und vor allem aus Washington zu diesem Zeitpunkt wegen seiner kompromisslosen Haltung hart angegangen wurde, deutlich zurück. Die Absicht, die Hamas endgültig zu besiegen, sei «ein sehr verständliches Ziel», stellte er fest, «und ich persönlich habe dem Premierminister gesagt, dass ich das voll und ganz unterstütze und verstehe, dass die israelische Regierung und die israelische Armee diesen Weg gehen.» Die Israelis müssten «jetzt wirklich den Terror besiegen».

Während die israelischen Streitkräfte die Zivilbevölkerung vor militärischen Angriffen warne, würde sie von der Hamas als Schutzschild missbraucht. «Insofern liegt es jetzt auch bei der Hamas, dafür zu sorgen, dass hier nicht noch mehr zivile Opfer zu beklagen sind».

Die CDU/CSU-Fraktion im Bundestag, deren Vorsitzender Friedrich Merz ist, gab in Berlin dazu eine Pressemitteilung heraus, deren Titel dazu eindeutig war: «Merz stärkt Israel den Rücken».

Es blieb, je länger der Krieg dauerte, für die deutsche Politik ein schwieriger Balanceakt, in Worten und Taten eine angemessene Haltung zu finden.

Das Auswärtige Amt sorgte dafür, dass mit deutscher Hilfe die humanitären Lieferungen für den Gaza-Streifen verstärkt wurden. Die früher bereits übernommenen Zahlungen wurden 2023 verdoppelt. Dieses starke Engagement sollte auch ein Signal an die arabischen Staaten sein, dass Deutschland trotz seiner eindeutigen Parteinahme für Israel auch an die Not der Menschen im Gaza-Streifen dachte und ihnen konkrete Unterstützung zukommen ließ.

Hinter verschlossenen Türen, das berichteten auch andere hochrangige Besucher aus Berlin, kam es durchaus zu Kontroversen. Aber bei den entscheidenden Angriffen auf der Weltbühne hielt die Bundesregierung an ihrer eindeutigen Solidarität mit Israel fest. Als vor dem Internationalen Gerichtshof auf Betreiben Südafrikas der Vorwurf des Völkermordes erhoben wurde, stellte sich Robert Habeck auf die Seite Israels. Man könne zwar die israelische Armee für ihr hartes Vorgehen im Gaza-Streifen kritisieren: «Das ist aber nicht Völkermord.» Es sei die Hamas, die Völkermord begehen würde, wenn sie es könnte. Sie habe eine «Auslöschungsphantasie». Israel Völkermord vorzuwerfen sei eine «komplette Verdrehung von Opfern und Tätern».

Habeck war hier ganz auf der deutschen Regierungslinie. In Berlin wurde offiziell erklärt: «Die Bundesregierung weist den gegen Israel erhobenen Vorwurf des Völkermordes entschieden zurück. Er entbehrt jeder Grundlage.» Dieses Signal war in Sachen Beistand vielleicht das spektakulärste, das aus Berlin kam – gegen eine zunehmende Verurteilung in der Weltöffentlichkeit, die angesichts der enormen Opfer unter der Zivilbevölkerung Israels Bombardierungen nicht mehr hinzunehmen bereit war.

Als dann der Gerichtshof in Den Haag Ende Januar in einem ersten Schritt auf die Klage Südafrikas einging, kritisierte er zwar Israels Vorgehen deutlich, forderte Maßnahmen, um einen Genozid zu verhindern, und verlangte Hilfe für die Palästinenser, aber in einem entscheidenden Punkt äußerte er sich nicht: Die Richter und Richterinnen verlangten kein endgültiges Ende des israelischen Militäreinsatzes, was der von Anfang an eingenommenen deutschen Haltung entsprach.

## Wie weiter nach dem Krieg?

Während sich die Berliner Politik intensiv bemühte, solidarisch auf Seiten Israels zu stehen, ließ sich dennoch nicht vermeiden, dass die die im bilateralen Verhältnis so lange bereits belastenden Kontroversen über die Zukunft der Palästinenser, die schon in der Vergangenheit oft das deutsch-israelische Verhältnis eingetrübt hatten, erneut auftauchten.

Denn wenn die Hamas tatsächlich etwas erreicht hatte, dann war es ohne Zweifel, die Palästinenserfrage wieder auf die internationale Tagesordnung zu bringen. Jahrelang hatte es Benjamin Netanjahu geschafft, dies zu verhindern. Bestenfalls mit windelweichen Formulierungen tat er gelegentlich so, als ob er sich überhaupt damit beschäftigte, aber jeder wusste, dass er das nicht ernst meinte. Im Gegenteil: Vor allem die von ihm seit Ende 2022 angeführte Koalition, so rechts, so nationalistisch, so orthodox wie nie zuvor in der 75-jährigen Geschichte des Staates der Juden, dachte überhaupt nicht daran, den Palästinensern irgendwelche Konzessionen zu machen. Die von der Weltgemeinschaft, auch von engsten Verbündeten wie den USA und auch Deutschland, immer wieder verlangte Zweistaatenlösung war für diese Koalition völlig außerhalb jeglichen Vorstellungsvermögens. Das sagte Benjamin Netanjahu dann auch ganz öffentlich. Israel werde die Sicherheitskontrolle über die palästinensischen Gebiete nicht aufgeben.

Stattdessen nahm die Drangsalierung der Palästinenser durch die Siedler weiter zu, eskalierte auch die Gewalt zwischen palästinensischen Kämpfern in den Flüchtlingslagern auf der Westbank und den israelischen Anti-Terroreinheiten, während die Regierung zugleich die israelische Bevölkerung mit dem Versuch der Entmachtung des obersten Gerichtshofes in eine tiefe Spaltung führte.

Mitten im Gaza-Krieg kippte der oberste Gerichtshof dann erst einmal die sogenannte Justizreform, aber das Kernproblem für die Zukunft Israels blieb: Wie weiter nach dem Krieg? Darüber gab es zwischen deutschen Emissären und israelischen Kabinettsmitgliedern vom äußersten rechten Flügel erregte Auseinandersetzungen. Klar war, dass es für den Tag danach eine Lösung würde geben müssen. Unklar war, worin diese bestehen könnte. Die PLO-Führung in Ramallah unter Mahmud Abbas gilt als hoch korrupt und ist deswegen in der eigenen Bevölkerung extrem unbeliebt. Mit dieser alten Führung, so sah man das nicht nur im Auswärtigen Amt, werde eine Übernahme von Verantwortung für Gaza durch die PLO kaum möglich sein. Aber auch auf israelischer Seite gab es nicht viel, an das man anknüpfen konnte. Mit Aufmerksamkeit nahm man in der Berliner Politik zur Kenntnis, dass Oppositionspolitiker wie Jair Lapid und Benny Gantz durchaus signalisierten, sie seien bereit zu Lösungen für die Palästinenserfrage. Aber genauso bezeichnend war, dass sie nicht bereit waren, das während des Krieges auch öffentlich zu sagen. Und hinzu komme, dass Netanjahus politisches Überleben an der Länge des Krieges hänge, so eine kritische Stimme in der Bundesregierung. Mit anderen Worten: je länger der Krieg, umso besser für ihn. Hoffnungen auf Entwicklungen etwa in Richtung auf eine Zweistaatenlösung oder andere wesentliche Konzessionen an die Palästinenser seien eine «Illusion».

Auf der anderen Seite, so die Berliner Analyse, dränge die Zeit, denn wenn in den USA erst einmal der Präsidentschaftswahlkampf in Schwung komme, dann könnte das Israel-Problem schnell an den Rand gedrängt werden. Zudem droht der Konflikt auch in den europäischen Staaten zu einem Sicherheitsproblem zu werden. Die Terrorgefahr in Deutschland wuchs. «Die Gefahr ist real und so hoch wie seit langem nicht mehr», meldete sich Thomas Haldenwang, der Präsident des Bundesamtes für Verfassungsschutz zu Wort. Jeden Tag könne ein islamistischer Anschlag verübt werden.

Selbst Terrorgruppen, deren Weltanschauungen eigentlich nicht kompatibel waren, rückten zusammen. Die Sicherheitsdienste beobachteten im dschihadistischen Spektrum Aufrufe zu Attentaten und ein Andocken von Al-Quaida und des Islamischen

Staates an den Nahostkonflikt. So lehne der Islamische Staat eigentlich die Hamas aus ideologischen Gründen ab, aber ein «Aufspringen» auf die israelfeindliche Kampagne sei dennoch für diesen nach Einschätzung in deutschen Sicherheitskreisen «alternativlos». Dies könne zur Radikalisierung von allein handelnden Tätern führen, die «weiche Ziele» mit einfachen Mitteln angreifen könnten. Der Antisemitismus sei hier der gemeinsame Nenner. Auch der Iran aktivierte über seinen Geheimdienst seine Unterstützer in Deutschland. Die Sicherheitsbehörden stellten Ausspähungen potentieller Ziele fest, etwa bei jüdischen und israelischen Einrichtungen. So richtete sich der Blick nicht zuletzt auch nach innen, wo nicht nur die Terrorgefahr wuchs, sondern sich nach dem 7. Oktober auch ein tiefer Riss in der Gesellschaft offenbarte.

# Ein tiefer Riss

## Die deutsche Gesellschaft im Bann des Nahostkonflikts

Der Dezemberhimmel über Berlin ist grau, nass, verhangen. Es soll ein Tag werden, an dem mit großer Wucht all das exemplarisch zusammenkommt, was der Terrorangriff der Hamas gut zwei Monate zuvor offengelegt hat – auch in Deutschland. All die Gegensätze, den Hass, die Ängste, auch die Gefahren.

Es ist 10.30 Uhr.

In einem zur Flüchtlingsunterkunft umgewandelten Hotel im Stadtteil Charlottenburg treffe ich Ariel Kirzon. Er trägt eine blaue Kippa. In der Woche zuvor sind seine Schwiegereltern aus der Ukraine angekommen. «Ich bin seit zwölf Jahren in Deutschland», sagt er. Zum ersten Mal habe er es für empfehlenswert gehalten, «Waffen zu beantragen». Das hat funktioniert. Deshalb ist der Landesrabbiner von Brandenburg nun bewaffnet. «Dieses Mal ist es schlimm geworden. So war es noch nicht.»

Am selben Tag, sechs Stunden später, 16.30 Uhr. Eilmeldungen blitzen auf. Tagesschau 24 meldet: Die Sicherheitsbehörden haben offenbar einen Anschlag der palästinensischen Terrororganisation Hamas in Deutschland vereitelt. Es gab drei Festnahmen in Berlin und eine in den Niederlanden. Vier Männer haben demnach einen Anschlag auf jüdische Einrichtungen geplant. Die deutschen Ermittler hatten von den israelischen Geheimdiensten einen Hinweis auf diese möglichen Attentäter bekommen. Die Israelis waren, ungewöhnlich im Schattenreich der Geheimdienste, mit dieser Erfolgsmeldung an die Öffentlichkeit gegangen und hatten sich als Tippgeber bekannt. Hier wurde plötzlich konkret, wovor der Verfassungsschutz gewarnt hatte. Die Hamas und das palästinensische Netzwerk Samidoun waren Anfang November verboten worden, aber dadurch wurde die Gefahr offensichtlich nicht gebannt.

Zeitlich parallel zu der Festnahme startet an der Freien Universität Berlin eine pro-palästinensische Studentengruppe mit der Bezeichnung «Students for Free Palestine» in einem großen Hörsaal eine Aktion. Die Studiereden hängen Plakate auf mit dem Slogan «Stoppt den Genozid», dazu palästinensische Fahnen und anti-israelische Slogans, die auch auf das Schicksal der vielen Menschen im Gaza-Streifen verweisen, die Opfer der heftigen Kämpfe zwischen der Hamas und der israelischen Armee werden. Es kommt zu Rangeleien mit jüdischen Studenten, die eine israelische Fahne zeigen. Die Berliner Polizei löst die Aktion schließlich auf. Der jüdische Student Lior Steiner, der in den Saal gekommen war, sagt hinterher auf «Welt TV»: «Ich habe ein ganz ungutes Gefühl, hier mit einem Davidstern rumzulaufen.» Er werde sich hier erst einmal «nicht mehr alleine bewegen».

## Nichts rechtfertigt Antisemitismus

Wenige Stunden später spricht der Bundespräsident auf dem Gemeindetag des Zentralrats der Juden in Deutschland, der an diesem Abend mit über 1000 Delegierten in Berlin beginnt. «Ich weiß von Schülern, von Studentinnen, die sich nicht mehr in die Schule oder in die Universität trauen. Ich weiß von Jüdinnen und Juden, die ihr Jüdischsein lieber nicht mehr offen zeigen oder bekennen», sagt Steinmeier. Nicht wenige hätten jetzt das Gefühl, dass ihre Heimat und der für alle Fälle offene Zufluchtsort Israel existentiell bedroht sei. Aber der Bundespräsident benennt eben auch das offensichtliche Dilemma, das sich wenige Stunden zuvor auch beim Studentenprotest an der Freien Universität und vielen anderen Demonstrationen zuvor gezeigt hat: Wie umgehen mit dem Leid der Menschen auch in Gaza? Wo liegen die Grenzen?

«Jedes mitfühlende Herz wird ergriffen, wenn man die schrecklichen Zerstörungen in Gaza sieht, wenn man sich die vielen tausend Todesopfer dort vor Augen führt. Auch mir geht das sehr nah. Und auch in unserem Land muss öffentlicher Raum sein, den Schmerz über die palästinensischen Opfer, über das Leid der Kinder zu zeigen.»

Raum für den Schmerz der palästinensischen Opfer Ja, aber Druck auf die israelische Regierung, so weit geht das deutsche Staatsoberhaupt an diesem Abend nicht. Anders dagegen am selben Tag der US-Präsident, der erneut fordert, Israel müsse sich mehr um die Vermeidung ziviler Opfer kümmern. «Ich will, dass sie sich mehr darauf fokussieren, wie man zivile Leben schützen kann. Nicht aufhören, gegen die Hamas vorzugehen, aber dabei vorsichtiger», sagt Joe Biden. Zuvor war er noch deutlicher geworden, Israel verliere wegen der unterschiedslosen Bombardierungen die Unterstützung der Weltöffentlichkeit. Auch die deutsche Politik spürte, dass sich angesichts der vielen zivilen Opfer im Gaza-Streifen und des starren Festhaltens der israelischen Führung an ihrer Vernichtungsstrategie gegenüber der Hamas, die von Anfang an das erklärte Kriegsziel war, die Stimmung hierzulande zu verschieben begann. Der deutsche Präsident dagegen stellte den Kampf gegen den Antisemitismus in den Vordergrund. Wo es um rohen Antisemitismus und den Wunsch, Israel als freien selbstbestimmten Staat der Juden auszulöschen, gehe, «da werden wir nicht schweigen. Nichts rechtfertigt diesen Hass, nichts rechtfertigt Antisemitismus.»

Der Antisemitismus hat sich in der Tat in den Alltag der Juden in Deutschland gefressen. Rabbiner Kirzon spürt jeden Tag, was viele Juden in diesen aufgewühlten Wochen erfahren. Die Angst geht um. Das merkt er auch bei dem Besuch der Synagogen an Schabbat. «Viele Leute kommen nicht, weil sie Angst haben, als Juden erkannt zu werden, und was können wir dann tun? Es kann ja jederzeit was passieren.»

In seiner Nachbarschaft wohnen Menschen, die er zuvor kaum wahrgenommen hat. Es stellte sich heraus, dass es Israelis sind. Nichts Ungewöhnliches in Berlin, dort leben nach Schätzungen bis zu 30 000 Israelis, die eigentlich die Weltoffenheit der deutschen Hauptstadt schätzen. Jetzt berichtet der Rabbiner: «Sie haben jederzeit Angst. Wenn sie die Wohnung verlassen, sprechen sie kein Hebräisch.» Er selbst hat die Folgen schon vor dem Gaza-Krieg erlebt, als er in einer U-Bahn-Station auf Hebräisch telefonierte und von einem Angreifer schwer angerempelt und antisemitisch beleidigt wurde. Nach den ersten Wochen der Angst beruhigte sich zwar einiges, aber von Normalität konnte weiter keine Rede sein. Anlass für Entwarnung gab es nicht.

Der Gaza-Krieg legt vieles mit großer Deutlichkeit offen, was schon immer da war – Antisemitismus, aber auch Muslimfeindlichkeit. Die etablierte Politik, unterstützt auch von vielen Bürgern, versammelt sich hinter dem Begriff «Nie wieder ist jetzt», verbunden mit einem eindeutigen Bekenntnis zum Staat der Juden, die Israel-Gegner rufen «Free Palestine» bis hin zum Vorwurf des Völkermordes. In deutschen Wohnstuben, an Stammtischen, auf deutschen Straßen – und vor allem in den sozialen Medien tobt der Kampf um die Deutungshoheit.

Mathias Döpfner, der Chef eines der größten Medienhäuser in Deutschland, spricht hier von einem Medienkampf. Für die Mitarbeiter und Mitarbeiterinnen des Springer-Verlages gilt, dereinst eingeführt vom Gründer Axel Springer, das Bekenntnis zum Existenzrecht Israels als Einstellungsvoraussetzung. Und hier sieht Döpfner, dass sich der Verlag damit in einer Minderheitenposition befindet. «Auf Tiktok gab es Ende Dezember 2023 mehr als vier Millionen Posts mit dem Hashtag ‹Free Palestine› und nur etwas mehr als 50 000 Posts mit dem Hashtag ‹Stand with Israel›. Ich finde, das spricht eine deutliche Sprache. Auf Instagram sieht es nicht anders aus. Wenn man so will, wenn man den Krieg in Israel auch als Meinungskampf bezeichnet, dann ist dieser Meinungskampf eindeutig zugunsten der Hamas entschieden.»

Döpfner bezieht sein martialisches Bild von einem Meinungskampf auf die Millionen von Smartphones, auf denen sich die Nutzerinnen und Nutzer Videoclips anzeigen lassen oder Tweets konsumieren und absetzen. Doch die Schlacht findet nicht nur hier statt, sie wird auf den Straßen auch mit physischer Gewalt ausgetragen. Der Rechtsstaat stößt hier an seine Grenzen, grundsätzliche Fragen zu Meinungs- und Demonstrationsfreiheit kommen auf den Prüfstand. Das zieht sich quer durch das Land. Nirgendwo jedoch ist der Fokus so scharf und ist die Debatte so polarisiert wie in Berlin, der größten deutschen Stadt, die sich ihrer Weltoffenheit rühmt. Allein im Stadtteil Neukölln, so behauptet man dort, leben Menschen aus 160 Nationen.

## Neukölln zu Gaza machen

Nach den Terrorangriffen der Hamas auf Israel und den schweren Gegenschlägen und Bombardierungen der israelischen Streitkräfte auf den Gaza-Streifen schlug die aufgestaute Wut um in heftige Auseinandersetzungen mit der Berliner Polizei.

Schon wenige Stunden nach dem Angriff der Hamas fanden die Ereignisse ein erstes Echo in Neukölln. Ein 23-Jähriger schwenkte eine palästinensische Flagge und verteilte auf der Straße Süßigkeiten, offensichtlich aus Freude über den Angriff. Das reichte der Polizei, um zu bestätigen, dass gegen den Mann «wegen Billigung und Belohnung von Straftaten nach § 140 StGB» ermittelt werde.

Innerhalb weniger Tage wurden daraus Großdemonstrationen mit Tausenden von Teilnehmern. Es flogen Flaschen und Steine, Barrikaden und Autos gingen in Flammen auf, nachdem auf sozialen Medien dazu aufgerufen wurde, «Neukölln zu Gaza» zu machen. Neukölln im Ausnahmezustand, titelten Zeitungen.

Vor einer weiteren Demonstration verlas die Polizei auf Deutsch und Arabisch, was alles verboten sei: «Das öffentliche

Verbrennen von Fahnen oder Ähnlichem, die Verherrlichung von und der Aufruf zu Gewalttaten, das Propagieren der Vernichtung des Staates Israel und seiner Bewohner, die Werbung für radikale Gruppen wie die PFLP, die HuT, den islamischen Widerstand und die Hamas».

Zu den Schlachtrufen gehört regelmäßig auch die Parole «From the River to the Sea – Palestine will be free». Das wird von der Staatsanwaltschaft als ebenfalls strafbar bewertet. Denn dabei gehe es um ein freies Palästina vom Jordanfluss bis zum Mittelmeer, das Gebiet, auf dem sich heute ein großer Teil Israels befindet – ein Motiv für grüne Landkarten, der Farbe des Islam, die immer wieder zu sehen sind –, genug für den Anfangsverdacht auf Volksverhetzung aus Sicht der Juristen, weil es um das Existenzrecht Israels gehe. Auch Bundesjustizminister Marco Buschmann sieht das so. Gegenüber der Deutschen Presse-Agentur (dpa) gab er zu Protokoll, anfangs habe es eine Diskussion darüber gegeben, «ob der Slogan nur in einem bestimmten Kontext verboten sein sollte». Aber er meine, dass der Satz ein «ausdrückliches Bekenntnis» der Hamas sei, die ja von der Bundesregierung verboten worden sei. Und deshalb dieser Slogan eben auch.

Auch sein Kabinettskollege Verteidigungsminister Boris Pistorius griff diesen Gedanken auf. Bei einer Veranstaltung der Deutschen Atlantischen Gesellschaft (DAG) sagte er, Meinungs- und Demonstrationsfreiheit seien hohe verfassungsrechtliche Güter. «Und jeder kann in dieser Gesellschaft jeden Mist verbreiten.» Aber man müsse die Grenzen des Rechts beachten. «Ich bin erschüttert, wenn ich deutsche gebildete junge Männer und Frauen höre, die sagen, Freiheit für Palästina zwischen der See und dem Fluss. Und wenn man sie fragt, ob sie wissen, was das bedeutet, nämlich die Auslöschung Israels, dann sieht man Fragezeichen, aber keine Antworten.»

Die Polizei, bei der es viele Verletzte gab, setzte solche Verbote mit großer Härte durch – nicht nur in Berlin. Es hagelte Anzeigen und vor allem Demonstrationsverbote.

Und damit stand die Frage im Raum, wie weit Proteste wirklich gehen dürfen. Hat die Justiz die Staatsräson zugunsten Israels nicht allzu einseitig ausgelegt? Ist Justitia, deren Augen als Zeichen ihrer Unabhängigkeit ja verbunden sind, hier auf einem Auge besonders blind? Wie so oft, so auch hier: eine Herausforderung für die Juristen, die Gesetzeslage angemessen zu interpretieren.

Michael Wrase, Jurist und Professor am Wissenschaftszentrum Berlin, sagt im Mediendienst Integration erst einmal das Offensichtliche: Verbote von Demonstrationen sind «ein starker Eingriff in die Grundrechte». Sie könnten verhängt werden, wenn die Gefahr bestehe, dass es zu Straftaten komme, die die öffentliche Sicherheit gefährden. Wenn auf Demonstrationen gegen Juden gehetzt werde, dann sei dies recht eindeutig der Fall. «Komplizierter ist es, wenn zum Beispiel Bombenangriffe auf den Gaza-Streifen kritisiert werden. Darüber wird jetzt auch in der Öffentlichkeit kontrovers diskutiert. Hier muss man wohl zugunsten der Meinungsfreiheit entscheiden.» Viele Demonstrationen seien schon im Vorfeld verboten worden, weil man eben davon ausgegangen sei, dass es dort in größerem Umfang zu strafbaren Handlungen komme. «Ob das rechtmäßig ist, würde ich mit einem großen Fragezeichen versehen.»

Der «ZEIT»-Redakteur Peter Dausend argumentiert, es stimme bedenklich, «wie schnell in Deutschland der Ruf nach Einschränkung dieser Freiheitsrechte ertönt, sobald es ungemütlich wird». Das Land müsse sich fragen lassen, «wie tief die Demokratie tatsächlich verankert ist, wenn Freiheitsrechte eingeschränkt werden, um politisch Unbequemes zu entsorgen. Propalästinensische Demonstrationen zu verbieten wäre genau das, was auch ein immer wieder mal gefordertes Verbot der AfD wäre – ein Akt der Verdrängung.» Die Auswüchse in der Sonnenallee spiegelten das Versagen der Gesellschaft bei der Integration von Menschen aus anderen Ländern wider. «Die Sonnenallee ist daher nicht nur eine Chiffre für Gewalt, sondern auch ein Spiegel der Wirklichkeit. Und Wirklichkeit lässt sich nicht so einfach verbieten. Man muss sie verändern.»

## Bekenntnis zu Israel als staatsbürgerliche Pflicht

Aber längst ging es um noch mehr. Dürfen die, die sich gewalttätig gegen Israel wenden, überhaupt noch hierbleiben? Springer-Chef Mathias Döpfner spricht das aus, was in diesen Wochen des Gaza-Krieges immer häufiger zu hören war: «Es ist offensichtlich, dass antisemitische Demonstrationen in Berlin an der Tagesordnung sind und Feste gefeiert werden, um die Aktionen der Hamas zu zelebrieren. Obwohl es Widerstand gegen diese Vorfälle gibt, ist es unklar, ob alle Mittel des deutschen Rechtsstaats ausgeschöpft werden, um hier für Klarheit zu sorgen. Natürlich betrifft das auch Grenzen, die von Einwanderern überschritten werden, die hier das Existenzrecht Israels nicht nur bestreiten, sondern sogar bekämpfen.»

Diese Fragen nach dem Umgang mit straffällig gewordenen Migranten sind nicht grundsätzlich neu, sie wurden seit langem von der Berliner Politik hin- und hergewendet, befeuert vor allem durch die AfD, aber sie bekamen durch die zum Teil gewalttätigen Auseinandersetzungen auf den deutschen Straßen eine neue Dringlichkeit.

Mitten im Gaza-Krieg verabschiedete der Bundestag neue Regeln für das Staatsangehörigkeitsrecht und zugleich härtere und vor allem schnellere Abschieberegeln. Unter dem Eindruck der heftigen Auseinandersetzungen nach dem Hamas-Überfall war eilig ein zusätzlicher Passus in den Gesetzestext eingeführt worden. Wer jetzt Deutscher werden will, der muss auch ein Bekenntnis ablegen «zur besonderen historischen Verantwortung für die nationalsozialistische Unrechtsherrschaft und ihre Folgen, insbesondere für den Schutz des jüdischen Lebens». Innenministerin Nancy Faeser begründete das so: «Wir lassen keinen Zweifel: Wer sich nicht zu den Werten unserer Verfassung bekennt, kann kein deutscher Staatsbürger werden. Und das stellen wir sicher.» Springers «BILD»-Zeitung hatte das zuvor bereits so kommentiert: «Viele Politiker haben endlich erkannt, dass die Asyl-Krise nur mit härteren Regeln und Gesetzen beendet werden kann. Richtig so!»

Die Politik bemühte sich im Vorfeld bereits auf Länderebene, jeden Verdacht auszuräumen, nicht ausreichend pro-israelisch zu sein. Sachsen-Anhalt ging dabei voran. Als erstes Bundesland verband die Regierung in Magdeburg die Einbürgerung mit der Pflicht, ein Bekenntnis zum Existenzrecht Israels abzulegen. Und das wurde auch bald darauf bei einer Einbürgerung in Stendal umgesetzt. Innenministerin Tamara Zieschang (CDU) begründete das so: «Dass die besondere deutsche Verantwortung für den Staat Israel ausdrücklich anerkannt wird und auch das Existenzrecht Israels anerkannt wird, das wird jetzt von denjenigen, die eingebürgert werden wollen, schriftlich zu bestätigen sein.»

Wörtlich heißt es in dem entsprechenden Erlass: «Ich erkenne ausdrücklich die besondere deutsche Verantwortung für den Staat Israel und das Existenzrecht Israels an und verurteile jegliche antisemitische Bestrebungen. Ich verfolge weder Bestrebungen, die gegen das Existenzrecht des Staates Israel gerichtet sind, noch habe ich solche Bestrebungen verfolgt.» Das fand selbst Volker Beck, der Vorsitzende der Deutsch-Israelischen Gesellschaft, ein wenig «aktionistisch».

Aber Unterstützung bekam diese Aktion auch auf der Bundesebene. Bundesjustizminister Marco Buschmann gab gegenüber der Deutschen Presseagentur zu Protokoll, dass er dies für sinnvoll halte. «Ich denke, man kann durchaus argumentieren, dass das Existenzrecht Israels auch Ausfluss der freiheitlich-demokratischen Grundordnung ist.» Er nutzte dann das Argument, das in Wahrheit ganz besonders die Begründung für die deutsche Staatsräson beschreibt – und das von Beginn der Bundesrepublik an. «Es gibt eben zwischen Deutschland und Israel eine ganz besondere Verbindung – die Verantwortung Deutschlands für die nationalsozialistische Unrechtsherrschaft und den Holocaust.» Und der oberste Hüter des deutschen Justizwesens in der Bundesregierung setzte dann noch eins drauf: «Auch bei problematischen Äußerungen unterhalb der Schwelle zur Strafbarkeit kann eine Einbürgerung ausgeschlossen sein.»

Ist das eine neue Qualität im deutschen Rechtsstaat? Kein deutscher Pass, auch wenn man sich zumindest juristisch nichts hat zuschulden kommen lassen? In Buschmanns Ministerium verweist man darauf, dass die Bundesregierung in das geplante neue Staatsangehörigkeitsrecht ausdrücklich diesen Satz aufgenommen habe: «Antisemitisch, rassistisch oder sonstige menschenverachtend motivierte Handlungen sind mit der Menschenrechtsgarantie des Grundgesetzes für die Bundesrepublik unvereinbar und verstoßen gegen die freiheitliche demokratische Grundordnung im Sinne dieses Gesetzes.» Solche Handlungen schlössen eine Einbürgerung aus.

Auch Vizekanzler Robert Habeck stellte sich mit Nachdruck hinter diesen Gedanken. In einer weit beachteten Videoansprache sagte er, das Verbrennen von israelischen Fahnen sei ebenso eine Straftat wie das Preisen der Hamas: «Wer Deutscher ist, wird sich dafür vor Gericht verantworten müssen, wer kein Deutscher ist, riskiert außerdem seinen Aufenthaltsstatus. Wer noch keinen Aufenthaltstitel hat, liefert einen Grund, abgeschoben zu werden.»

Eine Hürde für rund zwölf Millionen Menschen ohne deutschen Pass, von denen rund 5,3 Millionen bereits mehr als zehn Jahr hier leben. Sie also sind gefordert, sich klar zu bekennen. Der Gesetzentwurf entstand noch vor dem Gaza-Krieg. Doch angesichts des aufbrausenden Antisemitismus und der zahlreichen Demonstrationen bekommen diese Ausschlusskriterien eine besondere Dringlichkeit.

## Muslime in der Kritik

Ohne Zweifel zielen diese Kriterien vor allem auf die in Deutschland lebenden Muslime. Sie wurden von vielen als die besonders aktiven Betreiber und Teilnehmer von als antisemitisch empfundenen Aktionen betrachtet. Quer durch die Bundesregierung wurde diese Linie vertreten. Vizekanzler Robert Habeck ließ daran keinen Zweifel. In seiner Videoansprache sah er vor allem die Muslime in der Pflicht. Einige hätten sich klar von den Taten der Hamas und vom Antisemitismus distanziert und das Gespräch gesucht. «Aber nicht alle, und manche zu zögerlich, und ich finde, insgesamt zu wenige.»

Auch Bundesinnenministerin Faeser nutzte die Islamkonferenz im November 2023 dazu, dies herauszustellen. Die Existenz jüdischen Lebens dürfe niemals wieder gefährdet werden, und jeder Mensch in Deutschland lebe in dieser Verantwortung. Judenhass gehe nicht nur von den Extremisten aus. Besonders der israelbezogene Antisemitismus sei in allen gesellschaftlichen Gruppen verbreitet, 40 Prozent der Bevölkerung stimmten entsprechenden Aussagen zu. Aber, so Faeser, «zur Wahrheit gehört auch, dass insbesondere auf Israel bezogene Ressentiments unter Muslimen in Deutschland deutlich verbreiteter sind als im Durchschnitt der Gesellschaft. Das zeigt uns die Forschung klar und deutlich.» Nancy Faeser teilte weiter aus und erhöhte den Druck: «Es ist auch an den islamischen Gemeinschaften und Verbänden in Deutschland, sich laut und deutlich gegen Antisemitismus auszusprechen und Terrorismus zu verurteilen. In den Freitagsgebeten, in den Gemeinden, auf Veranstaltungen oder auf den eigenen Social-Media-Kanälen. Und zwar gleichlautend, egal ob auf Deutsch, Türkisch oder Arabisch kommuniziert wird.»

Seit Jahren arbeitet sich die Politik daran ab, dass die Imame vor allem von der offiziellen Religionsbehörde Diyanet der Türkei gestellt und die Predigten nicht auf Deutsch gehalten werden. Das soll sich jetzt ändern. Zum gemeinsamen Leben gehöre, so Faeser, auch die freie Religionsausübung. «Dazu brauchen wir Prediger, die unsere Sprache sprechen, unser Land kennen, seine Gesetze, Werte und Gebräuche.» Mit der Türkei sei man nun zu einer Vereinbarung gekommen, die Ausbildung von Imamen in Deutschland «signifikant auszubauen. Mit dem Ziel, die Entsendung von Imamen aus der Türkei ganz zu beenden.»

Auch der Vorsitzende des Zentralrats der Muslime (ZMD), Aiman A. Mazyek, sieht das Problem so: «Wenn wir in Deutschland muslimisch in den deutschen Strukturen unterwegs sein wollen, dann müssen wir noch mehr Imame hierzulande ausbilden, denn sie kennen die Kultur, Sprache und Mentalität der inzwischen immer mehr deutschen Muslime am besten.»

Er verweist aber gleichzeitig auf ein ungelöstes Problem: Wer soll das bezahlen? Viele Gemeinden seien «chronisch unterfinanziert». Anders als bei den christlichen Kirchen gibt es für die Muslime keine Kirchensteuer und damit für die Ausbildung von rund 2400 Imamen – denn so viele Moscheen gibt es etwa in Deutschland – auch keine direkte Finanzierung aus Steuermitteln. «Seit fast 40 Jahren kommen Gelder dazu aus der Türkei», stellt Mazyek fest. Diese Abhängigkeit von staatlichen türkischen Quellen sei zwar rechtlich in Ordnung, aber konzeptionell und integrativ sei das für die muslimische Gemeinschaft keine zukunftsträchtige Struktur: «Dies haben wir im ZMD bereits schon vor 20 Jahren angemahnt.» Vor Jahren schon habe der Zentralrat zudem den Vorschlag einer Mischfinanzierung etwa durch Beiträge der Moscheegemeinden selbst und über die Einrichtung einer Stiftung gemacht. Dies sei eine Möglichkeit, «jetzt gleich was zu machen. Bisher findet dies aber im politischen Berlin kaum Gehör, und wenn, dann nur bei oberflächlichen Extremismusvorbehaltsdiskursen über Muslime und ihre Einrichtungen.»

Zu Gast bei der Islamkonferenz war auch Volker Beck, der Präsident der Deutsch-Israelischen Gesellschaft. Zwar will er nicht verallgemeinernd von «den Muslimen» sprechen, sieht aber dennoch die Haltung vor allem der muslimischen Verbände sehr kritisch: «Das ist fast völlig unzureichend.» Und das betreffe den Koordinierungsrat der Muslime, den Zentralrat, DITIB, den Islamrat. «Mühsam hat man denen aus der Nase gezogen, dass man das Massaker der Hamas irgendwie verurteilt, aber auch schon da kriegt man kaum über die Lippen, dass die Hamas eine Terrororganisation ist.» Und dann werde immer gleich gesagt, man sei gegen Gewalt gegen Zivilisten auf beiden Seiten. «Und diese ‹Beidseiteritis› zieht sich dann durch die ganzen von der Politik den Verbänden abgerungenen Erklärungen durch.» Damit stelle man eine Terrororganisation mit einem demokratischen Staat, der sich selbst verteidige, «semantisch auf eine Ebene».

Aber so eindimensional ist eben nicht. Auch die Muslime wurden nun durch die heftigen Reaktionen auf den Gaza-Krieg verstärkt Opfer von Diskriminierung und Rassismus. Und sie mussten sich gegen den Generalverdacht wehren, sie seien doch alle gegen die Juden und den jüdischen Staat im Nahen Osten.

Das musste auch die Ministerin einräumen. «Antisemitismus kann nicht mit Muslimfeindlichkeit bekämpft werden.» Muslime würden tagtäglich auf Ressentiments und negative Zuschreibungen stoßen, die auch zu Hass und Hetze führten, im schlimmsten Falle auch zur Gewalt. «Klar ist [...]: In Deutschland stimmt etwa jeder Zweite muslimfeindlichen Aussagen zu. Ich sage es deutlich: Wir haben in Deutschland auch ein Problem mit Muslimfeindlichkeit», stellte Nancy Faeser fest. Und das betrifft inzwischen einen schnell wachsenden Teil der Bevölkerung. Durch die Zuwanderungswelle beginnend im Jahre 2015 ist die Zahl der Muslime nach einer Hochrechnung des Bundesamtes für Migration und Flüchtlinge (BAMF) inzwischen auf etwa 5,5 Millionen gestiegen, die größte Gruppe darunter mit etwa 2,5 Millionen hat türkische Wurzeln.

Schätzungen gehen davon aus, dass dazu auch rund 200 000 Palästinenserinnen und Palästinenser gehören – eine Bevölkerungsgruppe, die ganz besonders mit der Gewalterfahrung konfrontiert ist, die es auf beiden Seiten im Nahen Osten gibt. Und die immer wieder beklagt, dass ihr Schicksal nicht genügend beachtet werde.

Aiman Mazyek vom Zentralrat der Muslime nennt Israels Bombardierung der Zivilbevölkerung in Gaza «Kriegsverbrechen», zu denen man nicht schweigen dürfe. Jeder Tag, an dem das nicht gestoppt werde, sei eine «unterlassene Hilfeleistung». Der Anschlag der Hamas vom 7. Oktober sei ein «Kriegsverbrechen und Terrorismus allemal». Doch Mazyek setzt sich kritisch mit den Äußerungen der «offiziellen» Politik auseinander, nicht zuletzt auch mit Vizekanzler Robert Habeck und seinem so viel beachteten Video: «Die Rede von Habeck hatte ein großes Manko, denn dadurch werden Muslime pauschal und speziell markiert, als müssten sie quasi einer Sonderbehandlung unterzogen werden. ... Dieses Vorgehen gleicht politisch einer Vorverurteilung ... und verkennt die bisherige kritische Auseinandersetzung der Angesprochenen mit dem Thema Hamas oder auch dem israelisch-palästinensischen Konflikt, der ja nicht erst seit dem 7. Oktober herrscht, in Gänze.»

Im Gegenteil müsse man fragen, was können «wir gerade mit den Deutsch-Palästinensern machen, die ja in vielen Teilen nicht nur ein distanziertes Verhältnis zu den extremistischen Strukturen innerhalb der palästinensischen Gesellschaften haben. Wie können wir die miteinbeziehen. Stattdessen werden die von vornherein aussortiert.» Das Ergebnis seien Frustration und Missverständnisse und weitere gesellschaftliche Aufladung, «weil man sich noch mehr nicht verstanden fühlt. Man hat kein Interesse, zu begreifen und zu verstehen, was da passiert.»

Hier hält der Präsident des Zentralrates der Juden, Josef Schuster, dagegen. «Das kann man so nicht sagen, wenn ich an die pro-palästinensischen Demonstrationen denke, kann man doch nicht sagen, die werden nicht gehört.» Die Gräben bleiben also tief. Beide Seiten machen sich gegenseitig den Vorwurf, zu wenig auf die Sicht der anderen Seite einzugehen, zu wenig Verständnis zu haben. Josef Schuster verweist darauf, er habe Empathie für die Opfer auf beiden Seiten: «Jedes [verlorene] Menschenleben, sei es auf der Gaza-Seite, sei es auf Palästinenser-Seite oder auf israelischer Seite, ist ein Menschenleben zu viel. Da will ich auch nicht falsch verstanden werden. Aber ich erwarte auch, dass man Ross und Reiter nennt, wie es dazu kam und dass die Hamas die Menschen als Schutzschilde missbraucht. Insoweit hätte ich mir etwas Empathie auch von muslimischen Verbänden gewünscht. Eine Verurteilung der Hamas war bei muslimischen Verbänden nicht zu hören.»

## Die Deutschen auf der Anklagebank

Die Kulturwissenschaftlerin Sarah El Bulbeisi, die am Nahost-Institut der Ludwig-Maximilians-Universität in München promovierte und selbst palästinensische Wurzeln hat, beklagt in der «taz» dagegen mit Nachdruck, die Palästinenserinnen und Palästinenser seien schockiert und wütend und fühlten sich «entmenschlicht, weil der ganze politische und mediale Diskurs sie als Menschen unsichtbar mache. Immer wieder wird das Bild eines symmetrischen Konflikts gezeichnet und die ganze systematische Gewalterfahrung ausgeblendet.» Und das bleibe nicht ohne Folgen, argumentiert sie: «Das macht etwas mit der Diaspora: Man zeigt weniger Kulanz mit der Mehrheitsbevölkerung und ist weniger bemüht, deren Wegschauen zu entschuldigen. Die Entfremdung wird immer stärker.» Für sie, so beklagt Sarah El Bulbeisi, sei es eine Form der Entmenschlichung, «dass man Palästinenser*innen nicht den Raum zugesteht, einen Teil ihrer Geschichte kollektiv zu betrauern. Sobald Palästinenser*innen in irgendeiner Form sichtbar werden, werden sie zu staatsfeindlichen Subjekten, die angeblich die öffentliche Ordnung bedrohen, oder gar zu antisemitischen Subjekten gemacht.» Und kommt dann zu einem Punkt, der die Deutschen wegen des Holocaust nicht nur gegenüber den Juden auf die Anklagebank setzt. «Wenn man von Schuld spricht, müsste man auch sagen: Unser Nationalsozialismus hat zur Schoa und auch zur Nakba geführt.» Mit der Nkaba, zu Deutsch «der Katastrophe» beschreiben die Palästinenser den Verlust ihrer Heimat nach der Gründung des Staates der Juden.

Noch härter geht Amro Ali mit der deutschen Haltung ins Gericht. Der ägyptisch-australische Soziologe beklagt in einem «SPIEGEL»-Gastbeitrag eine aus seiner Sicht einseitige Blickrichtung. Er vergleicht die deutsche Hilfe für die Ukraine und für Israel. «Die Doppelmoral ist unerträglich», schreibt Ali. Im Fall der Ukraine befürworte man die Entsendung von Waffen für den Widerstand gegen eine illegale Besatzung, während man im anderen Fall eine Besatzungsmacht, die fortlaufend illegal palästinensisches Land an sich reiße, militärisch, wirtschaftlich und moralisch unterstütze. «Bestenfalls erinnert man Israel ab und zu, aber ohne jede Konsequenz, an die Einhaltung des Völkerrechts. Wenn es um die israelische Besatzung geht, gilt in Deutschland oft eine alternative Realität, die einem den Verstand raubt.» Die Palästinenser würden zu Tausenden sterben, argumentiert er, namhafte Experten seien alarmiert und sprächen gar von einem Völkermord. «Währenddessen kümmert sich die deutsche Politik um diskursive Triggerpunkte, zensiert ‹Free Palestine› und lässt die Palästinenser bis heute den Preis für Europas blutige Vergangenheit zahlen, indem sie Israel mit Verweis auf die eigene historische Schuld alles durchgehen lässt.»

Das Problem hat eben viele Schichten, das zeigt sich hier deutlich. Schuld und Leid, auch hier liegen sie dicht beieinander, die deutsche Vergangenheit als Dauerthema, Muslime gegen Israel, sich unterdrückt fühlende Palästinenser, Juden in Angst, eine Mehrheitsgesellschaft, in der Antisemitismus und tiefe Ressentiments gegen den Islam sich weiter ausbreiten.

## In der Grauzone

Die AfD und Israel

Fünf Tage nach dem Terrorangriff der Hamas auf Israel war sich der Bundestag im Prinzip über alle Parteigrenzen hinweg einig: Das deutsche Parlament stellte sich auf die Seite Israels. Das galt auch für die Partei, die ein außerordentlich prominentes Aushängeschild hat: Björn Höcke, der Chef des AfD-Landesverbandes Thüringen, den der Landesverfassungsschutz als «gesichert rechtsextremistische Bewegung» eingestuft hat. Und dies gilt auch für die AfD-Landesverbände Sachsen-Anhalt und Sachsen.

Alexander Gauland, sowohl Ehrenvorsitzender der Bundespartei wie auch der AfD-Fraktion im Bundestag, ließ als Redner im Plenum keinen Zweifel an einer scharfen Verurteilung der Hamas und der Unterstützung Israels bei ihrer Bekämpfung. Und er richtete den Blick auf die anti-israelischen Demonstrationen hierzulande: «Wie viele dieser Freudenfeiern und Aufrufe zum Judenmord hat es in Deutschland gegeben?», fragte er und fuhr dann fort: «Mit dem ist nicht nur Israel gemeint, damit sind auch wir gemeint, der gesamte Westen. Israel, das ist der Westen in einer Umgebung, die den Westen ablehnt und bekämpft. Wenn wir uns an die Seite Israels stellen, verteidigen wir auch unsere Art zu leben und zu denken, gegen einen politisierten Islam. Das … ist ganz bestimmt deutsche Staatsräson.»

Im Rückblick auf seine frühere CDU-Vergangenheit in Hessen scheint diese Pro-Israel-Haltung folgerichtig. Damals hatte er sich als Leiter des Büros des Frankfurter Oberbürgermeisters nachdrücklich für Jüdinnen und Juden und für das Existenzrecht

Israels eingesetzt. Doch man muss genauer hinschauen, wenn ausgerechnet die AfD sich als Freund des Staates der Juden darzustellen versucht. An der Oberfläche scheint das Konzept stimmig zu sein: Die Partei stellt sich mit Nachdruck an die Seite Israels und nutzt das als Argument für eine entschlossene Bekämpfung des politischen Islam. Doch, das zeigen die weiteren Debatten im Bundestag in den Wochen danach, geht es dabei vor allem darum, sich gegen die in Deutschland lebenden Muslime und die Zuwanderung aus islamischen Staaten zu wenden. Der Präsident der Deutsch-Israelischen Gesellschaft sagt von der AfD, dass sie «Israel sozusagen als Panzerkreuzer im muslimischen Meer sehen», sagt Volker Beck, «und weil sie gegen die Muslime sind, Israel gut finden. Das Einzige, was sie an Israel stören mag, sind die Juden.»

Zugleich schafft die AfD den Spagat, sowohl mit geschichtsrevisionistischen Forderungen wie auch mit anti-globalistischen Narrativen antisemitische Klischees weiter zu bedienen. In seinem «Lagebild Antisemitismus» für die Jahre 2021/22 stellt das Bundesamt für Verfassungsschutz, für das die AfD insgesamt ein Verdachtsfall ist, für das rechte Lager insgesamt fest: «Antisemitismus nimmt innerhalb rechtsextremistischer Parteien unverändert eine wichtige Rolle als verbindender und gleichzeitig identitätsstiftender Faktor ein.» Antisemitische Überzeugungen und Feindbilder seien bei den Mitgliedern «fest verankert». Allerdings würde dies aus strategischen Überlegungen «überwiegend in codierter Form transportiert und verbreitet».

Als AfD-Spitzenmann hatte Alexander Gauland von der Zeit des Nazi-Regimes gesprochen, für die man Verantwortung übernehmen müsse. Aber: «Hitler und die Nazis sind nur ein Vogelschiss in unserer über 1000-jährigen Geschichte», sagte er und nannte als «große Gestalten der Vergangenheit» Figuren, die von Karl dem Großen bis zu Bismarck reichten und der Maßstab seien, «an dem wir unser Handeln ausrichten müssen». Nach heftigen Protesten, auch aus der eigenen Partei, hatte er das zwar zurückgenommen, aber es zeigte sich auch bei ihm ein Muster, das in der AfD immer wieder durchscheint: das Relativieren der zwölf Jahre von Deutschlands dunkelster Geschichte und der Gräueltaten der Nationalsozialisten, und damit das Grasen am rechten Rand, wo die Partei einen ganz wesentlichen Teil ihres Wählerpotentials hat, inklusive massiver anti-jüdischer und antisemitischer Auswüchse.

Hier ragt AfD-Ikone Björn Höcke besonders heraus, ist aber keineswegs ein Einzelfall. In einer Rede in Dresden legte er 2017 seine Sicht darauf ganz offen dar: «Wir Deutschen, also unser Volk, sind das einzige Volk der Welt, das sich ein Denkmal der Schande in das Herz seiner Hauptstadt gepflanzt hat.» Ein Spruch, der in AfD-Kreisen gerne gerade als Bekenntnis zur deutschen Schuld umgedeutet wird. Doch im Gesamtkontext seiner Rede wird klar, wie es tatsächlich gemeint war: Die deutsche Gedenkkultur nannte er eine «dämliche Bewältigungspolitik» und verwies auf eine «nach 1945 begonnene systematische Umerziehung». Deshalb müsse es eine «erinnerungspolitische Wende um 180 Grad» geben.

Die Amadeu-Antonio-Stiftung hat in einer Studie zum Antisemitismus in der AfD diese Äußerungen zu Recht in den größeren Zusammenhang der AfD-Parteigeschichte gestellt, indem sie auf das Grundsatzprogramm von 2016 verweist. Dort ist zu lesen: «Die aktuelle Verengung der deutschen Erinnerungskultur auf die Zeit des Nationalsozialismus ist zugunsten einer erweiterten Geschichtsbetrachtung aufzubrechen, die auch die positiven, identitätsstiftenden Aspekte deutscher Geschichte mit umfasst.» Hier wird deutlich, dass die Gauland-Bewertung des Nazi-Reiches als «Vogelschiss in der deutschen Geschichte» keineswegs ein Ausrutscher war, sondern genau der Parteilinie entsprach.

## Die Häutungen der AfD

Dabei hatte die Partei bei ihrer Gründung im Februar 2013 ganz andere Ziele. Sie startete einmal als überwiegend bürgerliche Opposition gegen die Ziele der von Kanzlerin Merkel geführten Regierung, die sich für die Rettung des Euro und damit die Erhaltung der Europäischen Union einsetzte. Doch diese einstmals eurokritische und nationalliberale Partei radikalisierte sich nach 2015 nach der Entscheidung Merkels für eine Grenzöffnung für Flüchtlinge aus dem Nahen Osten. Seither häutete sich die AfD zu einer immer extremeren Protestpartei, die sich mit einem fremdenfeindlichen Kurs immer weiter nach rechts öffnete. So wurde die Partei zum Sammelbecken extremer Kräfte, die inzwischen Anschluss an Wladimir Putins Russland und selbst an die Mullahs in Teheran suchen.

Nach der Abspaltung des wirtschaftspolitisch orientierten Flügels unter Partei-Mitgründer Bernd Lucke 2015 blinkte die Führungsmannschaft immer stärker nach rechts. Damit stand die Frage im Raum: Wie umgehen mit der schweren Bürde der nationalsozialistischen Vergangenheit, wie mit denjenigen, die diese Vergangenheit am liebsten abschütteln oder sogar hochhalten wollten?

Der Fall des Wolfgang Michael Gedeon macht deutlich, wie schwer sich die AfD tut, wenn es um offen antisemitische Funktionäre geht. Bevor er zur AfD kam, hatte der studierte Mediziner eine bunte politische Karriere durchlaufen, die – geprägt von den 68er-Wirren und in dieser Zeit keineswegs ein Einzelfall – von der Mao-treuen kommunistischen KPD/ML über die Jungsozialisten und schließlich 2013 in der Gründungsphase bereits zur Alternative für Deutschland reichte, für die er 2016 in Baden-Württemberg ein Landtagsmandat errang.

Gedeon machte bald mit klar antisemitischen Schriften und Erklärungen auf sich aufmerksam. So wie der Islam der äußere Feind sei, so seien die «talmudischen Ghetto-Juden der innere Feind des christlichen Abendlandes». Er bezog sich als Beweis für seine extremen Positionen auch auf die «Protokolle der Weisen von Zion», die Hetzschrift schlechthin für die Anhänger des Glaubens an eine jüdische Weltherrschaft. Der Streit eskalierte so weit, dass es zu einer Spaltung der AfD-Fraktion im Stuttgarter Landtag kam, die sich nicht mit ausreichender Mehrheit auf einen Ausschluss Gedeons einigen konnte. Unter Führung des Fraktionsvorsitzenden (und AfD-Bundessprechers) Jörg Meuthen verließen zwölf Abgeordnete die Fraktion, die sich dann einige Monate später wieder vereinigte. Zwar blieb Gedeon fraktionslos, konnte aber weiter in Gremien mitarbeiten und war 2017 auch noch Delegierter auf dem AfD-Bundesparteitag. Mehrfache Versuche aus der Fraktion, ihn wieder aufzunehmen, scheiterten, weil eine Zwei-Drittel-Mehrheit nicht zustande kam. Aber es war eben auch klar: Der größere Teil der Fraktion stand auf seiner Seite. Gedeon blieb bis 2021 im Landtag und vertraute dem «Südkurier» an: «Die AfD kann man nicht wählen, solange Leute wie Meuthen oder die Weidel der verlängerte Arm des Verfassungsschutzes sind.» Schließlich, nach jahrelangem Hin und Her, gelang es der Bundespartei, ihn auszuschließen. Der Fall war spektakulär, einzigartig jedoch ist er keineswegs. Der interne Kampf um die Richtung der Alternative für Deutschland hat sich eher dramatisch verschärft. Und es zeigt sich inzwischen ganz klar: Es geht immer weiter nach rechts.

Das zeigte sich erneut und noch krasser beim Kampf um die Auflösung des «Flügels», der nach Schätzungen mit 7000 Mitgliedern und einer breiten Unterstützung in Ost-Deutschland den äußersten rechten Rand der Partei darstellte. Die Schätzungen für die parteiinterne Unterstützung schwanken zwischen 40 und 70 Prozent in den neuen Bundesländern. Björn Höcke vor allem war seine Galionsfigur. Nicht zuletzt aus Sorge um ein AfD-Verbot drängte die Parteispitze unter Jörg Meuthen auf die Auflösung. Tatsächlich kamen die Flügel-Funktionäre dieser Forderung formal im Frühjahr 2020 nach. Doch wenn nun auch der formelle Rahmen fehlte, so gab es weiterhin zahlreiche öffentliche Auftritte der früheren Funktionäre. Sowohl innerhalb der Partei wie auch außerhalb davon geht man seither davon aus, dass die Flügel-Richtung in der AfD seither eher stärker geworden ist.

Zwar hatte Co-Parteichef Meuthen diesen Kampf um die Auflösung des Flügels gewonnen, doch musste auch er einsehen, dass die rechtsextremen Kräfte in der AfD überwiegen. Dabei war er durchaus ein Parteichef, der einst keineswegs auf diese wirkungsmächtige Bewegung verzichten wollte. Noch 2017 war er zusammen mit Björn Höcke beim 3. Kyffhäuser-Treffen und stellte klar: «Der Flügel ist ein integraler Bestandteil unserer Partei, und das wird auch in Zukunft immer so bleiben.» Und deutlicher noch: «Wer das anders sieht, wer hier in Ausschließeritis verfällt, wer nicht erkennt, dass der Flügel ein wichtiger Bestandteil der Seele unserer Partei ist, der wäre auch in der Position eines Bundessprechers fehl am Platze.»

Doch gut vier Jahre später warf auch Meuthen das Handtuch – wie schon vor ihm Bernd Lucke und Frauke Petry. Nun sah er es genau andersherum. Er forderte sowohl neue Leute an der Parteispitze wie auch eine programmatische Erneuerung der AfD. Im Januar 2022 ging er, die Begründung: Die Partei sei «sehr weit rechts». In «Bild am Sonntag» legte er im Sommer 2023 noch weiter nach. Die Radikalen hätten die Kontrolle übernommen, nun seien dort nur noch «Extremisten, Opportunisten und Karrieristen». Vor allem aber: Die AfD sei eine Partei «am rechten Rand mit völkisch-nationalistischen Positionen».

Sie werde zudem von Björn Höcke dominiert. In der Tat ist dieser längst die Figur, die nach außen den Ton angibt. Und seine Unterstützer, auch im Bundestag, nutzen zunehmend jene Codes, die als klar antisemitisch eingestuft werden. Einer von ihnen ist Petr Bystron, den die AfD auf Platz zwei für die Europawahlen gesetzt hat. «Wir kämpfen gegen die Kriegstreiber, die Globalisten, die uns zwangsimpfen wollen, enteignen wollen, versklaven wollen», sagte er auf dem Wahlparteitag in Magdeburg. Christine Anderson, Europaabgeordnete, behauptete, die Europäische Union sehe die Bevölkerung als eine «willenlose Masse, über die die globalitären Eliten nach freiem Willen» verfügen können. Auch hier war es wieder: die «globalitären» Eliten – die verdeckte Beschreibung von Juden, die im Hintergrund die Fäden ziehen, das ewige Narrativ von der jüdischen Weltherrschaft. Und auch Höcke selbst stieß in dasselbe Horn. Bei einer Demonstration, wieder in Dresden, im Februar 2023 beklagte er, dass Deutschland nicht souverän und «nach wie vor ein teilbesetztes und fremdbestimmtes Land» sei. Selbst die USA seien fremdbestimmt. Und von wem? «Fremdbestimmt von einer kriegsgeilen Elite.» Und das gilt für ihn offenbar auch für die Berliner Politik, denn: «Die Baerbocks und Strack-Zimmermanns dieser Republik und diese ganzen globalistischen Handpuppen, das sind Kriegstreiber!» Der oberste AfD-Einpeitscher nutzt diese antisemitischen Codes immer wieder. Offen antisemitisch kommen AfD-Funktionäre der oberen Ebene allerdings nicht daher, und das Meinungsspektrum ist durchaus vielfältig.

## Widerliche Töne vom rechten Mob

Im rechtsextremen Mob dagegen tobt der Antisemitismus sich auf das Übelste aus. Die NPD bedient das eindeutig und verbreitet Verschwörungstheorien zum antisemitischen Dauer-Klassiker schlechthin, der jüdischen Weltherrschaft. In ihrem Blatt «Stimme Deutschlands» kann man unter Hinweis auf einen unrechtmäßigen, lähmenden deutschen «Schuldkult» nachlesen: «Und wieder hundert Jahre nach Marx' Bekehrung fröhnten noch immer diese Weltbeherrscher den euthanasischen Bedürfnissen ihres Gottes, insbesondere sie, neben dem erdgebundenen Ausrotten von Deutschen, Feuer und Sturm auf Dresden, Hiroshima und viele andere Städte regnen ließen.» Um solche «unschönen Vorfälle» auszuschließen, hätten diese «Weltbeherrscher» nach diesem «Ausrottungsvorgang» sich «UNO, Weltbank und ähnliche Organisationen» geschaffen.

In der rechtsextremen Musikszene, die heute durch das Internet eine besondere Verbreitungsmöglichkeit erlangt hat, lassen sich Beispiele finden, die an Widerwärtigkeit nicht zu übertreffen sind. Eine Gruppe mit dem bezeichnenden Namen «Endlösung» etwa stellte über einen finnischen Vertriebskanal Songs unter dem Titel «Unter dem Hakenkreuz» ins Netz. Kostprobe:

*«Zyklon B geht gut rein Ja, ja, ja, der Jude wieder da Oh, oh, oh, ach bin ich froh Nun, nun, nun, dann ham' [sic!] wir was zu tun Schön, schön, schön, muss er duschen gehen Er zieht, ne [sic!] finstre Miene, aber ich weiß offen dann ... kommt die Genickschussschiene, dann geht der Ofen an.»*

Und weiter:

*«Und wer nicht mag dies Liedchen, gehört nicht zu den reinen Guten*
*Sondern zählt zu dem wenigen Abschaum, ich meine all die Juden.»*

Und auch das findet man auf dem Album:

*«Bald wird es in Deutschland schön*
*Denn alle Juden müssen gehen*
*Die Großen und die Kleinen*
*Da hilft kein Schreien und kein Weinen*
*Juden raus, Juden raus*
*Raus aus unserem deutschen Haus.»*

In solchen Kreisen gilt, nicht überraschend, manchem die AfD als viel zu zahm. So äußerte sich etwa die NPD-Jugendorganisation «Junge Nationalisten» so: «Denn durch den anhaltenden Schuldkult, wie auch durch das Hochloben der jüdischen Gemeinden, welche ebenso wenig wie der Araber mit der nordisch-germanischen Art Europas zu tun hat, wird dieser Einfluss geschürt.» Multimilliardäre wie etwa George Soros könnten hohe Summen in völkerfeindliche Projekte investieren, «die den Erhalt aller Völker dieser Erde gefährden, ohne sich Gedanken machen zu müssen». Um sich dann von der AfD zu distanzieren: «Die mittlerweile nahezu an die CDU heranreichende AfD geht Hand in Hand mit den Völkerfeinden.»

## Die AfD als Gemischtwarenladen

Tatsächlich hat der Gaza-Krieg deutlich auseinanderstrebende Positionen in der Partei offengelegt. Zwei Lager sind erkennbar. Während AfD-Frontmann Björn Höcke nicht müde wird, wieder und wieder zu betonen, dass Deutschland «fremdbestimmt von einer kriegsgeilen Elite» und unter der Kontrolle von «globalistischen Handpuppen» sei, und sein Lager mit seiner pro-russischen Haltung versucht, das Land von westlichen Werten abzukoppeln, beklagte Ex-Fraktionschef Alexander Gauland in seiner pro-israelischen Bundestagsrede ganz ausdrücklich die Gefahr für den Westen und seine Lebensart. Auch andere prominente Stimmen meldeten sich in diesem Sinne zu Wort. So betonte etwa Erika Steinbach, die Vorsitzende der AfD-nahen Desidirius-Erasmus-Stiftung (und frühere prominente CDU-Politikerin): «In die AfD wäre ich niemals eingetreten, wenn ich den Eindruck gewonnen hätte, dass Antisemitismus dort ein Zuhause hätte.» Sie räumt zwar ein: «Das bedeutet nicht, dass es nicht auch den einen oder anderen Antisemiten geben könnte. Das habe ich aber auch in der CDU registrieren müssen.» Sie stellt sich aber eindeutig in das Lager der Israel-Unterstützer: «Es ist wichtig, dass wir das durch Deutschland zu verantwortende jüdische Schicksal im historischen Gedächtnis halten und auch im öffentlichen Raum darauf hinweisen. ... Die Solidarität mit Israel seitens Deutschland halte ich für absolut unverzichtbar.»

Ob sich die AfD hier in eine Zerreißprobe hinein bewegt, bleibt offen. Das macht es auch prominenten Beobachtern schwer, dies zu bewerten. So meint etwa der frühere Kulturstaatsminister im Kanzleramt und Philosoph Julian Nida-Rümelin: «Rechtsextrem ist nicht zwingend anti-semitisch. Allerdings gibt es so viele offen und verdeckt anti-semitische Äußerungen von AfD-Funktionären und -Politikern, dass die Vermutung naheliegt, dass diese Stellungnahmen im Bundestag taktisch motiviert sind.»

Auch der frühere AfD-Parteichef Jörg Meuthen sieht kein

klares Bild, wenn es um das Ausmaß des Antisemitismus in seiner früheren Partei geht: «Ein Problem in der AfD war und ist bis heute, dass dort alle Positionen geduldet werden. Das geht von dezidiert pro-israelischen und pro-jüdischen Positionen bis hin zur Duldung antisemitischer und anti-israelischer Haltungen. Insofern ist sie in der Israel-Frage ein Gemischtwarenladen.»

Die AfD versucht immer wieder, sich gegen die Bewertungen des Bundesamtes für Verfassungsschutzes zu wehren, das die Partei zu einem Verdachtsfall hochstufte – auch vor Gerichten. Im Hintergrund geht es dabei natürlich um die Sorge, dass die Partei verboten werden könnte – eine Diskussion, die erheblich Fahrt aufnahm, als bekannt wurde, dass AfD-Funktionäre an einem Treffen teilgenommen hatten, bei dem es um die massenhafte Abschiebung von Menschen mit Migrationshintergrund ging.

Von einem Verbot rät allerdings etwa Albrecht von Lucke, Jurist und Politikwissenschaftler, dringend ab. In der «Süddeutschen Zeitung» argumentierte er, dass das für viele Wähler eine «Normalitätsverschiebung» sein würde hinsichtlich ihrer Erwartung, dass ihre Stimme für diese Partei zähle und damit ihren Wert habe. «Ein Parteienverbot ist somit keineswegs in erster Linie Ausdruck einer starken, wehrhaften Demokratie. Im Gegenteil. Es ist das Eingeständnis von Schwäche, dass man der undemokratischen Konkurrenz nicht auf normalem, politischem Weg Herr wird.»

# Israel, Palästina und die Schuld

## Die Linke und der Antisemitismus

Es war der elfte Tag nach dem brutalen Überfall der Hamas auf Israel. An diesem 18. Oktober ließen sich mehrere Hundert Menschen am Werderschen Markt 1 vor dem Auswärtigen Amt nieder und blockierten den Verkehr. Fast alle jung, zwischen 20 und 30, und lautstark. Sie schrien: «Free Palestine from German Guilt», wieder und wieder, «Befreit Palästina von der deutschen Schuld».

Kurz zuvor war die Hausherrin Annalena Baerbock nach Israel gereist und hatte dort bei einem Besuch in Netiwot in der Nähe des Gaza-Streifens erklärt: «In diesen schrecklichen Tagen stehen wir an Ihrer Seite und fühlen mit Ihnen. In diesen Tagen sind wir alle Israelis.» Sie fuhr fort, dass sie die «tiefste Solidarität» der deutschen Regierung, aber «auch der deutschen Bevölkerung zum Ausdruck bringen» wolle.

Und nun das: direkt vor dem Eingang des Auswärtigen Amtes der Dauer-Chor der Demonstranten: «Free Palestine from German Guilt». Solidarität für Israel? Ganz im Gegenteil. Für diesen Teil der Bevölkerung hatte Annalena Baerbock jedenfalls nicht gesprochen.

### Linke Sehnsucht nach dem Schlussstrich

Es blieb kein Einzelfall. Die Parole wurde schnell zu einem politischen Schlachtruf, hinter dem sich viele vor allem junge Aktivisten in Deutschland versammelten. Und der Schrei, sich von der deutschen Schuld zu befreien, kam nicht von rechts, wo er seit Jahrzehnten fest verankert ist, er kam von links. Auch das hat der Gaza-Krieg an die Oberfläche gebracht: In der deutschen Linken gibt es eine breite Ablehnung Israels.

«Das ist natürlich eine echte Volksverdummung», meint Volker Beck. Er wirft dieser Linken eine stark vereinfachte Sicht vor. «Nur wenn man alle Begriffe beliebig verbiegt, kann man das erzählen, was da einige Linke erzählen» sagt der Präsident der Deutsch-Israelischen Gesellschaft, der als Politiker Mitte der 80er Jahre bei den Grünen begonnen hat. «Ich komme ja historisch und politisch aus der Linken. In meiner Zeit hat man Linke noch mit dialektischem Denken verbunden.» Bei einer historischen Betrachtung Israels müsse man «die zionistische Bewegung eher als Befreiungsbewegung lesen, die mit der Erreichung eines jüdischen Staates ihr Ziel erreicht hat».

Die zionistische Idee also, deren Kern die Schaffung einer Heimstatt für die verfolgten Juden aus der ganzen Welt war, als anti-koloniale Befreiungsbewegung? Die Fakten sind so: Das heutige Israel war jahrhundertelang bis zu dessen Zerfall 1918 Teil des Osmanischen Reiches. Danach machten es die Briten 30 Jahre lang als Mandatsgebiet zum Bestandteil ihrer zunehmend vom Öl-Hunger getriebenen Interessen im Nahen Osten. Jüdische Untergrundbewegungen bekämpften die Briten, die schließlich den jungen Vereinten Nationen die Lösung dieses Konflikts übertrugen und abzogen. 1947 beschloss die UNO den Teilungsplan, und als dann im Mai 1948 Israel seine Unabhängigkeit erklärte, begann am nächsten Tag der Krieg der Araber gegen diesen jüdischen Staat mit dem erklärten Ziel, die Juden zurück ins Meer zu treiben. In diesem Krieg eigneten sich die am Ende siegreichen Israelis Teile der eigentlich für die Palästinenser vorgesehenen Gebiete an. Im Sechstagekrieg eroberten sie 1967 auch den Ostteil Jerusalems, das von Jordanien kontrollierte Gebiet westlich des Jordan-Flusses (die «Westbank»), die syrischen Golanhöhen sowie die gesamte Sinai-Halbinsel und den Gaza-Streifen von Ägypten. Damit kam ein Großteil der Palästinenser unter israelische Kontrolle, inklusive zahlreicher Siedlungen in Ost-Jerusalem und auf der Westbank, wo sich inzwischen rund 700 000 Juden angesiedelt haben, was die internationale Völkergemeinschaft, auch Deutschland, für völkerrechtswidrig hält. Das Ergebnis ist bis heute ein Teufelskreis von Gewalt und Gegengewalt. Seit Jahrzehnten sieht vor allem die Linke, befeuert von der palästinensischen Diaspora und mit breiter Unterstützung muslimischer Zuwanderer, dies wahlweise als den israelischen Kolonialismus oder, vor allem perspektivisch, als Apartheid mit israelischer Dominanz gegenüber weitgehend rechtlosen Palästinensern. Dazu kommt eine grundsätzliche Kapitalismus-Kritik, Israel wird als verlängerter Arm der kapitalistischen USA gesehen.

Und dennoch, so urteilt zumindest das Bundesamt für Verfassungsschutz in seinem «Lagebericht Antisemitismus» für die Jahre 2021/22, ist dies nicht unbedingt ein Zeichen für eine offensichtliche rassistisch oder ethnisch bedingte Ablehnung von Juden in der linken Szene. «Antisemitismus im Sinne der Abneigung oder Feindschaft gegenüber Jüdinnen und Juden im ethnischen Sinne ist kein elementarer Bestandteil linksextremistischer Ideologie», urteilen die Verfassungsschützer. Folglich sei ein offen vorgetragener Antisemitismus «weitgehend ausgeschlossen, da dies dem politischen Selbstverständnis des Linksextremismus entgegenstünde». Entwarnung also an der linken Front? Mitnichten.

Denn mit dem Vorwurf der angeblichen Kolonialisierung Palästinas werden dann Begriffe wie «Holocaust, Pogrom, Vernichtungskrieg oder Völkermord», so der Lagebericht, mit der Intention verwendet, diese «mit Massenverbrechen des Nationalsozialismus gegen die Menschlichkeit gleichzusetzen». Dabei würden dann «angebliche und tatsächliche Menschenrechtsverletzungen der USA und Israels angeprangert». Und jetzt, mit dem Ausbruch des Gaza-Krieges, gehen diese linken jungen Israel-Kritiker noch diesen entscheidenden Schritt weiter und setzen einen neuen Ton: Freiheit für Palästina, weg mit der Rücksicht auf die deutsche Vergangenheit!

Aber geht die Forderung nach einer Befreiung Palästinas von der deutschen Schuld nicht viel weiter? Entziffert man die Forderung, dann wird eines schnell klar: Gemeint ist ganz offensichtlich, sich der Last der Vergangenheit und damit der unbedingten Solidarität mit dem Staat der Juden zu entledigen. Die Unterstützung der Palästinenser ist hier nur ein Vehikel, um diese Botschaft offen rüberbringen zu können.

Der Projektleiter der Bildungs- und Aktionswochen gegen Antisemitismus bei der Amadeu-Antonio-Stiftung bringt es auf den Punkt: Das könne nicht anders interpretiert werden denn als Aufruf zum Schlussstrich unter die Erinnerung an den Holocaust, meint Nikolas Lelle. Die Parallelen, nimmt man ihn wörtlich, zum rechten Narrativ wären dann nicht zu übersehen.

## Im Minenfeld: der Kulturbetrieb

Der Streit um den linken Antisemitismus reicht tief in die Kulturszene hinein. Das zeigt der Skandal des Sommers 2022, der ausgerechnet auf der kulturellen Vorzeigebühne schlechthin, der Documenta in Kassel, losbrach. In einem dort ausgestellten Großgemälde mit dem Titel «People's Justice» eines indonesischen Künstlerkollektivs wurden nach Ansicht der Kritiker Juden und Israelis in schockierender Weise karikiert, indem die Künstler übelste antisemitische Klischees darstellten. Die Schlagzeilen waren verheerend: «Umgang mit Antisemitismus auf der Documenta: Ansehen restlos ramponiert», titelte etwa das «Handelsblatt». «Versagen in der Planung mit Folgen?», fragte tagesschau.de. Zwar war das Gemälde bereits in Asien und in Australien ohne Beanstandungen gezeigt worden. «Für Deutschland aber hat es Grenzen überschritten», ordnete es Katrin Budde (SPD) ein, die Vorsitzende des Bundestagsausschusses für Kultur und Medien.

Hier zeigte sich, wie sehr der Umgang mit dem Antisemitismus zu einem Minenfeld werden kann. Denn dahinter verbirgt sich die sehr grundsätzliche Frage: Was darf die Kultur? Darüber stolperte auch die oberste Hüterin der freien Kunst, Claudia Roth. Als Staatsministerin im Kanzleramt ist die frühere Grünen-Parteivorsitzende die Beauftragte der Bundesregierung für Kultur und Medien. Zu Beginn des Documenta-Skandals erklärte sie gegenüber dem «SPIEGEL» noch forsch, sie werde «nicht als Kulturpolizistin den Daumen heben oder senken». Als dann die Welle der Empörung entstand, der Zentralrat der Juden beklagte, seine Kritik werde nicht gehört und nicht ernst genommen, die «Jüdische Allgemeine» gar ihren Rücktritt forderte, ruderte sie zurück und sagte dem «stern», sie hätte «im Vorfeld der Documenta-Eröffnung lauter und deutlicher sein sollen, sein müssen». Es habe nicht gereicht, «wenn ich sage: Ich konnte nicht mehr tun».

Als dann nach dem Beginn des Gaza-Krieges die volle Wucht des Antisemitismus und auch der Muslimfeindlichkeit in Deutschland losbrach, stellte sich Claudia Roth im Berliner «Tagesspiegel» erneut dem Thema, diesmal ganz auf der Linie der Bundesregierung. «Wer gegen Juden und Muslime hetzt – da gibt es keinen Dialog.» Sie verstehe, dass sich jüdische Menschen «bei uns im Stich gelassen fühlen von der Mehrheitsgesellschaft, dass sie allein sind mit ihrer Trauer und mit ihrer Angst, dass sie sich gerade von der Kultur stärkere Signale der Empathie und Solidarität erwarten. Und ja, viele haben das zu wenig gezeigt.» Allerdings, so nimmt sie den Kulturbetrieb in Schutz, «es wäre falsch, von einem verbreiteten Antisemitismus in der Kultur zu sprechen».

Josef Schuster, der Präsident des Zentralrates der Juden, sieht gerade die Kulturszene besonders kritisch und bekräftigt die Sicht der Kulturstaatsministerin. «Wir haben generell nach dem 7. Oktober erst mal nichts gehört, sprich dröhnendes Schweigen. Auch keine positiven oder Israel unterstützenden Statements nach dem Überfall der Hamas.»

Dröhnendes Schweigen zuerst, aber dann ging es doch erst richtig los, der Kulturbetrieb blieb auf der Suche nach einer Haltung, mit vielen Wendungen, aber ohne eindeutiges Ergebnis. Josef Schusters Urteil ist dabei allerdings eindeutig: «Das Ganze hat sich jetzt weiter verfestigt. Und mit dem Einmarsch Israels im Gaza-Streifen hat sich eine Stimmung klar gegen Israel herausgearbeitet. Ein Phänomen, das sich in dem politisch linken Lager deutlicher zeigt und hier im intellektuellen Kulturbereich.»

Das Dilemma bleibt. Wie weit kann, darf man gehen? Das zeigte sich erneut, diesmal auf der größten Buchmesse der Welt. Noch unter dem Schock des barbarischen Überfalls der Hamas auf Israel hatte das Gastland Slowenien zur Eröffnung der Frankfurter Buchmesse den Philosophen Slavoj Žižek geschickt, der zehn Tage nach der Attacke in einer Rede für Tumulte und Unterbrechung sorgte. Er beklagte ein «Analyseverbot» bei diesem Thema, seine Vorredner hätten alle über Israel, jedoch nicht über die Palästinenser gesprochen. Er verurteilte die terroristischen Hamas-Angriffe, meinte aber, man müsse auch den Palästinensern zuhören und den Hintergrund des Konfliktes beachten, um ihn zu verstehen. Zudem nannte er die Entscheidung, die ursprünglich vorgesehene Auszeichnung der palästinensischen Autorin Adania Shibli zu verschieben, «skandalös».

Noch während der Rede verließen prominente Gäste den Saal, darunter auch der hessische Antisemitismusbeauftragte Uwe Becker. Seine Begründung: Man könne auch über die Rechte und das Leid der Palästinenser sprechen, «aber nicht in einer Gleichsetzung und Gleichstellung zu Unrecht und zu massiver Gewalt und Terrorismus», sagte Becker gegenüber dpa. «Auch das freie Wort hat dort eine Grenze, wo es in einem Kontext Dinge relativiert, verharmlost und gleichsetzt, wo man sie nicht gleichsetzen kann.» Buchmessen-Direktor Jürgen Boos verteidigte dagegen «die Freiheit des Wortes». Und betonte dann: «Und die müssen wir hier stehen lassen, das ist mir wichtig.»

### Kein Aber – oder doch?

Kulturstaatsministerin Claudia Roth, auf diesen so grundsätzlichen Vorfall zur Freiheit des Wortes angesprochen, zog sich auch hier auf die Regierungslinie zurück. Natürlich sei es nicht so, dass «die Leiden der Zivilbevölkerung im Gaza-Streifen uns nichts angehen». Aber zu Žižeks Rede mit dem Hinweis auf die Notwendigkeit, auch den Palästinenser zuzuhören und den Hintergrund des Konfliktes zu beachten, sagte sie dann dem «Tagesspiegel»: «Dieses ‹Aber› versucht zu relativieren. Genau das ist falsch.» Wer diese Verbrechen gegen Jüdinnen und Juden begehe, weil sie Juden seien, «der ist ein antisemitischer Terrorist. Da gibt es kein ‹Aber›.»

Oder doch?

Während die Berliner Politik sich geradezu überbot, selbst Israel-Kritikern mit der Ausweisung zu drohen, die sich legal nichts haben zuschulden kommen lassen, meldeten sich Kulturpolitikerinnen zu Wort, die sich zuvor scharf gegenüber allem und allen abgegrenzt hatten, was irgendwie in den Verdacht des Antisemitismus gekommen war. Es ging um die deutsche Kulturarbeit, vor allem im Ausland.

Katrin Budde (SPD), die Vorsitzende des Kulturausschusses des Bundestages, äußerte gegenüber der Deutschen Presse-Agentur (dpa) die Sorge, diese Kulturarbeit könne Schaden nehmen. Sie bekomme berechtigte Anmerkungen von Kulturinstitutionen, die sich fragten, «wie sie international weiterarbeiten sollen». Es gehe um solche renommierten Institute wie das Goethe-Institut, das Humboldt-Forum, die Stiftung Preußischer Kulturbesitz oder die Kulturstiftung des Bundes. «Das sind klassische Institutionen, die man wirklich keines Antisemitismus verdächtigen darf, die aber sagen: Zusammenarbeit muss machbar sein.»

Während Katrin Budde zum Documenta-Skandal noch ausdrücklich betont hatte, für Deutschland habe das dort ausgestellte Bild Grenzen überschritten, schlug sie nun neue Töne an. «Jeder, der was sagt, wird beurteilt – und das im Schwarz-Weiß-

Licht. Das ist für Kultur immer schlecht, weil Kultur immer bunt ist und nicht schwarz-weiß.» Um dann zu der eigentlichen Herausforderung zu kommen – dem Umgang mit der Israel-Kritik im Ausland. Kulturinstitutionen solle man wirken lassen, «ohne sie unter Generalverdacht zu stellen, wenn sie international auch mit Ländern zusammenarbeiten, wo wir sagen würden: die benehmen sich antisemitisch.» Es gehe «auch» darum, durch Zusammenarbeit Verständnis für jüdische Kultur zu erreichen. Man müsse damit umgehen, wenn Fehler passiert seien und korrigiert würden, «gerade im Kulturbereich, der extrem breit ist».

Ist das ein Plädoyer, in der Kultur, die doch breit, bunt und nicht schwarz-weiß ist, eben doch mit anderen Maßstäben zu messen als auf den Straßen von Neukölln? Und muss man gerade im Ausland den Dialog anders führen, offener, verständnisvoller, weniger doktrinär? Wo liegen da die Grenzen? Und überhaupt die Kultur, das sensible Gut, das doch auch von Provokation und sonstigen heftigen Denkanstößen lebt – muss da nicht eben doch noch mal auch in Sachen Antisemitismus neu nachgedacht werden?

Das jedenfalls gab eine große Koalition von Kulturverbänden in Berlin zu bedenken, der Hauptstadt, die sich doch auf ihre weltoffene Kulturszene viel einbildet. Anlass war die Ankündigung von Kultursenator Joe Chialo (CDU), eine Antisemitismus-Klausel in die Kulturförderung einzubauen. Empfänger von öffentlichen Geldern sollten sich unter anderem zum Bekenntnis gegen Antisemitismus verpflichten. Dagegen jedoch erhob eine breite Front von Kulturschaffenden massive Bedenken. Die Freie Szene, der Berufsverband bildender Künstler*innen Berlin, der Landesverband freie darstellende Künste, die Initiative Neue Musik sowie das Festiwelt-Netzwerk formulierten einen Appell gegen die Ankündigung, weil sie die Kunst- und Meinungsfreiheit bedrohe: «Sie kollidiert mit dem Grundgesetz und bringt eine mannigfaltige Rechtsunsicherheit, zweifelhafte Praktikabilität und die Gefahr der Diskriminierung mit sich.»

Der Zentralrat der Juden dagegen lobte die Initiative, denn

sie «setzt neue Maßstäbe und reagiert damit auch auf die Erfahrungen der letzten Jahre». Berlin werde damit seinem Vorbildcharakter als wichtiger deutscher Kunst- und Kulturstandort gerecht. Joe Chialo musste dann am Ende einen Rückzieher machen, weil es juristische Bedenken gab. Die Antidiskriminierungsklausel in den Anträgen für die Kulturmittelförderung wurde nach nur einem Monat aufgehoben. Doch der Kampf gegen den Antisemitismus ging dann eine Stufe höher weiter. Berlins Regierender Bürgermeister Kai Wegner kündigte an, dieses Ziel solle in die Verfassung der Hauptstadt aufgenommen werden. Aber dann explodierte ein Skandal, als auf dem Film-Festival Berlinale noch Filmschaffende von einem Völkermord durch Israel sprachen, ohne dass die Gräueltaten der Hamas überhaupt erwähnt wurden.

## Gefallene Engel

Und auch das hektische Hin und Her rund um den Fall Masha Gessen zeigte, wie schwer sich der Kulturbetrieb bei einem angemessenen Umgang mit Israel tut. Die jüdisch-stämmige, in Russland geborene und in New York lebende Autorin Gessen hatte eigentlich bei einer Feierstunde im Bremer Rathaus den renommierten Hannah-Arendt-Preis verliehen bekommen sollen. Doch dann kam es zum Eklat. Der Grund war ein Artikel Gessens in der Zeitschrift «New Yorker». «Seit 17 Jahren ist Gaza ein übermäßig besiedeltes, verarmtes, eingemauertes Lager, das auch nur kurze Zeit zu verlassen nur ein kleiner Teil der Bevölkerung das Recht hat – in anderen Worten: ein Ghetto.» Und dann kam der Satz, der den Skandal auslöste: Gaza sei «nicht wie ein jüdisches Ghetto in Venedig oder wie ein innerhalb einer Stadt gelegenes Ghetto in Amerika, sondern wie ein jüdisches Ghetto in einem von Nazi-Deutschland besetzten osteuropäischen Land». Das rief den scharfen Protest des Bremer Ablegers der Deutsch-Israelischen Gesellschaft hervor, und eilends sagte sowohl die Bremer

Stadtregierung wie auch die Heinrich-Böll-Stiftung die feierliche Preisverleihung im Rathaus ab. Begründung: Man wolle Gessen keine Bühne für ihre Aussagen geben. Es gab dann in einem kleinen Kreis an anderer Stelle doch noch die Preisverleihung, aber es zeigte sich erneut, wie schwierig der Umgang mit Kritik an Israel sowohl hierzulande wie auch in den USA ist, wo vor allem an den Universitäten die Diskussion darüber, verbunden auch mit einer Welle von Antisemitismus, geradezu explodierte.

Nicht nur die Kultur, auch das herausragende Vorzeigeprojekt der Linken, die Klimaschutz-Bewegung «Fridays for Future», kam über den Gaza-Krieg in schwere Erklärungsnot. Als ihre Galionsfigur Greta Thunberg in einem Beitrag für mehrere internationale Zeitungen zwar von einem «schrecklichen Angriff auf israelische Zivilisten» sprach, aber zugleich betonte, dies könne die «anhaltenden Kriegsverbrechen Israels» nicht legitimieren, entstand ein Riss bei ihren deutschen Anhängern. Denn Thunberg war sogar noch weiter gegangen und hatte geschrieben: «Völkermord zu begehen ist weder Selbstverteidigung noch in irgendeiner Weise verhältnismäßig.» Auch der Kampf für Klimagerechtigkeit hänge eng mit dem Schutz der Menschen und ihrer Rechte zusammen. «Das bedeutet, sich zu Wort zu melden, wenn Menschen leiden, zur Flucht gezwungen oder getötet werden – egal aus welchem Grund.» «Stand with Gaza», hatte Thunberg für ihre Millionen Anhänger gepostet.

Plötzlich standen die deutschen Klima-Aktivisten unter heftigem Druck, sich zu erklären. Ihre prominenteste Sprecherin Luisa Neubauer, die zuvor an öffentlichen Solidaritätskundgebungen für Israel teilgenommen hatte, sah sich gezwungen, auf Distanz zu Thunberg zu gehen. Im ZDF-«Morgenmagazin» sagte sie: «Wir machen beim Thema Antisemitismus keine Kompromisse. … Wir stehen ein für den Schutz von jüdischem Leben und auch dafür, dass das Leid in dieser unerträglichen Situation gerade von beiden Seiten gesehen werden muss. … Also Gleichzeitigkeiten wollen wir anerkennen, ohne Gleichsetzung in den Raum zu stellen, das wäre unangemessen.»

Der Druck war offensichtlich so heftig, dass Neubauer auch jenseits des Israel-Konfliktes zu Thunberg auf Abstand gehen musste «Greta ist eine wichtige Person in der internationalen Klimafrage, aber sie repräsentiert uns nicht.» Die deutsche Sektion habe deutlich gemacht: «Es gibt eine Distanz, und wir in Deutschland stehen eigenständig für unsere Werte ein.» Fridays for Future sei ein «loses Netzwerk», sagt sie.

Damit waren ihre Kritiker nur bedingt zufrieden. Der Antisemitismus-Beauftragte der Bundesregierung, Felix Klein, etwa brachte eine Namensänderung ins Spiel. Doch das ging Luisa Neubauer zu weit: «Den Namen abzulegen wäre in diesem Augenblick Symbolpolitik, und wir können mit Symbolpolitik nicht viel anfangen. Unsere Priorität liegt in der Klarheit unserer Haltung», wies sie dies im «SPIEGEL» zurück.

## Der deutsche Linksextremismus und die Palästinenser

Historisch gesehen hat die Distanz vieler deutscher Linker zu Israel bis hin zum militanten Antisemitismus eine lange Tradition. In der kommunistischen DDR zählte der als antizionistisch verkleidete Antisemitismus inklusive einer nachdrücklichen Unterstützung der Palästinenser zur öffentlich deklarierten Staatsdoktrin, in der bundesdeutschen Linken der Nachkriegsjahre war der Kampf gegen Israel kaum weniger ausgeprägt, wenngleich in seinen Auswirkungen differenzierter. Aber ohne Zweifel waren die Kontakte zu palästinensischen Organisationen intensiv und mörderisch, sie wurden zu einem entscheidenden Faktor in der Geschichte des deutschen Terrorismus, der die alte Bundesrepublik über viele Jahre erschütterte.

Es begann schon 1969, als der Mitbegründer der Kommune 1, Dieter Kunzelmann, mit seiner Freundin Ingrid Siepmann in den Libanon reiste und sich dort von der Al Fatah, einer Fraktion der PLO, ausbilden ließ. Richtig in Schwung kam die Kooperation mit den Palästinensern aber nach der Gründung der Roten Armee Fraktion (RAF), die nach der gewaltsamen Befreiung des Kaufhausbrandstifters Andreas Baader im Mai 1970 entstand. Gleich darauf reiste eine etwa 20-köpfige Gruppe, darunter neben Baader die führenden RAF-Figuren Ulrike Meinhof, Gudrun Ensslin und Horst Mahler, nach Jordanien. Dort startete die militärische Ausbildung bei der Al Fatah, bei der sich die deutschen Terroristen das Rüstzeug für ihre baldigen blutigen Anschläge in Deutschland holten. Zugleich entwickelte sich aber auch das enge Beziehungsgeflecht zwischen den Palästinenser-Organisationen, die gegen Israel kämpften, und den Mitgliedern der deutschen «Stadtguerilla», die sich als Teil einer internationalen Befreiungsbewegung sahen und die Dritte Welt von den post-kolonialen Unterdrückern erlösen wollten. Ihre Vorbilder sahen sie unter anderen in Figuren wie dem Vietnamesen Ho Chi Minh oder dem Lateinamerikaner Che Guevara, und neben dem Nahostkonflikt waren die USA ein vorrangiges Ziel, die zu diesem Zeitpunkt tief in den Vietnam-Krieg verstrickt waren.

In den 70er Jahren gab es kaum eine spektakuläre Aktion, bei der sich die deutschen Terroristen und die palästinensischen Kämpfer gegen den Staat der Juden nicht wechselseitig unterstützten. Diese Form der gewalttätigen Zusammenarbeit zwischen der deutschen Linken und arabischen Terroristen ist ohne Zweifel Geschichte. Geblieben ist der Vorwurf, der Staat der Juden sei eine Kolonialmacht, die die Palästinenser mit Gewalt unterdrücke. Und zunehmend schwindet auch die Bereitschaft, sich zu einer besonderen deutschen Verantwortung für Israel zu bekennen, basierend auf der Last der Vergangenheit. Dabei hat genau dies eine Tradition, die bis in die Gründungszeit beider Staaten zurückreicht – der Bundesrepublik und Israels.

# Wiedergutmachung mit Waffen
## Die Anfänge unter Adenauer und Ben-Gurion

Jerusalem am 29. Mai 2012. Es ist noch früh am Morgen, doch die Temperaturen steigen schnell. Die Ehrenkompanie vor dem modernen Amtssitz des israelischen Präsidenten tritt mehrfach an, übt das Aufstellen, geht wieder auseinander, bis der hohe Gast aus Deutschland sich endlich ankündigt und sie ihre endgültige Position einnimmt. Die Männer tragen weiße Ausgehuniformen der Marine. Ein Zeichen der Verbundenheit, wie eine Mitarbeiterin von Schimon Peres uns wartenden Journalisten erklärt. Allen ist klar, worauf sie anspielt: die deutschen U-Boote, das Symbol deutscher Unterstützung, der Beitrag zu Israels Sicherheit. Deshalb hat man für Joachim Gauck die Ehrenformation eigens in die hier oben in Jerusalem eher unüblichen Marineuniformen gesteckt. Seht her, wir wissen eure Lieferung zu schätzen. Der inzwischen greise israelische Staatspräsident Schimon Peres verweist in seiner Ansprache ausdrücklich auf die Gefahr aus dem Iran und betont, dass er der politischen Führung des Landes nicht glaubt, wenn sie versichert, keine Atombombe bauen, sondern lediglich ein ziviles Atomprogramm entwickeln zu wollen. Beim Staatsdiner am Abend wird Peres daran erinnern, wie sich alles entwickelt hat: «Ich ergreife die Gelegenheit, um Deutschland und seinen Regierungen für ihre langjährige Unterstützung im Sicherheitsbereich zu danken», sagt er.

## Deutsche Militärhilfe für das Überleben

Schimon Peres weiß, wovon er spricht: Jahrzehntelang war er der wichtigste Mann im Land, wenn es darum ging, Waffen aus Deutschland zu beschaffen – und das tat er schon ganz früh. Er machte sich den Grundgedanken von Israels erstem Ministerpräsidenten David Ben-Gurion zu eigen: Für den in seiner Existenz bedrohten Staat Israel ist die militärische Hilfe überlebenswichtig – ganz egal, wer sie einem gewährt. Dass die israelische Regierung schon wenige Jahre nach dem Holocaust Deutschland als Bündnispartner ins Auge fasste, galt vielen freilich als Skandal: «Die Bürger des jüdischen Staates hielten damals Kontakte zu Deutschland oder den Deutschen für völlig undenkbar», erinnerte sich Peres später. «Wenn es je eine gemeinsame Überzeugung in Israel oder beim gesamten jüdischen Volke gab, so war es gewiss die Gesinnung gegenüber Deutschland, das man für alle Zeiten geächtet und gemieden wissen wollte.» Doch es kam anders: Die junge Bundesrepublik leistete sowohl für den wirtschaftlichen Aufbau wie kurz darauf auch für die Sicherheit Israels einen entscheidenden Beitrag und begründete damit eine Sicherheitskooperation, die nun seit über 60 Jahren anhält. Am Anfang stand die Annäherung zweier großer Staatsmänner.

«Ben-Gurion meinte einmal, dem Staatsmann gehe es im Gegensatz zum Politiker, der an die nächsten Wahlen denke, um die kommenden Generationen. Solche Persönlichkeiten waren Ben-Gurion und Konrad Adenauer», schreibt Peres später. «Ben-Gurion erkannte, dass es diejenigen Deutschen zu ermutigen galt, die sich darum bemühten, ein anderes, demokratisches und humanes Deutschland zu gründen und der Jugend neue Werte zu vermitteln.» Hinter der feierlichen Rhetorik verbirgt sich ein ungeheurer politischer Kraftakt, der nur wenigen geglückt wäre. Für den Nazi-Gegner und rheinischen Katholiken Adenauer, der schon vor 1933 intensive Kontakte zu deutschen Juden pflegte, war es eine Frage der Moral, sich der Verantwortung für den Holocaust und seine Folgen zu stellen. Das wurde auch von seinen israelischen Gesprächspartnern anerkannt. «Die Israel-Frage war für ihn eine Frage des Gewissens und der Religion», wird Ben-Gurion später über ihn urteilen. Dass die beiden gewieften Politiker neben dem Gedanken an Versöhnung und der Moral auch ganz praktische Ziele im Auge hatten, war offensichtlich: Adenauer ging es darum, das am Boden liegende, geteilte und von den Siegermächten besetzte Deutschland wieder in den Kreis der Weltgemeinschaft zurückzuführen. Sein Verhalten, so argumentierte der spätere deutsche Botschafter in Israel, Niels Hansen, sei von der Staatsräson bestimmt gewesen. Er zitierte Adenauer mit den Worten: «Als ich im Jahre 1949 Bundeskanzler wurde, sah ich in der Ordnung der Beziehungen zu den Juden eine unserer wichtigsten Aufgaben.» Die Verpflichtung gegenüber Israel entwickelte sich im Spannungsfeld zwischen Moral und Politik. «Gewiss, Moral ist ein dehnbarer Begriff ... Doch in der Beziehung mit dem Phänomen Auschwitz ist er eindeutig, und das war damals ... mit richtig verstandener Realpolitik deckungsgleich», argumentiert Hansen. Adenauer hat die von ihm angestrebten und letztlich durchgesetzten Zahlungen an Israel konsequent mit moralischen Begründungen versehen. Ben-Gurion auf der anderen Seite erkannte schnell, dass der von den Arabern eingekesselte kleine Staat Israel nur dann überleben würde, wenn er Geld und bald darauf auch Waffen aus dem sich wirtschaftlich schnell erholenden Deutschland annehmen würde. Ausschlaggebend waren für ihn konkrete materielle Interessen. Ein erster Schritt der gegenseitigen Annäherung war das Luxemburger Abkommen von 1952, in dem sich die Bundesrepublik zur Zahlung von drei Milliarden Mark sowie einer Reihe anderer individueller Zahlungen an die Opfer der Shoah verpflichtete. Auf der deutschen Seite sprach man von Wiedergutmachung, in Israel neutral von «Schilumim», was übersetzt lediglich Zahlungen bedeutet. Aber auch Adenauer war durchaus klar, dass es unmöglich war, «den angerichteten Schaden an Leib und Eigentum in seiner ganzen Dimension wiedergutzumachen». Während auf dem Weg zur «seelischen Bereinigung unendlichen Leides» also noch kein Ende in Sicht war, war Adenauer seinem politischen Ziel – der Souveränität Deutschlands – durch das Abkommen einen guten Schritt näher gekommen. Auch wenn diese deutschen Zahlungen in Israel selbst heftig umstritten waren, so bedeutete dies den Durchbruch für die bilaterale Kooperation. Nach dem Geld kamen die Waffen.

## Geheimabkommen an Weihnachten

Ein Auftrag ganz nach dem Geschmack des jungen, dynamischen Shimon Peres, der unermüdlich unterwegs war, für die zwar mit einer starken Kampfmoral, aber mit viel zu wenigen leistungsfähigen Waffen ausgestattete israelische Armee Ausrüstung zu beschaffen. Und er traf dabei auf deutscher Seite auf einen Mann, der ebenfalls noch jung und ambitioniert war, wie Peres voller Tatendrang, entschlossen, risikofreudig und, wo nötig, ausreichend schlitzohrig und rücksichtslos: Franz Josef Strauß.

Auf verschlungenen Wegen, so schreibt Strauß in seinen «Erinnerungen» habe ihn, den deutschen Verteidigungsminister, Ende 1957 die Nachricht erreicht, dass ihn eine israelische Delegation in Bonn besuchen wolle, zu einer Zeit, als diplomatische Beziehungen noch in weiter Ferne lagen. Strauß stimmte zu, wählte aber aus Geheimhaltungsgründen seinen Wohnort Rott am Inn aus. Schon zuvor war Shimon Peres mehrfach in Bonn gewesen, jetzt, direkt nach Weihnachten, am 27. Dezember 1957, war er im schneebedeckten Rott am Ziel, zusammen mit dem israelischen General Chaim Laskow und Asher Ben-Natan, der einige Jahre später erster israelischer Botschafter in Deutschland wurde. Und er brachte gleich ohne Umschweife eine Wunschliste mit: Transportflugzeuge, Hubschrauber, Artillerie, Panzerabwehrraketen. Strauß erwähnt nicht den Punkt, der für die Israelis damals schon ganz wichtig war: die Lieferung deutscher U-Boote. Es ist aber offensichtlich und durch israelische Quellen belegt, dass dies von Anfang an ein wesentliches Anliegen der Israelis war, wie sogar öffentliche Debatten in Jerusalem sehr bald zeigten.

Die Bundeswehr war erst zwei Jahre zuvor aufgestellt worden, sie befand sich im ersten Stadium ihres Aufbaus. Eigentlich hatten diese neuen deutschen Streitkräfte selber noch erhebliche Anlaufschwierigkeiten und nur eine allererste Ausstattung an Waffen und Gerät. Strauß bezeichnete sie zu Recht als «bescheidene Vorräte».

Franz Josef Strauß ging dabei ohne Zweifel volles Risiko. Denn vor allem der wichtigste deutsche Verbündete und Waffenlieferant der ersten Stunde, die USA, waren zu diesem Zeitpunkt strikt gegen Lieferungen an die Israelis, die sich ansonsten in Europa nur bei den Franzosen einiges an Waffen kaufen konnten. «Aber», so schreibt Strauß, «ich war bereit, von dem wenigen zu geben, weil ich es als meine Pflicht ansah, Israel in einer schwierigen und bedrohlichen Situation zu helfen.»

Schon damals wurde erkennbar, was bis heute gilt: Wenn es um die Sicherheit Israels geht, schlägt die deutsche Politik auch unkonventionelle Wege ein, lässt manches zu, was im Umgang mit anderen Staaten kaum vorstellbar wäre, bekennt sich dazu, dem Staat der Juden auch mit Waffen zu helfen, und bricht dabei Tabus.

Bald verschwanden aus Bundeswehr-Depots auf nicht nachvollziehbare Weise Waffen. Um dies zu erklären, so schilderte Strauß selber dreißig Jahre später, habe man als Ablenkungsmanöver sogar bei der Polizei in einigen Fällen Anzeige wegen Diebstahls erstattet. Die Amerikaner erfuhren davon nichts, obwohl es zum Beispiel um ihre Sikorski-Hubschrauber ging, die sie kurz zuvor erst an die Bundeswehr geliefert hatten.

Vor allem konzentrierte man sich auf Waffen und Flugzeuge französischer Herkunft, da Israel ja ohnehin Beziehungen nach Paris entwickelt hatte und es so weniger auffiel, etwa Noratlas-Transportmaschinen und Fouga-Magister-Düsentrainer. Die Hoheitsabzeichen wurden übermalt, sie wurden nach Marseille geflogen und dort auf Schiffe gebracht – Richtung Israel.

Strauß gibt in seinen Erinnerungen an, er habe Adenauer informiert, die CDU-Politiker von Brentano und Krone, mit Fritz Erler auch einen führenden Vertreter der SPD, und auch die FDP sei von ihm unterrichtet worden. «Sie alle stimmten zu», schreibt Strauß. «Die Verantwortung für diese Hilfsaktion aber blieb bei mir. So hatte ich wenig Rückendeckung für ein Vorgehen, das in allem dem Haushaltsrecht zuwiderlief.» Strauß bezifferte den finanziellen Umfang dieser ersten Hilfsaktion mit 300 Millionen Mark, für damalige Verhältnisse eine enorme Summe, «ohne Bezahlung dafür zu verlangen».

Obwohl man die Öffentlichkeit mit dem geheimen Treffen in Rott am Inn bewusst in die Irre geführt hatte, blieben diese ersten Kontakte des Jahres 1957 nicht wirklich geheim. In Israel war schon zuvor durchgesickert, dass sich die Ben-Gurion-Regierung anschickte, ausgerechnet Deutschland um Waffenlieferungen anzugehen. Das schlug auch innerhalb der Regierung hohe Wellen, und im Parlament erst recht.

Schon zwölf Tage vor dem Treffen Peres-Strauß kam es zu scharfen Auseinandersetzungen im Jerusalemer Kabinett, Strauß wurde von Gegnern der Kontakte als Kopf einer «Nazi-Armee von Mördern» bezeichnet. Der Widerstand führte im Übrigen dazu, dass der damalige Generalstabschef Moshe Dayan nicht mit nach Deutschland zu Strauß kommen konnte.

Ben-Gurion bügelte alles ab, aber die israelische Politik war aufgewacht, und der Regierungschef musste sich in diesen letzten Tagen des Jahres 1957 mehrfach der Knesset stellen. Bei der Verteidigung der Kontakte zu den Deutschen deutete Ben-Gurion an, worum es seiner Regierung vor allem ging: die Lieferung von U-Booten deutscher Konstruktion. Schon damals, ganz zu Beginn der deutsch-israelischen Rüstungskooperation, standen ausgerechnet U-Boote im Vordergrund der israelischen Wünsche – im Wesentlichen aus denselben Gründen wie heute: Diese kleinen Boote eigneten sich besonders für die israelischen Bedürfnisse, weil sie auch in flachen Gewässern operieren konnten.

Ben-Gurion umschrieb das mit dem Hinweis, man sei dabei, «gewisse Ausrüstungen von diesem Land zu erwerben, die nur in diesem Land erworben werden können – und dass dies für unsere Sicherheit lebenswichtig ist». Eine spannende Begründung, die sich Jahrzehnte später im Zusammenhang mit den neuerlichen U-Boot-Lieferungen wiederholen sollte.

Damals war diese direkte Lieferung am Ende so nicht zu machen, man musste einen Umweg gehen. Zwei U-Boote wurden nach deutschen Plänen schließlich bei einer britischen Werft gebaut und von Deutschland bezahlt.

## Uzis für die Bundeswehr

Ben-Gurion musste rund um die ersten deutschen Waffenlieferungen in diesen stürmischen Zeiten in Jerusalem erneut Farbe bekennen, wie er mit diesem Nachkriegsdeutschland weiter umzugehen beabsichtigte. Und wie schon bei den Wiedergutmachungszahlungen hielt er erneut Kurs: «Das Wohl des Staates Israel erfordert normale Beziehungen zu Deutschland, denn wir haben nicht mit der Welt von gestern, sondern mit der von morgen zu tun, nicht mit den Erinnerungen an die Vergangenheit, sondern mit den Erfordernissen der Zukunft, nicht mit einer Wirklichkeit, die verschwunden ist, sondern mit einer konkreten Wirklichkeit, die sich ändert und erneuert und in der das heutige Deutschland eine bedeutende Rolle spielt.» Ben-Gurion hat sich hier, lange vor seinem historischen Treffen mit Adenauer in New York im Jahre 1961, deutlich bekannt und, immer der alte Fuchs, gleich politisch noch eins draufgesetzt: Er trat zurück, um acht Tage später dann erneut eine Regierung zu bilden, mit denselben Regierungsmitgliedern, aber mit der klaren Botschaft: Seht her, ich kann auch anders, wenn ihr nicht mitmachen wollt – eine Taktik, die aufging, denn die verschreckten Parteien, die bisher Widerstand geleistet hatten, stimmten der Rüstungskooperation nun zu.

Zwar war damit klar, dass Israel und die junge Bundesrepublik Deutschland, die mit ihrer Vergangenheit rang, nunmehr eine Kooperation im Sicherheitsbereich verabredet hatten. Dennoch blieben wesentliche Einzelheiten über den außerordentlich beachtlichen Umfang dieser Zusammenarbeit über Jahre geheim. Und als sie bekannt wurden, würden sie die deutsche Außenpolitik in einer tiefgreifenden Weise verändern, die die Begründer der deutsch-israelischen Sicherheitskooperation zwar befürchteten, aber zu diesem Zeitpunkt in ihrem ganzen Ausmaß nicht vorhersehen konnten.

Zuvor jedoch kam ein Element dazu, das bis heute ebenfalls fest etabliert ist: die Zweibahnstraße. Auch die junge Bundeswehr, die sich im Kalten Krieg als neuer Partner in der NATO bewähren musste, war im Aufbau, auch sie suchte dringend nach Waffen und Gerät aller Art, die sie aus zahlreichen Ländern bezog. Überwiegend aus den USA, aber auch aus Frankreich, Großbritannien, Kanada, Italien und weiteren Staaten, die in der Regel der Nordatlantischen Allianz angehörten – neben Produkten aus eigener Fertigung, wobei die deutsche Rüstungsindustrie erst sehr langsam wieder in Gang kam, unter den kritischen Augen der Alliierten.

Unter anderem brauchte die Bundeswehr eine Maschinenpistole. Franz Josef Strauß erinnerte sich, dass eine Reihe von Modellen geprüft wurde. Darunter auch eine finnische Waffe, die «der russischen aus dem Zweiten Weltkrieg sehr ähnlich war». Doch auch die Israelis hatten eine Schnellfeuerwaffe zu bieten, die «auch unter schlechtesten Bedingungen, selbst wenn sie in Schnee oder Dreck gefallen war, funktionierte».

So kam es, dass während des Kalten Krieges praktisch jeder Rekrut, der bei der Bundeswehr einrückte, direkte Bekanntschaft mit einer Waffe «Made in Israel» machte: der Uzi. Sie wurde in den ersten Jahrzehnten zur Standardausrüstung der deutschen Streitkräfte. Das war offensichtlich und ließ sich auch nicht geheim halten. Was wohl die meisten dieser Rekruten nicht wussten, war, dass auch ein Teil der Uniformen, in die sie am Morgen schnell hineinschlüpften, wenn der Unteroffizier vom Dienst auf den Fluren beim Wecken herumschrie, in Israel genäht worden war. Dabei kam es in einigen Fällen bei den Näherinnen zu Arbeitsverweigerungen. Frauen, die noch unter den Nazis als Zwangsarbeiterinnen Uniformen für deutsche Soldaten hatten nähen müssen, lehnten sich jetzt dagegen auf, dies erneut tun zu sollen.

Auch eine weitere Waffenlieferung führte in Israel zu Protesten. Aus Haifa wurden in großem Umfang Mörser und Mörsergranaten für die Bundeswehr geliefert. Strauß beziffert den Wert dieser Lieferungen auf «mehrere hundert Millionen Mark».

## Entrüstung in der Knesset

Wie so oft auf dem steinigen Weg der Rüstungskooperation zwischen beiden Ländern schlugen die Wellen der Entrüstung in Israel erneut hoch, und wie so oft während seiner Amtszeit musste Ben-Gurion die Bundesrepublik gegen scharfe Angriffe sowohl in seinem Kabinett wie auch in der Knesset verteidigen. Zwei Jahre zuvor war es noch darum gegangen, deutsche Waffenlieferungen nach Israel zu rechtfertigen, jetzt ging es um den umgekehrten Weg, aber die Begleittöne waren nicht weniger laut.

Jigal Allon, später Außenminister, brachte es auf den Punkt: «Die Deutschen haben diese Waffen nicht gekauft, weil sie gut sind, sondern weil sie von Juden stammen. Die Deutschen wollen sich unbedingt rehabilitieren.» Tagelang debattierte die Knesset im Sommer 1959. Knapp anderthalb Jahrzehnte nach der Shoah waren die Wunden bei vielen Überlebenden weiterhin tief, doch Ben-Gurion hielt seine eindeutige Linie durch und ließ sich auch durch die äußerst scharfen Angriffe etwa von Menachem Begin nicht beirren, der später einmal einer seiner Nachfolger als Ministerpräsident wurde. «Sollen diejenigen, die ihre Hände mit jüdischer Seife gewaschen haben, auch jüdische Waffen tragen?», rief

Begin, dessen Vater von den Nazis erschossen worden war, den Knesset-Abgeordneten zu. Ben-Gurion antwortete genau so, wie er es schon viele Male zuvor getan hatte, mit seiner Grundüberzeugung: «Wenn etwas richtig ist, dann sagen mir alle meine jüdischen Gefühle und Instinkte, meine ganze Ehre als Jude und Mensch: Tue, was für Israel richtig und für seine Sicherheit notwendig ist. Wenn die Opfer der Judenkatastrophe sprechen könnten, würden sie sagen: Bleib stark und mutig!»

Und wieder setzte er sich mit dieser Haltung durch, die Knesset stimmte am Ende den Waffenverkäufen an Deutschland zu. Seine Kritiker in der eigenen Regierung konnte Ben-Gurion aber nicht besänftigen, wieder trat er förmlich zurück, führte die Amtsgeschäfte aber bis zu den Wahlen im Herbst weiter und wurde dabei erneut im Amt bestätigt.

Die innenpolitischen Probleme in Israel schienen für eine Weile beseitigt, die Lieferungen in beide Richtungen schienen nun weiterlaufen zu können. Bei ihrem historischen Treffen am 14. März 1960 im New Yorker Waldorf Astoria-Hotel bekräftigten Konrad Adenauer und David Ben-Gurion erneut den Willen, die Waffenlieferungen wie geplant umzusetzen, so wie das zwischen Peres und Strauß zuvor schon bei weiteren Gesprächen verabredet worden war. Dabei spielten erneut die U-Boote eine Rolle, wobei Ben-Gurion darauf verwies, dass Ägypten moderne sowjetische U-Boote erhalten habe. Das Protokoll der Gespräche hält kurz und bündig fest: «Der Herr Bundeskanzler sagte, er stimme mit Herrn Strauß überein.»

## Staatsräson schon bei Adenauer

Adenauer setzte damit das entscheidende Signal, das im Kern bis heute in der deutschen Politik gilt: Die Sicherheit Israels war schon damals, auch wenn das Wort bei dem greisen deutschen Kanzler bei dieser Gelegenheit nicht fiel, Staatsräson.

Doch schon bald sollte sich zeigen, dass bei einem so sensiblen Thema weiteres Störfeuer nicht ausbleiben konnte. Das galt zum einen in der eigenen Regierung. Der neue Außenminister Gerhard Schröder erwies sich als klarer Gegner von Waffenlieferungen an Israel. Der Hausherr im Bonner Auswärtigen Amt und offenbar auch sein Apparat hatten dabei vor allem die arabische Welt im Blick. Die junge Bundesrepublik war Gefangene ihrer eigenen Hallstein-Doktrin. Die besagte, dass es keine Anerkennung beider deutscher Staaten geben dürfe – ein Bollwerk gegen die um genau diese Anerkennung in der Welt ringende DDR. Die arabischen Staaten sollten auf diesem Gebiet geradezu zum diplomatischen Schlachtfeld werden: Würde es gelingen, die Araber bei der bundesdeutschen Stange zu halten und sie davon abzubringen, dem Werben Ost-Berlins nachzugeben?

Auch Adenauer hatte aus diesem Grund darauf verzichtet, dem frühen Drängen Israels nach der Einrichtung diplomatischer Beziehungen zum Staat der Juden nachzugeben. Allen, auch Adenauer und Strauß, war durchaus klar, was es bedeuten würde, wenn Waffenlieferungen an Israel bekannt würden. Ägypten, das größte arabische Land, war spätestens seit der Suezkrise des Jahres 1956 im Einflussbereich der Sowjetunion angekommen, mit der Folge massiver Moskauer Waffenlieferungen an das Nasser-Regime.

Das Auswärtige Amt machte deshalb immer wieder massive Bedenken gegen die Rüstungskooperation mit Israel geltend. Das Bundesverteidigungsministerium versuchte das Problem zu umgehen, indem es die Kollegen vom Auswärtigen Amt über den tatsächlichen Umfang der Lieferungen im Unklaren ließ. Akten über die Lieferungen wurden im Strauß-Ministerium praktisch nicht geführt – die rechte Hand wusste nicht, was die Linke tat.

Strauß beschrieb das später so: «Schon als Gerhard Schröder im November 1961 Außenminister wurde, hat er mich deswegen heftig bekämpft und volle Breitseiten losgelassen gegen die deutsch-israelische Kooperation, die nach seiner Meinung die deutsche Politik gegenüber den Arabern gefährdete.» Schröder wollte nicht einmal mit Peres zusammentreffen, der diesen Wunsch dringlich geäußert hatte. Strauß machte sich dafür beim deutschen Außenminister stark, aber «der weigerte sich. Sein Ansehen als Außenminister könne beeinträchtigt werden.»

Umso erstaunlicher ist, dass die Lieferungen gegen den Widerstand der deutschen Diplomaten durchgezogen wurden. Aber am Ende kam es, wie es vermutlich kommen musste. Die Achse Strauß-Peres funktionierte blendend, und bei einem weiteren Treffen in Bonn präsentierte Peres eine zusätzliche Shoppingliste: 6 Schnellboote der Jaguar-Klasse, 3 U-Boote, 36 amerikanische Haubitzen, 24 US-Hubschrauber, 12 französische Noratlas-Transportflugzeuge, 150 US-Panzer aus deutschen Beständen, 54 schwedische Flugabwehr-Geschütze sowie Cobra-Panzerabwehrraketen – wobei weiterhin klar war, dass es für diese Shoppingtour im Wert von 240 Millionen D-Mark am Ende keine Rechnung geben würde.

Und es ging nicht nur um militärische Hardware. Bald erschienen an Bundeswehrschulen israelische Soldaten, die an diesen Waffensystemen ausgebildet wurden. An der Flugabwehrschule in Rendsburg, auf dem Truppenübungsplatz Munsterlager und der Fallschirmspringerschule in Schongau wurde in diesen Anfangsjahren eine langjährige Tradition der gemeinsamen Ausbildung begründet. Hohe Bundeswehr-Offiziere flogen in diesen Jahren auch nach Israel. Nur gut anderthalb Jahrzehnte nach der Shoah hatte das zuvor völlig Undenkbare eine konkrete Gestalt angenommen: Von Juden hergestellte Maschinenpistolen, Mörser und Granaten verstärkten im Kalten Krieg die Kampfkraft der jungen Bundeswehr. Flugzeuge aus deutschen Beständen halfen Israels Armee, sich gegen potentielle arabische Aggressoren zu wappnen, die nach wie vor darauf abzielten, die Juden ins Meer zu treiben. Damit war das Fundament der deutsch-israelischen Sicherheitskooperation gelegt. Sich für Israels Sicherheit einzusetzen war durch die vom ersten deutschen Bundeskanzler Adenauer geschaffenen Fakten, mehr noch aber durch die dahinterstehende Begründung schon damals Teil deutscher Staatsräson geworden, der sich bislang keine Regierung trotz zahlreicher Belastungsproben entziehen konnte.

## Deutsche Techniker in Ägypten

Zu diesen dramatischen Belastungsproben gehörte damals, dass Ägypten, zu diesem Zeitpunkt Israels mächtigster Feind, willige deutsche Techniker anheuerte, die zum Teil noch im Nazi-Regime an den V2-Raketen, Hitlers «Wunderwaffen», mitgewirkt hatten. Sie sollten für Ägypten ebenfalls Raketen und Flugzeuge zum Einsatz gegen Israel entwickeln. Ägyptens Präsident Nasser ließ am 23. Juli 1962, dem ägyptischen Nationalfeiertag, die ersten Raketen demonstrativ durch Kairo rollen.

In Israel brach ein Sturm der Entrüstung los. Das Land erlebte gerade noch einmal intensiv das Trauma des Holocaust. Der Eichmann-Prozess 1961 hatte das Massensterben in den deutschen Konzentrationslagern ins Bewusstsein der Menschen zurückgebracht. Zum ersten Mal in dieser Deutlichkeit hatte sich der junge Staat der Juden mit der Tatsache auseinandergesetzt, dass die Nazis ein Drittel der auf der Welt lebenden Juden ausgelöscht hatten. Und nun das: Wieder die Deutschen! Wieder arbeiten sie an Waffen, die das Ziel haben, die Juden zu vernichten. Golda Meir, damals Außenministerin und ohnehin keine Freundin dieses neuen Deutschlands, tobte in der Knesset ganz ohne Rücksicht auf Ben-Gurion. «Nach dem Fall des Hitler-Regimes, das die Vernichtung von Millionen von Juden verursacht hat, treten heute wieder Angehörige dieses Volkes mit Aktionen in Erscheinung, die dazu bestimmt sind, den Staat Israel zu vernichten.»

Die Knesset fasste einstimmig einen Beschluss, der zeigte, wie sehr die Anwesenheit der deutschen Raketentechniker in Ägypten das Verhältnis zwischen der Bundesrepublik und Israel beeinträchtigte. «Die Knesset appelliert an die aufgeklärte Weltöffentlichkeit, unverzüglich ihren Einfluss darauf auszuüben, dass dieser Tätigkeit deutscher Fachleute ein Ende bereitet wird, deren Ziel es ist, Israel, in dem die Überlebenden unseres Volkes der Nazi-Hölle entronnen sind, eine gemeinsame Zufluchtsstätte gefunden haben, der Gefahr der Vernichtung auszusetzen.»

Der israelische Geheimdienst Mossad unter seinem Chef Isser Harel gab die Wissenschaftler am Nil, von denen pikanterweise auch einige aus der DDR und Österreich stammten, zum Abschuss frei. Sieben Attentate wurden registriert. Die Bundesregierung geriet unter schweren Druck, die Wissenschaftler zurückzurufen, was sich aber aus juristischen Gründen als schwierig erwies. Während im Hintergrund die deutschen Waffenlieferungen an Israel weiterliefen, zog sich die Affäre weit über zwei Jahre hin. Sie endete damit, dass sich die Mehrzahl der Techniker nach und nach aus Ägypten zurückzogen – nicht zuletzt, weil sie von der Bundesregierung mehr oder weniger still dazu ermutigt und mit neuen Jobs in Deutschland versorgt worden waren. Aus dem ägyptischen Raketenprogramm, das ohnehin mangels präziser Steuerungsgeräte militärisch eine geringe Bedeutung hatte, sollte nichts mehr werden.

Das Jahr 1963 hielt für die schwierigen deutsch-israelischen Beziehungen jedoch noch eine ganz andere Herausforderung bereit. Die beiden großen alten Männer, die diese historische Annäherung nach der Katastrophe der Shoah möglich gemacht hatten, verließen die politische Bühne. Innerhalb weniger Monate traten zuerst Ben-Gurion im Alter von 77 Jahren und dann der zehn Jahre ältere Konrad Adenauer von ihren Ämtern zurück. In Bonn hatte sich Ludwig Erhard als neuer Bundeskanzler mit diesem schweren Erbe auseinanderzusetzen. Erhard fand eine komplexe Lage vor, und er musste sich nun entscheiden, wie er vor allem mit den Kritikern im Auswärtigen Amt umgehen wollte, die sich mehr denn je gegen die Waffenbrüderschaft mit Israel stemmten. Außenminister Schröder versuchte wieder und wieder, immer mit Blick auf die Beziehungen zur arabischen Welt, den neuen Bundeskanzler davon zu überzeugen, die Waffenlieferungen zu stoppen. Doch der hielt Kurs, und die Lieferungen gingen weiter. Erstaunlich lange blieben sie mehr oder weniger geheim. Jedenfalls waren sie nicht so offensichtlich, dass sich die Araber öffentlich darüber empörten.

## Ein Pfarrer deckt alles auf

Ein deutscher Pfarrer sollte einen wichtigen Beitrag leisten, dieses Staatsgeheimnis endgültig ans Tageslicht zu zerren. Am 16. Juni 1963 berichtete die «New York Times» «West Germany is providing military Aid to Israel» und bezog sich dabei auf Hans Merten. Der evangelische Theologe saß für die SPD im Bundestag und im Verteidigungsausschuss. Einen Tag zuvor hatte er die Waffenlieferungen mit der Begründung öffentlich gemacht, es werde sowieso herauskommen, ob man sie von offizieller Bonner Seite nun leugne oder nicht. Aber es sollte noch mehr als ein Jahr dauern, bis die Bundesrepublik gezwungen wurde, Farbe zu bekennen. Es sollte eine Feuerprobe der Bonner Nahostpolitik werden. Plötzlich stand ein Grundpfeiler der deutschen Politik infrage: Wie stand es um die Hallstein-Doktrin, mit der man die Anerkennung der DDR durch die Weltgemeinschaft verhindern wollte? Welche Opfer war man bereit zu bringen, um die DDR international kleinzuhalten und der Bonner Republik den Alleinvertretungsanspruch zu sichern? Als Nasser trotz Bonner Proteste den DDR-Staatschef Walter Ulbricht demonstrativ nach Kairo einlud, wurde deutlich, wie hoch Adenauer in der Frage der Waffenlieferungen gepokert hatte und wie hoch der Preis für die Sicherheit Israels nun werden könnte. Vieles war ja schon geliefert worden. Von dem letzten Paket im Wert von 240 Millionen D-Mark waren Waffen im Wert von 161 Millionen bereits verschifft worden. Nun begann der Kampf um den Rest. Von den 150 zugesagten M48-Panzern fehlten noch 90, die Schnellboote waren noch nicht gebaut. In Bonn gewannen um die Jahreswende 1964/65 die Kräfte rund um Außenminister Schröder an Einfluss, die immer schon gegen die Waffengeschäfte mit Israel gewettert hatten. Das Blatt begann sich zu wenden. Nach hitzigen Debatten im Kabinett ließ sich auch Bundeskanzler Erhard umstimmen: Es wurde eine Linie festgelegt, nach der man die noch ausstehenden Waffenlieferungen an Israel nicht fortsetzen, sondern durch Geldzahlungen ersetzen wollte. Die Israelis waren von diesem Kompromiss, wenig überraschend, nicht begeistert. Nach der Krise um die deutschen Waffentechniker, die noch nicht vollständig ausgestanden war, nun das: Die Bonner Regierung bricht ihre Zusagen, sich für die Sicherheit Israels einzusetzen. Wieder entluden sich in der Knesset die Emotionen und das Misstrauen gegenüber den Deutschen. Ministerpräsident Eschkol erklärte im Februar 1965 im Parlament: «Deutschland trägt eine beispiellose schwere Verantwortung. Das ist seine Pflicht, Israel mit der für seine Sicherheit notwendigen Ausrüstung beizustehen. Eine Entschädigung und Ersatzleistungen können nicht anstelle der Erfüllung dieser Verpflichtungen treten. Wir werden keine geldliche Entschädigung als Ersatz für die Einstellung der uns zugesagten Sicherheitshilfe annehmen.» Wieder brach in der israelischen Politik, in der Öffentlichkeit und in den Medien ein Sturm der Entrüstung los. Sogar in den USA riefen die amerikanischen Juden zum Boykott deutscher Waren auf. Tatsächlich sollte am Ende auch der Schlüssel für die Auflösung dieser Krise in den USA liegen. Nur wenige Jahre zuvor, zu Beginn der geheimen Rüstungslieferungen, hatten die Deutschen auch amerikanische Produkte wie Hubschrauber und Panzer an der Regierung in Washington vorbei an die israelischen Militärs geliefert. Die US-Administration war zu diesem Zeitpunkt strikt gegen die Aufrüstung im Nahen Osten. Für Israel galt: Wirtschaftshilfe ja, Militärhilfe nein. Doch mit dem zunehmenden Einfluss der Sowjetunion in der arabischen Welt sollte sich das ändern. Israel wurde aus Washingtoner Sicht nun zu einem wichtigen Bollwerk gegen die Vorstöße aus Moskau. Deshalb drängte die US-Regierung nun die Deutschen, an der Lieferung amerikanischer Panzer aus deutschen Beständen festzuhalten. Sie waren gewissermaßen froh, dass ihnen die Deutschen die

Arbeit abnahmen, damit sie sich selbst im Nahen Osten nicht allzu weit exponieren mussten. Doch auch das Bonner Kabinett hatte sich festgelegt. Die Erhard-Regierung argumentierte, schließlich handele es sich bei den M48 ohnehin um amerikanische Panzer, dann könnten die USA auch gleich direkt liefern. Man sei ja bereit, dafür zu bezahlen. Am Ende stimmten Amerikaner wie Israelis zu. Die Amerikaner erklärten sich bereit, 110 Panzer der neuesten M-48-Version nun direkt aus den USA in Richtung Israel zu verschiffen. Bonn ließ sich die Nichtlieferung der noch ausgebliebenen Waffen und den Ersatz durch andere Länder noch einmal 140 Millionen D-Mark kosten. Die Schnellboote wurden dann in Frankreich gebaut. Doch der eigentliche Preis war nicht materieller, er war politischer Natur. Walter Ulbricht reiste nach Kairo und wurde dort äußerst aufmerksam empfangen. Ein Triumph für die DDR-Außenpolitik und eine schwere Niederlage für die weiter um den Alleinvertretungsanspruch ringende Bonner Regierung.

Die Israelis bekamen schließlich alles, was sie wollten, und mehr. Die Panzerlieferungen direkt aus den USA waren der Dammbruch, sie wurden zum Startschuss für die umfassende Militärhilfe der Amerikaner für den Staat der Juden, die bis heute andauert. Neben den Waffen erhielten die Israelis nun auch die diplomatische Anerkennung, die sie seit Jahren gefordert hatten. Gegen den Widerstand im Auswärtigen Amt setzte Kanzler Ludwig Erhard auf Druck der Regierung in Jerusalem die Aufnahme diplomatischer Beziehungen durch. Zehn arabische Staaten, darunter Ägypten, brachen ihre diplomatischen Beziehungen zur Bundesrepublik ab. Die Gegner der Waffenlieferungen, die dies von Anfang an hatten kommen sehen, behielten recht. Das Treffen von Franz Josef Strauß und Schimon Peres an einem schneereichen Wintertag Ende 1957 hatte die politische Landkarte im Nahen Osten gründlich verändert.

Aber unstrittig blieb: Die Lieferung der konventionellen Waffen aus Deutschland war eine entscheidende Starthilfe für die israelischen Streitkräfte. Parallel dazu rüstete sich Israel aber längst auf einem anderen Gebiet auf, das ihm endgültig die militärische Überlegenheit bringen sollte, und dabei spielte ein Deutscher eine entscheidende Rolle.

## Ein Deutscher und Israels Atombombe

Rabbi Judah Bergmann aus der Uhlandstraße 194a im großbürgerlichen Berliner Stadtteil Charlottenburg war mit acht Kindern, sechs Jungen und zwei Mädchen, gesegnet. Als sein erster Sohn geboren wurde, da nannte er ihn Ernst David, und der Rabbi konnte nicht ahnen, dass dieser kleine Bursche dereinst den wohl wichtigsten deutschen Beitrag für die Sicherheit Israels leisten würde, den man sich vorstellen kann – ausgerechnet ein deutscher Wissenschaftler jüdischer Abstammung würde dafür sorgen, dass sich der Holocaust, die wehrlose Vernichtung großer Teile des jüdischen Volkes, so nicht mehr wiederholen kann. Die Atommacht Israel kann sich heute wehren, der jüdische David kann heute gegen jeden Goliath die atomare Schleuder erheben.

Die Familie Bergmann war Teil jener aufstrebenden jüdischen Schicht, die dabei war, sich über Bildung fest in der deutschen Gesellschaft zu verankern, und die es in der Wissenschaft, in der Medizin, dem Rechtswesen und den Künsten weit gebracht hatte. Deutschland schien in den ersten Jahrzehnten des 20. Jahrhunderts ein Dauer-Abonnement auf Nobelpreise zu haben, nicht zuletzt wegen der herausragenden Leistungen seiner jüdischen Wissenschaftler. Albert Einstein war nur einer von so vielen. Die Bergmann-Kinder machten, was wissenschaftliche Leistungen angeht, hier keine Ausnahme, die meisten studierten, brachten es zum Teil schon in jungen Jahren zu hohem Ansehen. So auch Ernst David Bergmann. Geboren 1903, entdeckte er schon während seiner Schulzeit am konservativen Berliner Mommsen-Gymnasium seine Leidenschaft für die Chemie. Seine Karriere verlief steil: Mit 21 begann er bereits seine Doktorarbeit, mit 24 schloss er sie mit «summa cum laude» ab, ein Jahr später war er bereits Privatdozent. Seine weitere Karriere im deutschen wissenschaftlichen Betrieb schien vorgezeichnet. Der Zionismus, 1897 von Theodor Herzl mit dem Ziel ausgerufen, für die verfolgten Juden der Welt eine Heimstatt zu schaffen, blieb für diese jungen aufstrebenden deutschen Akademiker eine eher idealistische Vision. Noch konnte sich niemand vorstellen, wie sehr Theodor Herzl recht hatte und wie bald die Juden in Deutschland auf eine sichere Heimstatt angewiesen sein würden, die es aber zu diesem Zeitpunkt noch nicht gab. Bis die Nazis an die Macht kamen und es praktisch über Nacht für Ernst Bergmann und Tausende anderer jüdischer Wissenschaftler an deutschen Universitäten keine Zukunft mehr gab. Bergmann wählte den Weg nach Palästina, wo er weiterhin als Wissenschaftler arbeiten konnte, mit einer Unterbrechung während des Zweiten Weltkriegs in England.

Bald nach dem Krieg kehrte Bergmann zurück nach Palästina – in die entscheidende Phase, an das Institut, das schließlich nach seinem Gründer das Weizmann-Institut heißen sollte – bis heute das führende Wissenschaftszentrum Israels.

Für die inzwischen 650 000 Juden in Palästina sollte es nun um alles oder nichts gehen – die Gründung eines eigenen Staates oder die Vernichtung durch die feindliche arabische Umwelt, die die Juden zurück ins Meer treiben wollte. Zwar beschlossen die noch jungen Vereinten Nationen im November 1947 die Teilung Palästinas und damit die Gründung eines eigenen Staates für die Juden, im Prinzip das Zweistaatenmodell, das bis heute unerreicht geblieben ist, doch weder die arabischen Palästinenser noch die umliegenden großen arabischen Staaten dachten daran, sich an diesen Beschluss zu halten.

Das war nur knapp drei Jahre nachdem es eine entscheidende Wende in der Militärtechnik gegeben hatte. Zuerst über Hiroshima, dann über Nagasaki waren die ersten amerikanischen Atombomben explodiert, und die Welt schaute fasziniert auf diese neuen, scheinbar ultimativen Waffen, deren bisher unvorstellbare

Zerstörungskraft die Japaner fast sofort in die Knie zwang und den Zweiten Weltkrieg beendeten.

Für Ernst Bergmann war es keine Frage, wohin er gehörte. Seine zionistischen Überzeugungen waren durch den Holocaust stärker denn je geworden und vor allem die Einsicht, dass das jüdische Volk niemals wieder hinnehmen dürfe, sich der Vernichtung auszusetzen, ohne sich zu wehren. Von einem hoffnungsvollen deutschen Wissenschaftler, der zum deutschen liberalen kulturellen «Mainstream» gehörte, hatte er sich zu einem Menschen entwickelt, der sich jetzt vor allem als Jude verstand und mit großer Euphorie die Gründung des Staates Israel als der Heimstatt des jüdischen Volkes begleitete, mit der er sich voll identifizierte.

## Auf dem Weg zur Atommacht

So war es kein Wunder, dass Bergmann, der ambitionierte und eher kühle Wissenschaftler, sich zunehmend von dem Feuerkopf David Ben-Gurion angezogen fühlte, der die Staatsgründung rücksichtslos und mit allen Mitteln betrieb und dabei auch die Flucht und Vertreibung von 750 000 Palästinensern billigend in Kauf nahm.

Ben Gurion erkannte die Talente des inzwischen 45-jährigen deutschen Wissenschaftlers und machte ihn zu seinem wissenschaftlichen Berater. Schon drei Monate nach der Staatsgründung wurde er der Chef der Forschungsabteilung der israelischen Streitkräfte. Und offenbar haben beide schon gleich zu Beginn ihrer Zusammenarbeit, also zu einer Zeit, als der Staat Israel gegründet war, der Krieg mit den arabischen Nachbarn aber noch bis 1949 tobte, bereits über die Notwendigkeit nachgedacht, für Israel die ultimative Abschreckungswaffe zu schaffen – den Staat der Juden also zur Atommacht zu machen.

Beiden muss dabei klar gewesen sein, wie utopisch das anderen zu diesem Zeitpunkt erscheinen musste – und wie utopisch es auch tatsächlich war, wenn man die objektiven Umstände betrachtete. Der erst wenige Monate alte Staat verfügte über keinerlei Voraussetzungen, um dieses Ziel zu erreichen. Israel hatte zu diesem Zeitpunkt keinen einzigen Wissenschaftler, der sich auf diesem Gebiet auskannte, und weder die technischen Voraussetzungen noch Rohstoffe, aus denen sich genügend Uran für eine Atomindustrie hätte gewinnen lassen. Man musste buchstäblich am Punkt null beginnen.

Ernst Bergmann setzte nun einen Plan um, der Israel zumindest einen Anfang bei der Erforschung der nuklearen Option bringen sollte. Eine Gruppe junger Forscher wurde nach Europa und in die USA entsandt, um dort die Grundlagen der Atomwissenschaften zu erlernen.

1952 bereits wurde die israelische Atomenergiekommission gegründet, mit Ernst David Bergmann als ihrem ersten Chef – eine Aufgabe, die er bis 1966 innehaben würde, während er gleichzeitig der Chefberater des Verteidigungsministers blieb – ein Job, den Ben-Gurion neben seiner Aufgabe als Premierminister ebenfalls versah.

Hier traf Bergmann auf einen weiteren Ben-Gurion-Vertrauten, einen noch ganz jungen, politisch ambitionierten Mann namens Shimon Peres, eine Liaison, die für Israels Weg zur Atommacht entscheidend werden sollte. Ben-Gurion, als Ministerpräsident stark gefordert, blieb zwar Verteidigungsminister, die eigentliche Arbeit überließ er aber bald seinem Vertrauten Peres, der mit 29 Jahren zum Generaldirektor dieses Ministeriums aufstieg und praktisch die tägliche Arbeit übernahm.

Ernst Bergmann weihte Peres früh in die Absicht Ben-Gurions ein, Israel zu einer Atommacht werden zu lassen. Und damit war das Dreierbündnis besiegelt, das von nun an – mit einer Reihe von Rückschlägen und auch unter massivem Widerstand bei der wissenschaftlichen Elite Israels – konsequent diesen Weg beschritt. Ben-Gurion als der politische Kopf, Ernst Bergmann als der Wissenschaftler und Shimon Peres als der energische Organisator.

Sowohl Ernst Bergmann als auch Shimon Peres hatten intensive Kontakte zu den Franzosen gepflegt, vor allem mit den Wissenschaftlern, die für Frankreich ebenfalls die Atombombe bauten. Bergmann hatte für Israel sozusagen eine Eintrittskarte in den exklusiven Zirkel der französischen Nuklearwissenschaft gelöst. Die Israelis hatten eine Methode entwickelt, wie man Uran aus Eisenerz mit geringem Anteil an spaltbarem Material gewinnen konnte, außerdem eine preiswerte Alternative zur Gewinnung von «schwerem Wasser», das von Norwegen angeboten wurde. Auch den Norwegern selbst, die ein eigenes fortgeschrittenes Nuklearprogramm hatten, wurden die Patente angeboten. Diese israelischen Entwicklungen trugen wesentlich dazu bei, dass die Israelis in beiden Ländern ernst genommen wurden und entsprechende Kontakte aufgenommen werden konnten. Das war für Bergmann die gute Nachricht. In einem anderen entscheidenden Punkt setzte sich Shimon Peres über Bergmann hinweg: Wie er später in seinen Memoiren schrieb, bestand er, anders als der Mann aus Berlin, darauf, «dass wir nicht Dinge erfinden müssen, die andere schon anderswo erfunden haben. Ich bestand darauf, falls es überhaupt möglich sein würde, dann sollten wir besser einen (Reaktor) im Ausland kaufen.»

Peres setzte sich damit bei Ben-Gurion durch, ein Glücksfall, denn nun machte das Atomprogramm den wirklich großen Schritt: Die Regierungen in Paris und Jerusalem unterzeichneten ein Abkommen über die Lieferung eines Atomreaktors.

## Die Baustelle in der Wüste

Bald wurde die Negev-Wüste lebendig. Unter strengster Geheimhaltung entstand dort bei Dimona eine riesige Baustelle, bis zu 1500 Israelis und Franzosen bauten an dem Reaktor. Das bedeutete, dass sie kritischen Beobachtern, und das waren vor allem die Amerikaner, eine harmlose Erklärung für das emsige Treiben auftischen mussten – woraufhin sie ihnen allen Ernstes weismachen wollten, es handele sich bei dem Reaktorbau um eine Textilfabrik.

Als das nicht mehr aufrechtzuhalten war, behaupteten sie, der Atomreaktor solle die Energie liefern, um die Negev-Wüste zu bewässern. Jahrelang spielten die Israelis mit der Regierung in Washington, die vor allem unter Präsident John F. Kennedy unter keinen Umständen im Nahen Osten einen Atomstaat zulassen wollten, ein Katz-und-Maus-Spiel.

Anders dagegen verhielten sie sich gegenüber den Deutschen. Bei einem Gespräch am 12. Juni 1961 in Paris, bei dem auch Schimon Peres anwesend war, informierte Ben-Gurion Verteidigungsminister Franz Josef Strauß über die Absichten seines Landes. In einem vom «SPIEGEL» entdeckten, bis dahin streng geheimen Protokoll über dieses Gespräch heißt es wörtlich: «Ben-Gurion ist auf die Produktion atomarer Waffen zu sprechen gekommen.»

Und dann kam Ben-Gurion auf die historische Unterhaltung zurück, die er bereits im März 1960 mit Konrad Adenauer in New York geführt hatte. Damals, so berichtete er nun seinem deutschen Gesprächspartner ein Jahr später, habe ihm Adenauer versprochen, die Bundesrepublik werde sich mit 500 Millionen Mark an der Erschließung der Negev-Wüste auf dem Kreditwege beteiligen, dabei war auch von Dimona die Rede. Es bleibt offen, ob er Adenauer damals ebenfalls über den Bau des Atomreaktors informiert hat. Darüber geben die Aufzeichnungen nichts her. Fest steht, dass diese damals große Summe tatsächlich geflossen ist und die Israelis recht bald auch einen Nachschlag forderten.

Das Auswärtige Amt nahm im September 1965 zur Kenntnis, die israelische Regierung habe «nach wie vor die Absicht, bei den kommenden Wirtschaftsverhandlungen um eine finanzielle Unterstützung für die geplante Meerwasserentsalzungsanlage auf atomarer Basis zu ersuchen», nicht rückzahlbar und bei einer zinsfreien Laufzeit von acht Jahren. Das Auswärtige Amt unterstützte das Anliegen, auch wenn arabische Bedenken erwartet werden müssten. «Der atomare Vorsprung Israels ist für alle arabischen Staaten eine Quelle stetiger Beunruhigung», urteilte die

Abteilung I des AA in ihrem Papier, kam aber gleichzeitig zu dem Schluss: «Bei der besonderen Bedeutung, die die Wasserfrage für Israel hat, würde andererseits eine Ablehnung des Projekts unsere Beziehungen zu Israel erneut erschweren.» Außerdem, so urteilten die Diplomaten, würde eine deutsche Beteiligung «ihren Eindruck auf das Weltjudentum nicht verfehlen».

Zumindest nach außen hin sollte die Unterstützung rein zivile Zwecke verfolgen. «Eine Hilfe unsererseits für ein atomares Projekt dürfte auf keinen Fall militärischen Zwecken zugutekommen. Auf welche Weise dies verhindert werden kann, vermag Abt. I nicht zu beurteilen.» Deutschland und die israelische Bombe – es ist eine lange Spur durch die Geschichte beider Länder, bei der vieles im Dunkeln blieb. Das galt auch wenige Jahre später für eine Aktion auf deutschem Boden, die vermutlich erneut für Israels Atomwaffenprogramm ein wichtiger Schritt war.

## Geheimaktion mit Yellow Cake

Im Jahre 1968 meldete sich ein orientalisch aussehender Mann bei einem Hamburger Schiffsmakler und kaufte für die in Liberia gemeldete Biscayne Trading Company ein Schiff – den Frachter «Scheersberg A». Chef dieser Firma war ein Mann namens Dan Aerbel, der Anfang der 70er Jahre in Norwegen mit einem Mossad-Killerteam festgenommen wurde.

Über einen komplizierten Deal erwarb die kleine deutsche Firma Asmara Chemie in Wiesbaden 200 Tonnen Yellow Cake, die ursprünglich aus Afrika stammten und angeblich für eine Firma in Italien bestimmt waren. Dort kam die Lieferung aber nie an. Anstatt von Antwerpen nach Genua zu fahren, verschwand das Schiff irgendwo im Mittelmeer und tauchte erst einige Zeit später in einem türkischen Hafen wieder auf, leer und ohne Besatzung. Es war unterwegs entladen worden. Yellow Cake ist ein Grundstoff für die Uranherstellung, und es steht zu vermuten, dass dieser über Deutschland gelaufene Handel ein ganz wesentlicher Baustein für das israelische Atomwaffenprogramm war. In der deutschen Regierung will freilich niemand etwas von dieser Aktion gewusst haben. Auch der Bundesnachrichtendienst hat sich nie bemüht, Israels nukleare Ambitionen nachzuverfolgen. «Wir haben das israelische Atomprogramm ganz sicher nicht aufgeklärt», versicherte uns ein BND-Mann.

Ernst David Bergmann, der junge aufstrebende Wissenschaftler aus der Uhlandstraße 194 a in Berlin, sollte all dies noch erleben, er starb 1975. Ohne seine unermüdliche Hartnäckigkeit, seinen grenzenlosen Glauben an die Machbarkeit, wäre der Staat der Juden möglicherweise nicht zur Atommacht geworden. Und er hatte bis zuletzt keinen Zweifel daran, dass dieses Ziel richtig war. Der deutsche Jude, der den Nazis entkommen war, schrieb 1966 an einen israelischen Kritiker: «Es gibt keine Person in diesem Land, die einen nuklearen Krieg nicht fürchtet, und es gibt keinen Mann in diesem Land, der nicht hofft, dass trotz allem die Logik die Welt von morgen regieren wird. Aber es ist uns nicht gestattet, präzise Kenntnisse und realistische Einschätzungen gegen Hoffnungen und Illusionen einzutauschen. Ich kann nicht vergessen, dass der Holocaust als Überraschung über das jüdische Volk gekommen ist. Das jüdische Volk kann sich eine solche Illusion nicht ein zweites Mal erlauben.»

## Im Schattenreich
### Der Mossad und der BND

Er nannte sich selbst den «Champagnerspion». Ein Foto, bald nach seiner Ankunft in Ägypten im Jahre 1961 aufgenommen, zeigt ihn im weißen Smoking, neben ihm seine hübsche deutsche Ehefrau Waltraud im weißen Cocktailkleid, vor sich einen Kühler, aus dem eine Champagnerflasche herausragt – der Mossad-Agent Wolfgang Lotz bei der Arbeit.

Deutscher Herrenreiter – auch das gehörte zum Image, das Wolfgang Lotz pflegte. Seine äußere Erscheinung passte dazu: groß gewachsen, blond, kantige Züge, «typisch teutonisch in meinen Gesten, Aussehen und Benehmen», wie Lotz sich selber beschrieb. Und außerdem: «Ich war trinkfest und entsprach ganz den Vorstellungen, die man gemeinhin von einem deutschen Offizier hat.»

### Der Meisterspion des Mossad

Wolfgang Lotz wurde 1921 in Mannheim geboren, als Sohn des deutschen Theaterregisseurs Hans Lotz und seiner Mutter Helene. Sie waren keine religiöse Familie, und das sollte Wolfgang Lotz eines Tages retten, denn er wurde nicht beschnitten. Sein Vater sah dazu auch keine Veranlassung, denn er war kein Jude, anders als seine Mutter, die jüdische Schauspielerin Helene Lotz. Nach jüdischem Recht war Wolfgang Lotz, der in Berlin aufwuchs, damit Jude, nach Auffassung der Nationalsozialisten Halbjude. Nach der Scheidung und dem frühen Tod seines

Vaters nahm ihn seine Mutter schon 1933 mit nach Palästina, wo der deutsche Junge in dem Bewusstsein aufwuchs, sich dem Kampf um den jüdischen Staat anschließen zu müssen. Im Zweiten Weltkrieg diente er in der britischen Armee, in den Wirren um die israelische Staatsgründung in der jüdischen Untergrundarmee und schließlich als Offizier – er brachte es bis zum Major – in der regulären israelischen Armee. Bis der Mossad bei ihm anklopfte und der immer abenteuerlustige, sprachgewandte – er konnte Hebräisch, Arabisch, Deutsch, Englisch – und vom Armeedienst ermüdete Wolfgang Lotz Ja sagte.

Damit begann eine der spektakulärsten Agentenkarrieren, die auch eine Wegmarke für die deutsch-israelische Kooperation in der geheimen Welt der Nachrichtendienste werden sollte, die bis heute andauert und zum festen Bestandteil der Sicherheitsarchitektur beider Staaten wurde. Über seine Zusammenarbeit mit dem BND ging Wolfgang Lotz in seinen sonst so freimütigen Erinnerungen jedoch hinweg – er wollte glauben machen, nur der Mossad habe ihn nach Ägypten gebracht, doch heute ist klar: Der deutsche Bundesnachrichtendienst spielte dabei eine erhebliche Rolle.

Lotz beschreibt lediglich, dass er nach dem Eintritt beim Mossad und einer ausführlichen Schulung in Tel Aviv auch ein Jahr in Berlin und München verbrachte. Ein führender Ex-BND-Mann bekräftigt heute, der als israelischer Meisterspion beschriebene Lotz sei in dieser Zeit vom Bundesnachrichtendienst ausgebildet und mit deutschen Papieren versorgt worden. «Man wusste Bescheid, da fühlte sich keiner getäuscht.» Allerdings war die Vorbereitung für die gefährliche Ägyptenmission des Mossad-Agenten auch innerhalb des BND hochgeheime Kommandosache, von der nur ausgewählte Mitarbeiter erfuhren. Sie fand im Schattenreich des BND-Generals Wolfgang Langkau statt, im Bereich «Strategischer Dienst», die ihre verdeckten Büros nicht im BND-Hauptquartier in Pullach, sondern in München, Frankfurt oder Köln hatten.

Ende Dezember 1960 machte sich Wolfgang Lotz von München über Genua auf nach Ägypten und ließ sich als vermeintlich reicher Besitzer eines Reitstalles in Kairo nieder. Bald hatte der deutsche Herrenreiter Zugang zu höchsten Gesellschaftskreisen, vor allem auch zu Militärs und Polizeigenerälen, und nicht zuletzt zu den zahlreichen deutschen Technikern und Wissenschaftlern, die für Nassers Ägypten eine Flugzeug- und Raketenindustrie aufbauen sollten – ein Mossad-Aufklärungsziel ersten Ranges. Er gab sich als ehemaliger deutscher Offizier aus, der in Rommels Afrikakorps gedient hatte, sorgte aber auch dafür, dass der ägyptische Geheimdienst ihn für einen ehemaligen SS-Offizier hielt, für den seine Wehrmachtsgeschichte nur eine Tarnung seiner Nazi-Vergangenheit war – was ihm bei Nassers Israel-Feinden zusätzlichen Kredit einbrachte. Fünf Jahre lang spionierte Lotz am Nil viele wichtige Militärstützpunkte aus und beteiligte sich durch die Übersendung von Briefbomben auch an dem mörderischen Kampf des Mossad gegen das ägyptische Raketenprogramm und die deutschen Wissenschaftler. Regelmäßig übermittelte er per Funk über einen in seiner Badezimmerwaage versteckten Sender die Ergebnisse seiner Spionagearbeit an seine Auftraggeber in Tel Aviv – er erwies sich als ein Spitzenagent, der auch wesentlich dazu beitrug, die Israelis mit Zielen für ihre erfolgreichen Luftschläge gegen Ägypten im Sechstagekrieg zu versorgen. Doch seine Funksendungen sollten ihm zum Verhängnis werden. Es dauerte einige Zeit, bis der ägyptische Geheimdienst die Botschaften durch die Peilung des Senders auf Wolfgang Lotz zurückführen konnte, aber als es ihm schließlich gelang, folgte ein riesiger Skandal und eine weitreichende Verhaftungswelle, die tief in die ägyptischen Sicherheitsbehörden hineinreichte. Nasser ließ einen für die internationalen Medien gedachten Schauprozess organisieren. Bei den intensiven Verhören offenbarte Lotz, er habe Verbindungen zu dem Kairoer BND-Residenten Gerhard Bauch gehabt, was zu dessen Verhaftung und einem schweren Konflikt zwischen den Regierungen in Bonn und Kairo führte. Der BND-Vizepräsident Hans-Heinrich Worgitzky musste mehrfach an den Nil reisen, um Bauch aus dieser misslichen Lage zu befreien. Mossad-Chef Meir Amit wiederum flog nach München und bat Reinhard Gehlen inständig, seinen Schützling Lotz nicht fallenzulassen. Der spielte bei seinen Aussagen weiter die Rolle des deutschen Lebemanns, der nur aus finanziellen Gründen für die Israelis gearbeitet habe. Der BND machte mit und ließ die Ägypter intern wissen, Lotz sei in der Tat ein deutscher Staatsbürger und kein Israeli – was ihn vor dem Henker rettete. Statt des eigentlich vorgesehenen Todesurteils erhielt er, offensichtlich aus politischen Rücksichten auf Deutschland, nur eine lebenslange Haftstrafe. Als Israel die ägyptischen Streitkräfte 1967 im Sechstagekrieg vernichtend schlug und 5000 Kriegsgefangene, darunter neun Generäle, machte, wurde ein Gefangenenaustausch arrangiert, der auch Wolfgang Lotz umfasste. Er durfte mit der Lufthansa nach München ausfliegen, in seine vermeintliche Heimat – bevor er von dort nach Israel zurückkehrte, wo er sich der Tatsache zu stellen hatte, ein Bigamist zu sein. Er hatte sein Doppelleben so konsequent gelebt, dass er sich in die Deutsche Waltraud verliebt, sie geheiratet und mit in den Einsatz nach Kairo genommen hatte, obwohl er seit Jahren mit einer Israelin verheiratet war und mit ihr einen Sohn hatte.

## Eine unwahrscheinliche Partnerschaft

Dies war eine besonders spektakuläre Aktion, bei der der BND den Mossad unterstützte, die einzige war es beileibe nicht. Während Lotz bereits in Kairo spionierte, verabredeten die Chefs der beiden Geheimdienste die Zusammenarbeit auf höchster Ebene – eine Kooperation von zwei Partnern, die eigentlich nicht zusammenpassten. Denn der frühe Bundesnachrichtendienst unter Hitlers einstigem Spionagechef an der Ostfront, Reinhard Gehlen, war durchsetzt von alten Kameraden mit tiefbrauner Vergangenheit. Mossad-Chef Isser Harel, der Vorgänger von Meir Amit, war wiederum durch den Holocaust geprägt, in dem er mehrere Verwandte verloren hatte. Dennoch besuchte er, kurz nachdem er mit seinem Team den Judenmörder Adolf Eichmann in Argentinien zur Strecke brachte, 1961 Gehlen in dessen Hauptquartier in Pullach. Man müsse eben, so rechtfertigte sich Harel intern, für die Sicherheit Israels auch mit dem Teufel kooperieren.

Ein damals junger Mossad-Mitarbeiter, der später zum mächtigen Chef des israelischen Geheimdienstes aufsteigen sollte, erinnert sich noch an seine ersten Treffen in Pullach, bei denen auch Gehlen anwesend war. Der Holocaust sei dabei nie erwähnt worden. «Wir haben nie gefragt: ‹Was haben Sie im Krieg gemacht?›» Alles sei sehr professionell gelaufen. «Wir haben die Vergangenheit nicht die Gegenwart überschatten lassen», sagt er, «sondern uns auf unsere jeweilige Aufgabe konzentriert.»

Sicherlich waren beide Seiten auch durch die Signale beeinflusst, die ihre Chefs aussandten – schließlich trafen sich Adenauer und Ben-Gurion demonstrativ vor den Kameras der Weltpresse 1960 in New York, und im geheimen Teil ihrer Gespräche bekräftigte Adenauer noch einmal die Bereitschaft, für die Existenz Israels einzustehen. Die sicherheitspolitische Zusammenarbeit beider Länder war also von ganz oben sanktioniert. Aber Harel und Gehlen sahen offenbar auch selber die Vorteile einer engen Kooperation. Der BND hatte – und hat – gute Beziehungen in die arabische Welt, davon konnte das junge Israel nur profitieren. Gehlen wiederum sah Israel als westlichen Vorposten im Nahen Osten, in dem die Sowjetunion immer stärker Fuß fasste. Bedauernd beschreibt Gehlen in seinen Erinnerungen, die Umstände hätten ihm keine Wahl gelassen: Die Sicherheit Israels war den guten Kontakten zu den Arabern vorzuziehen. «Schien mir die traditionelle Freundschaft der Araber zu Deutschland für den Wiederaufbau unseres Staates wertvoll genug, so sah ich demgegenüber die politische Verpflichtung Deutschlands, zum Überleben des Staates Israel beizutragen.» Auch hier beugte sich Gehlen der von Adenauer intonierten Staatsräson. «Am Ende aber zwangen die politischen und militärischen Entwicklungen im Nahen Osten, die in der erneuten militärischen Kraftprobe im

Juni 1967 kulminierten, die Bundesregierung und damit den Dienst zu einer eindeutigen Stellungnahme.»

Und diese «Stellungnahme» für den israelischen Geheimdienst beschreibt Gehlen interessanterweise im Detail nur in der amerikanischen Ausgabe seiner Erinnerungen. «Wir standen ihnen beim Aufbau ihres kleinen, aber schlagkräftigen Dienstes mit fachmännischem Rat zur Seite. Wir verschafften ihnen Zugang zu diversen Einrichtungen und halfen ihnen, Schlüsselagenten in den arabischen Ländern zu stationieren, zumal sich Nasser immer weiter mit Moskau einließ, und wir anerkannten, dass Israel ebenso ein Außenposten der freien Welt war wie West-Berlin.»

Das war eine weitreichende Verpflichtung. Und auch das Auf und Ab in den politischen Beziehungen hat daran nichts geändert. Der Bundesnachrichtendienst war und ist der verlängerte Arm der Bundesregierung, wenn es um die Sicherheit Israels geht. Doch selbst wenn es zu erheblichen Spannungen zwischen den Regierungen kam – was nicht selten der Fall war –, wurde die geheimdienstliche Kooperation beider Länder fortgesetzt. «Die Hilfe für den Mossad war Conditio sine qua non – es wäre ein Politikum gewesen, wenn wir es nicht gemacht hätten», fasst ein hoher deutscher Geheimdienstler das Denken im BND zusammen – eine Verpflichtung, die aus der Geschichte heraus zu verstehen sei.

Auch der frühere BND-Präsident Klaus Kinkel bestätigt diese Grundhaltung: «Ich war davon überzeugt, dass das, was wir damals für die Israelis tun konnten, berechtigt und notwendig war. Insgesamt war es schon so, dass die Israelis selbstbewusst aufgetreten sind, und auch fordernd, und wir eben auch im Hinblick auf die Vergangenheit getan haben, was wir konnten.»

Er erinnert sich dabei an eine für Israel wichtige BND-Operation, die bisher unbekannt geblieben ist. Seit Jahrtausenden lebten Juden in Äthiopien, die sogenannten Falascha. Ihre Herkunft, die einige Historiker auf die Zerstörung des ersten Tempels und den Auszug nach Ägypten zurückführen, ist umstritten, und damit auch ihre jüdischen Wurzeln. Doch in den 70er Jahren bekannte sich Israel zu den verlorenen Söhnen und Töchtern am oberen Nil. Nach dem Sturz des Kaisers Haile Selassi, der seine Hand über diese «schwarzen Juden» gehalten hatte, kam es unter dem neuen Machthaber Mengistu Haile Mariam zu schweren Ausschreitungen und Verfolgungen, und die israelische Regierung begann, sich in hochgeheimen Verhandlungen nach einer Lösung des Problems umzusehen. Hier kam der BND ins Spiel: Er kümmerte sich um die Juden, die zu Fuß über die Grenze in den Sudan geflohen waren, stellte ihnen massenhaft falsche Papiere aus und bezahlte und organisierte den Transport nach Frankfurt, von wo sie gleich nach Israel weiterflogen. So kamen ab 1981 in einer ersten Welle vermutlich an die 1000 Juden aus Äthiopien frei.

Im Anschluss empfing Ministerpräsident Menachem Begin den BND-Chef Klaus Kinkel in Jerusalem und bedankte sich nachdrücklich in einem Gemisch aus Deutsch und Jiddisch für die Operation, die Mitte der 80er und Anfang der 90er Jahre mit einem spektakulären Massenexodus der äthiopischen Juden fortgesetzt wurde.

## Der ehrliche Makler

Keine Operationen haben dem Bundesnachrichtendienst allerdings so viel Anerkennung in Israel eingebracht wie diejenigen, die im klassischen Sinne keine Geheimdienstoperationen waren: die Vermittlung von Austauschaktionen zwischen Todfeinden. Und das war Chefsache, bis ins Kanzleramt: Bernd Schmidbauer, Ernst Uhrlau, später selber BND-Präsident, und BND-Präsident August Hanning kümmerten sich persönlich unter hohem Einsatz darum, als ehrliche Makler zwischen den Fronten Gefangene und Gefallene heimzuholen, indem sie zwischen den beiden verfeindeten Parteien vermittelten.

Wohl kaum ein anderes Land sorgt sich so sehr um seine vermissten Soldaten wie Israel – selbst dann, wenn sie seit vielen

Jahren verschollen oder nachweisbar nicht mehr am Leben sind. So kam der Bundesnachrichtendienst erneut ins Geschäft und leistete Hilfe, die für Israel aus humanitären, aber auch politischen Gründen enorm wichtig war.

Schon in den 90er Jahren zahlte sich aus, dass der BND nicht nur gute Beziehungen zu den Israelis, sondern auch zu den Arabern hat – und zu einem Spieler, der im Hintergrund oftmals der entscheidende Drahtzieher ist: der Iran. Deutsche Geheimdienstleute – unter ihnen Schmidbauer, Hanning und Uhrlau – machten den Machthabern in Teheran mehrfach ihre Aufwartung, um Vermittlungsangebote vorzulegen.

Der damalige Geheimdienstkoordinator im Kanzleramt, Bernd Schmidbauer, der sich gern als «008» bezeichnen ließ, leitete bereits 1996 einen ersten großen Austausch von 45 gefangenen und 123 getöteten Hisbollah-Kämpfern gegen die Leichen von zwei israelischen Soldaten in die Wege, die bereits ein Jahrzehnt zuvor gefallen waren. Seither kamen immer wieder Hilferufe im Kanzleramt an, denn immer wieder ergab sich die Notwendigkeit, sich um verschleppte und getötete Israelis zu kümmern, so etwa um drei bei einem Feuergefecht an der libanesischen Grenze im Oktober 2000 gefallene Soldaten, deren Leichen in den Libanon abtransportiert worden waren. Eine Woche später wurde in Dubai der Israeli Elhanan Tannenbaum entführt und lebend nach Beirut gebracht, eine «schräge Figur», die in Drogengeschäfte mit dem Libanon verwickelt, aber angeblich auch Oberst a. D. der israelischen Armee war. Daraus machte die Hisbollah ein Verhandlungspaket für die Freilassung hochwertiger Gefangener. Ein Fall für Ernst Uhrlau, August Hanning und Gerhard Conrad, der als BND-Resident in Damaskus zum deutschen Verhandlungsteam stieß. Die Vermittlungsversuche zwischen Beirut, Jerusalem und Teheran zogen sich jahrelang hin, bis sie 2004 zu einem spektakulären Abschluss kamen: Die Leichen der drei toten Israelis und Tennenbaum wurden unter Begleitung von Gerhard Conrad von Beirut in einer Bundeswehrmaschine nach Köln gebracht, während die von Israel freigelassenen Hisbollah-Kämpfer ebenfalls nach Deutschland geflogen wurden. Dort, auf dem militärischen Teil des Flughafens, fand der eigentliche Austausch statt, überwacht von BND-Chef Hanning und Geheimdienstkoordinator Ernst Uhrlau. Hanning flog dann mit den Hisbollah-Leuten nach Beirut, Uhrlau weiter nach Tel Aviv. Insgesamt kamen rund 430 Gefangene frei – eine Gruppe von 16 Hisbollah-Kämpfern und etwa 400 Palästinensern als «Draufgabe».

Es war nicht ohne Ironie, dass die Hisbollah auch den Namen Steven Smyrek auf die Austauschliste gesetzt hatte. Er kehrte nun als freier Mann in seine Heimat Deutschland zurück. Smyrek war 1997 bei der Einreise in Tel Aviv noch auf dem Flughafen festgenommen und von einem israelischen Gericht zu zehn Jahren Haft verurteilt worden, weil er Angriffsziele ausspähen und sich als Selbstmordattentäter in die Luft sprengen wollte. Der Hinweis auf den deutschen Terrroristen, der zum Islam übergetreten war, war ausgerechnet vom Bundesnachrichtendienst gekommen, der nun wiederum dafür sorgte, dass Smyrek zusammen mit den anderen Hisbollah-Gefangenen freikam. Nur die Freilassung eines von der Hisbollah unbedingt eingeforderten Mannes verweigerten die Israelis: Samir Kuntar, der mit 16 Jahren eine schwere Bluttat in Israel verübt hatte und schon viele Jahre dafür büßen musste. Das sollte schwerwiegende Folgen haben. Die Hisbollah gab keine Ruhe, sie wollte diese Schmach nicht hinnehmen. Im Juli 2006 startete sie die Aktion «Gehaltenes Versprechen» – ohne allerdings die dramatischen Konsequenzen zu bedenken, vor denen sie unter anderem der BND nachdrücklich gewarnt hatte.

Hisbollah-Kämpfer überfielen eine israelische Militärpatrouille, um die Soldaten als Geiseln zu entführen. Die beiden Soldaten Ehud Goldwasser und Eldad Regev kamen dabei ums Leben, was freilich am Anfang nicht klar war. Ziel war die Freipressung von Samir Kuntar – die unmittelbare Folge war jedoch ein schwerer israelischer Militärschlag, der zum Libanonkrieg von 2006 eskalierte.

Der Krieg wurde im August 2006 beendet; die Forderung einer UN-Resolution an die Hisbollah, die Rückkehr der beiden israelischen Soldaten zu gewährleisten, führte zu einem erneuten Engagement Conrads, diesmal im persönlichen Auftrag der UN-Generalsekretäre Kofi Annan und ab 2007 Ban Ki-moon. Zwei Jahre später, nach zähen Verhandlungen, fand im Sommer 2008 der Austausch der beiden toten israelischen Soldaten statt, und diesmal sollte Samir Kuntar tatsächlich freikommen, jedoch um einen hohen Preis und erst nachdem ein Weg gefunden worden war, die zusätzlich von der Hisbollah geforderte Freilassung von mehreren Hundert Palästinensern als einseitige Geste Israels «in Anerkennung der Bemühungen der Vereinten Nationen und ihres Generalsekretärs» zu definieren – ein Kunstgriff, der den Israelis half, ihr Gesicht zu wahren.

Eine Woche vor dem Beginn des Libanonkrieges hatte die Hamas im Süden am Gaza-Streifen ebenfalls einen israelischen Militärposten überfallen und dabei den Soldaten Gilad Schalit entführt. Auch das sollte zu einem jahrelangen Tauziehen werden, zunächst unter Vermittlung Ägyptens, danach, ab Sommer 2009, musste wieder BND-Vermittler Gerhard Conrad ran, der über Monate hinweg mühsame und frustrierende Gespräche auf beiden Seiten führte, ein Pokern zwischen Israel und einer in sich zerstrittenen Hamas-Führung, in der der militante Flügel nicht bereit war, sich zu bewegen – und dabei ragte einer heraus, der eine ganz besonders harte Linie für richtig hielt: Ahmed al-Dschabari, der Militärchef der Hamas, der sehr selbstbewusst und unnachgiebig gegenüber Israel war. «Er war der Kern des Problems», berichtet Conrad. «Abgrundtiefes Misstrauen» von der jeweils anderen Seite sei ihm entgegengeschlagen. Regelmäßig sei er von den Hardlinern beschimpft und verdächtigt worden, nur die Interessen der jeweils anderen Seite zu vertreten. Conrad schnürte dennoch nach einem von Ägypten vorgeschlagenen Kompromiss ein großes Paket mit rund 1000 Namen. Im September 2009 handelte er mit al-Dschabari aus, dass im Austausch gegen 20 in Israel inhaftierte Frauen ein Video mit einem Lebenszeichen von Schalit übergeben wurde, aber am Ende musste er sich geschlagen geben. Als in Ägypten der Arabische Frühling ausbrach und Präsident Mubarak unter dem Druck der Massen zurücktreten musste, glaubte Ahmed al-Dschabari und mit ihm die Hamas, nun ein viel besseres Ergebnis erzielen zu können und nicht mehr verhandeln zu müssen. Erst die Mitarbeiter von Nichtregierungsorganisationen schafften es, dass unter Vermittlung der neuen Machthaber in Ägypten nachverhandelt werden konnte – aber auch erst, als die unter Druck geratene Netanjahu-Regierung noch einmal 27 zuvor als nicht verhandelbar erklärte Namen auf die schon lange von Conrad ausgehandelte Austauschliste setzte. Schalit kam endlich frei – gegen 1027 palästinensische Gefangene. «Ich habe die Flanke geschlossen», sagt Conrad heute. «Mein Verdienst war das des Torvorbereiters.»

Doch die israelischen Geheimdienste haben ein langes Gedächtnis und einen langen Arm dazu – das hat er in seiner Geschichte immer wieder bewiesen, beispielsweise als er auch nach Jahrzehnten noch die Attentäter des Münchener Olympia-Anschlages von 1972 verfolgte und umbrachte. Das sollte auch Ahmed al-Dschabari zu spüren bekommen. Im Herbst 2012 tötete eine von den Israelis abgefeuerte Rakete den Militärchef der Hamas in einem fahrenden Auto, ein Präzisionsschlag. Dieser gezielte Mord löste schon damals einen Gaza-Konflikt aus, bei dem sich Israelis und Palästinenser tagelang einen erbitterten Kampf mit Bomben und Raketen lieferten.

## Unter falscher Flagge

In den 70er Jahren öffnete die Sowjetunion den Eisernen Vorhang erstmals einen Spalt, und zwar für zwei Gruppen: deutschstämmige Aussiedler und Juden. Und auch hier half die Bundesrepublik, so berichtet Hans-Dietrich Genscher, in Moskau mit falschen Pässen aus und machte viele dieser Juden zu

Deutschen, um ihnen eine Ausreise aus dem sowjetischen Machtbereich zu ermöglichen.

Diese Juden brachten BND und Mossad erneut zusammen. Denn der sowjetische Geheimdienst KGB nutzte die Gelegenheit, mit diesen Auswanderern Agenten nach Israel einzuschleusen, den Israelis, so formulierte es ein damals leitender BND-Beamter, «Läuse in den Pelz zu setzen». Mit Hilfe des BND konnten einige dieser Agenten enttarnt und verhaftet werden. Umgekehrt waren die jüdischen Auswanderer «Tippgeber ersten Ranges» für mögliche Anbahnungsversuche im Sowjetreich, die die Israelis an die deutschen Kollegen weitergaben. «Das hat uns sehr genutzt», berichtet einer von ihnen. Der Dank dafür wiederum waren ausführliche BND-Analysen für den Mossad über die Lage in der Sowjetunion, denn, so das kritische Urteil eines Ex-BND-Chefs, «die waren da blind».

Gemeinsam infiltrierten BND und Mossad etwa Ostblock-Botschaften – die Israelis stellten dabei die notwendige Abhörtechnik. Auch heute profitiert der BND von der Funkaufklärung der Kollegen im Nahen Osten, die über gute arabische Sprachkenntnisse verfügen. Allerdings wird sie nicht vom Mossad, sondern vom militärischen Nachrichtendienst betrieben.

Der Bundesnachrichtendienst versorgte Agenten des Mossad auch öfter mit deutschen Pässen, um ihnen geheime Operationen in anderen Ländern zu ermöglichen – ein seit langem übliches Verfahren. Die deutschen Geheimdienstler haben in der arabischen Welt nach wie vor einen besonderen kulturellen Zugang und genießen hohen Respekt. Manche Quellen dort, so ein Ex-BND-Präsident, sind bereit, mit den Deutschen zusammenzuarbeiten, mit dem Mossad jedoch nicht. Der Mossad hat sich deshalb immer wieder mit «false flag operations» beholfen – arabische Quellen, etwa Diplomaten, wurden unter der Legende angeworben, sie arbeiteten für einen NATO-Staat, während sie tatsächlich ihr Wissen an Israel weitergaben.

«Brenzlig», so ein Geheimdienstler, war eine Aktion, die auch in der Presse ihren Niederschlag fand. Die Dienste beider Länder kooperierten bei der Beobachtung der Palästinenser auch in Deutschland, ein vorrangiges Ziel für die Israelis, und Mossad-Ermittler wurden bei Verhören von Gefangenen in deutschen Gefängnissen zugelassen. Als das bekannt wurde, sorgte es für Wirbel. Trocken bemerkte dazu im Rückblick ein BND-Mann: «Der Fehler war nicht, dass es stattgefunden hat, der Fehler war, dass es aufgefallen ist.»

Die Israelis gingen dabei gezielt auf allen Ebenen vor, ohne sich groß um die internen deutschen Zuständigkeiten zu kümmern, sprachen bei den Landesämtern für Verfassungsschutz vor, drängten auf weitgehende Observationen von Zielpersonen ihrer Wahl und wurden von den deutschen Kollegen auf dem neuesten Stand gehalten. Ganz unproblematisch war die Zusammenarbeit nicht, besonders angesichts der israelischen Forderungen, auch Personen zu beschatten, die nach Einschätzung des BND nicht wirklich gefährlich waren oder sich nichts zuschulden kommen ließen. «Wir wurden auf Fährten gesetzt, die irrelevant waren – und dann gab es Streit», sagt einer, der das Geschäft lange in einer Spitzenstellung betrieben hat. Und wenn es die Deutschen nicht machen, dann übernimmt der Mossad die Observation auch mal selbst, während deutsche Agenten die Operation absichern – ein weiteres Indiz dafür, wie viel Handlungsfreiheit dem Mossad auf deutschem Boden eingeräumt wird.

Seit 9/11 und dem anschließenden Krieg gegen den Terror ist die deutsch-israelische Kooperation sogar noch intensiver. Neben dem BND verfügt auch das Bundesamt für Verfassungsschutz über einen Residenten an der deutschen Botschaft in Tel Aviv – als direkter Verbindungsmann zum Inlandsgeheimdienst Schin Bet. Solche Kontaktleute vor Ort seien für den Verfassungsschutz eher eine Ausnahme, argumentiert man in Berlin. Aber auch hier gilt: Wenn es um Israel geht, dann gelten eben andere Maßstäbe.

## Waffen aus der Sowjetunion

Ein ehemaliger Mossad-Chef lobt die Zusammenarbeit mit dem BND als professionell, vor allem im Nahen Osten, wo er hohen Respekt genieße. Besonders während des Friedensprozesses mit Ägypten im Jahre 1978 habe er gute Dienste geleistet und dem Mossad ermöglicht, wichtige Verbindungen zu den ägyptischen Sicherheitsbehörden zu schaffen. «Das war für uns sehr wertvoll.»

«Kerngeschäft» war jedoch die Kooperation im Rüstungsbereich. Seit den 50er Jahren bemühte sich die Sowjetunion, in der arabischen Welt Fuß zu fassen, und stattete immer mehr Armeen mit Waffen und Gerät aus – denselben Waffen, denen sich im Kalten Krieg auch die NATO in Europa gegenübersah. Sie stellten für die israelische Armee wie auch für die Bundeswehr dieselbe Bedrohung dar, und deshalb hatte ein intensiver Austausch über diese Waffen und ihre Wirkung hohe Priorität.

Schon im Sechstagekrieg des Jahres 1967 erbeuteten die Israelis riesige Mengen an Waffen aus sowjetischer Produktion, genauso wie sechs Jahre später im Jom-Kippur-Krieg. Und alsbald tauchten auf dem Versuchsgelände der Bundeswehr in Meppen Panzer aus der Sowjetunion auf, die dort ausführlich getestet wurden. Die Israelis bekamen dann die Auswertungen der sehr gründlichen deutschen Tests, und das hatte in beiden Ländern und in die NATO hinein erhebliche Auswirkungen bei der Entwicklung neuer Rüstungsprojekte zur Abwehr sowjetischer Waffensysteme.

Die ägyptischen Streitkräfte waren etwa von den Sowjets mit umfangreichem ABC-Schutz ausgerüstet worden, also Schutzmaßnahmen gegen Angriffe mit atomaren, biologischen und chemischen Waffen. «Das war für uns echt neu, und es war ein Augenöffner», erklärt ein BND-Auswerter, denn damit war klar, wie sehr sich die Sowjets auf einen Krieg mit diesen Mitteln auch in Europa vorbereiteten. «Bei der Bundeswehr hat das ein Umdenken ausgelöst.» Für die deutschen Streitkräfte wurde infolge dieser Erkenntnisse der Spürpanzer Fuchs entwickelt, ein gepanzertes Hightech-Labor auf Rädern, in dem sich schon auf dem Gefechtsfeld die unterschiedlichen Kampfstoffe sammeln und analysieren lassen – man nahm vor allem die Bedrohung mit Nervenkampfstoffen deutlich ernster.

Auffallend war für den BND auch, dass die T-55- und T-62-Panzer aus sowjetischer Produktion mit Nachtsicht- und Infrarotgeräten ausgestattet waren – ein Indiz dafür, dass sich die Sowjets verstärkt auf den Kampf in der Dunkelheit einrichteten. Auch das führte zu einem Umdenken bei der Bundeswehr und zu neuer Ausstattung. Anfang der 80er Jahre sollte ein neues Kapitel in der Panzerentwicklung aufgeschlagen werden, als die Israelis im Libanonkrieg erstmals sowjetische Panzer mit sogenannter Reaktivpanzerung erbeuteten. Über der eigentlichen Panzerung waren Kästen mit Sprengstoff angebracht, die beim Auftreffen einer Hohlladung explodierten und das feindliche Geschoss damit ebenfalls zur Explosion brachten, bevor es in den Panzer eindringen konnte – auf dieser Grundlage wurde auch der deutsche Leopard-Panzer entsprechend weiterentwickelt.

Zu den Beutewaffen zählten auch die sowjetische Flugabwehrrakete des Typs SA-2 und das dazugehörige Radarsystem, für lange Zeit die Standardwaffe des Ostblocks gegen potentielle Luftangriffe der NATO. Hier erkannten die Auswerter schnell, dass sie noch auf einer veralteten Röhrentechnik basierten – «50er-Jahre-Technik» –, aber deswegen auch einen Vorteil hatten: Anders als die westlichen elektronischen Miniaturbauteile waren sie kaum anfällig gegen den elektromagnetischen Impuls, der bei einer Atombombenexplosion entsteht.

## Sowjetische Waffen aus Afghanistan

Als die Sowjetunion dann Afghanistan überfiel, konnte der BND Waffen präsentieren, die die deutschen Agenten von den Mudschahedin am Hindukusch bekommen hatten. Und nach dem Fall der Mauer und der Wiedervereinigung war dann wirklich «Payback Time» in Richtung Israel. Denn nun konnte der BND umfassend liefern – neueste sowjetische Waffentechnologie aus den Beständen der Nationalen Volksarmee der DDR. Das Problem war nur, dass die Weitergabe durch Vereinbarungen mit den Russen ausdrücklich verboten war, eine der Bedingungen für die Zustimmung Moskaus zur deutschen Einheit. Deshalb musste der BND diese Lieferungen tarnen – in einem Fall etwa als landwirtschaftliche Geräte. Eine missglückte Aktion im Hamburger Hafen verlief rückblickend nicht ohne Komik. Es war Samstagnachmittag, und die Israelis erschienen nicht zur Übergabe der Beutewaffen auf einem Frachter. Die BND-Observanten, die die Übergabe absichern sollten, waren bis 16 Uhr am Ort, dann war Feierabend – und so konnte die Wasserschutzpolizei die falsch deklarierte Ladung entdecken. Das Verteidigungsministerium unter Gerhard Stoltenberg machte sich einen schlanken Fuß, der zuständige Staatssekretär Holger Pfahls wollte von nichts gewusst haben und ließ den BND hängen. «Eigentlich unvorstellbar», wie sich ein Ex-BND-Präsident noch heute grämt. Das Gerichtsverfahren gegen BND-Mitarbeiter endete mit einem Freispruch, und die Israelis erhielten die gewünschten Waffen mit Verspätung. Was diesen Wissenstransfer zu Beutewaffen über die Jahrzehnte angeht, fällt das Fazit eines BND-Auswerters eindeutig aus: «Wir haben deutlich mehr bekommen als umgekehrt.»

Dennoch achteten auch die Israelis immer darauf, dass für sie die Bilanz stimmte. Die Beziehungen waren und sind eng und professionell, aber die BND-Emissäre erlebten ihre Kollegen in der Mossad-Zentrale im Norden von Tel Aviv auch als fordernd. «Sie schauten vor allem, ob es Israels Interessen nützt.» Ein deutscher Geheimdienstler erinnert sich an eine BND-Operation in Beirut, in der die Israelis nicht nur die Ergebnisse, sondern auch gleich Ziele für eine mögliche Bombardierung mitgeliefert haben wollten.

Respekt vor der Professionalität der anderen Seite und gemeinsame Interessen ermöglichten eine jahrzehntelange Zusammenarbeit, die für die Sicherheit beider Länder wichtig war und ist. Eine Liebesbeziehung ist es freilich nach wie vor nicht. Zu groß sind die kulturellen Unterschiede, zu anders die gesetzlichen Möglichkeiten und Grenzen, zu deutlich vor allem die weit auseinanderliegenden Auffassungen über den Auftrag der beiden Dienste. Geheimdienste operieren in einem Schattenreich, auch der BND, das ist ihr Wesen, aber sie sind vor allem der verlängerte Arm ihrer Regierungen. Und Israel befindet sich seit dem ersten Tag seiner Existenz im Krieg, der Mossad ist eines der Instrumente für diese Kriegsführung. Er schreckt auch vor Sabotage, Gewalt und Mord nicht zurück, wenn es den Interessen des Landes dient – und das nicht erst seit der gnadenlosen Verfolgung der palästinensischen Olympia-Attentäter von München.

Ein früherer leitender BND-Beamter bringt es auf den Punkt: «Das Mossad-Personal hat sehr hohe Qualität, aber auch eine enorme Rücksichtslosigkeit.» Und ein anderer urteilt: «Moral wird total dem Interesse des Landes untergeordnet.» Dies ist sicher ein Grund dafür, warum der Mossad zum modernen Mythos geworden ist. In den Köpfen vieler Araber ist er allgegenwärtig, steckt hinter allem, was in der arabischen Welt schiefläuft. Dabei ist er im internationalen Vergleich, auch zum BND, der über rund 6000 Mitarbeiter verfügt, eine kleine Organisation. Allerdings übernimmt der militärische Nachrichtendienst der israelischen Armee viele Aufgaben, die der BND für die Bundeswehr leistet.

## Fehleinschätzungen

Der Mossad ist ein politischer Dienst, der die gewonnenen Informationen mit Vorliebe politisch instrumentalisiert. Mit anderen Worten: Was nicht passt, wird passend gemacht. «Bei Informationen muss man sehr vorsichtig sein. Der Mossad spitzt die Lage sehr zu», sagt einer, der lange Zeit genau diese Informationen ausgewertet hat. Den israelischen Kollegen bescheinigt er hohe Qualität bei der Beschaffung von Informationen, aber sie seien «schwach in der Analyse», die oft unzulässig zugespitzt und politisch motiviert sei. Die Fähigkeiten zur kritisch-distanzierten Analyse seien «unterentwickelt». Vielleicht, so ein anderer BND-Mann, wird der Mossad einfach «überschätzt».

Als besonders krasses Beispiel führt er das totale Versagen des Mossad bei der Vorhersage des Jom-Kippur-Krieges an – allerdings war der BND hier auch nicht erfolgreicher. Zwar berichtete der Bundesnachrichtendienst noch am 3. Oktober 1973, also drei Tage vor dem Überraschungsangriff Ägyptens und Syriens auf Israel, nach Bonn von Aktionen, die «unzweifelhaft Kriegsvorbereitungen» Ägyptens bestätigten. Aber einen Tag später kabelten BND-Agenten aus der Region an die Pullacher Zentrale, «dass hinter den derzeit stattfindenden Aufmärschen kein offensives Ziel vermutet» werde.

Eine krasse Fehleinschätzung, die für den BND gewiss kein Meisterstück, für den tief schlafenden Mossad jedoch eine Katastrophe war. Für den BND-Mann ist dies jedenfalls nur ein Beispiel im Versagen des Mossad. Er bescheinigt dem Mossad Überheblichkeit, ein Grundproblem sei, dass die Israelis ihre Feinde oft unterschätzten – etwa die Hisbollah im Libanon oder eben auch die Hamas.

Und es sollte sich zeigen, wie zutreffend diese Analyse war: Der 6. Oktober 2023 war der 50. Jahrestag des Jom-Kippur-Krieges, ein Freitag. Wenige Stunden später, um 6.30 Uhr am nächsten Morgen, schlug die Hamas zu und begann ihren Angriff, dessen Auswirkungen viele Israelis als die schlimmsten seit dem Holocaust empfunden haben. Und obwohl er unmittelbar in Sichtweite des israelischen Kernlandes anfing, hatte der so hochgerüstete und weltweit wegen seiner Effizienz zugleich bewunderte wie gefürchtete israelische Geheimdienstapparat auch diesen Angriff nicht vorhergesagt. Anzeichen aus dem Militärgeheimdienst wurden erneut nicht ernst genommen und, wie sich herausstellen sollte, vorsätzlich ignoriert. Die «New York Times» enthüllte, dass es dort ein 40-seitiges Papier mit der Bezeichnung «Jericho-Mauer» gegeben habe, das sehr präzise die Angriffspläne der Hamas zum Teil bis ins Detail beschrieben habe. Eine junge Analystin im Militärgeheimdienst habe in E-Mails auf Trainingsaktivitäten der Hamas verwiesen. Dies sei «ein Plan, konzipiert um einen Krieg anzufangen». Doch ein Vorgesetzter aus der Gaza-Division habe gesagt, die Hamas sei nicht in der Lage, diesen Plan umzusetzen. Wörtlich: «Kurz gesagt: Lass uns geduldig abwarten». Diese Haltung war die fast hundertprozentige Wiederholung der arroganten Einschätzung 50 Jahre zuvor, als die ebenfalls frühzeitig erkannten militärischen Vorbereitungen Ägyptens und Syriens mit denselben Argumenten abgetan wurden, was Israel am Anfang an den Rand der Niederlage brachte. Ronen Bar, der Chef des Inlandsgeheimdienstes Shin Bet, kündigte Mitte Januar 2024 seinen Rücktritt an und übernahm Verantwortung für dieses kolossale Versagen, anders als Premierminister Netanjahu, der keinerlei Schuldbekenntnis erkennen ließ.

## Deutschland als Gefechtsfeld

Deutschland wurde schon häufiger zum Gefechtsfeld der israelischen Kriegsführung, auch das hat eine lange Tradition. Das musste etwa der Geschäftsführer der Intra-Handelsgesellschaft erfahren, die von München aus in den 60er Jahren Teile für das ägyptische Raketenprogramm lieferte. Dr. Heinz Krug traf am Abend des 11. September 1962 einen gewissen Saleh, der sich in Begleitung von Dr. Jolik befand. Beide übergaben ihm einen Brief von einem Bekannten, der ihn aufforderte, am nächsten Tag zu einem Treffen nach Solln zu kommen. Dort kam Krug nie an, er verschwand spurlos. Dr. Jolik, so sollte sich herausstellen, arbeitete für den Mossad.

Wenige Monate später, am 20. Februar 1963, kam dem Ingenieur Dr. Hans Kleinwächter abends um 21 Uhr in seinem Auto in Lörrach ein PKW entgegen. Beide Autos mussten auf der engen Straße anhalten. Ein Mann stieg aus und feuerte aus einer Kleinkaliberpistole mit Schalldämpfer auf Kleinwächter. Er hatte Glück, das Geschoss richtete keinen großen Schaden an, und als der Mann noch einmal abdrückte, hatte die Waffe Ladehemmung. Auch bei dieser Operation war der Mossad-Mitarbeiter Jolik beteiligt, und auch im Falle Kleinwächter versuchten die Israelis, einen am Raketenprogramm in Ägypten Beteiligten auf deutschem Boden umzubringen.

Die «Scheersberg»-Aktion war ein weiteres Beispiel dafür, dass der Mossad sich auf deutschem Boden ziemlich frei bewegen konnte. So liegt etwa der Verdacht nahe, dass die Wiesbadener Asmara Chemie, über die das Yellow Cake für das israelische Atomwaffenprogramm beschafft wurde, nichts anderes war als eine Mossad-Tarnfirma auf deutschem Boden. Alle meine Gesprächspartner, ob aus Geheimdienst- oder Regierungskreisen, schworen Stein und Bein, von dieser hochgeheimen Mossad-Operation nichts gewusst zu haben.

Und das gilt auch für eine Aktion, die ebenfalls den deutschen Rechtsstaat provozierte – ohne dass dies freilich größere Konsequenzen hatte. Sie lief im fernen Dubai ab und war für den Mossad Erfolg und Desaster zugleich. Ein Mossad-Kommando ermordete am 20. Januar 2010 im Al Bustan Rotana Hotel den Palästinenser Mahmud al-Mabhuh, einen führenden Waffenbeschaffer für die Hamas. Die Aktion schien problemlos zu verlaufen, das gesamte elfköpfige Kommando, zehn Männer und eine Frau, verließ Dubai nach getaner Arbeit unbehelligt. Nur hatte der Mossad nicht mit der Hartnäckigkeit von Dhahi Khalfan Tamim gerechnet, dem Polizeichef des Golfemirates. Dubai ist mit einem dichten Netz von Videokameras überzogen, und der oberste Polizist ließ mit hohem Aufwand und großer Professionalität den Mord rekonstruieren – bis in alle Einzelheiten. Die Folge war für den Mossad ein Alptraum: Das komplette Killerteam mit allen eingesetzten Pässen und den entsprechenden Passfotos erschien nun in der Weltpresse, auch in der deutschen, die Videobilder der israelischen Agenten liefen überall im Fernsehen. Nun stellte sich heraus, dass der Mossad Identitäten aus mehreren europäischen Ländern gestohlen hatte, auch aus Deutschland. Zwei Mossad-Agenten waren im Kölner Einwohnermeldeamt erschienen und hatten im Juni 2008 einen Pass auf den Namen Michael Bodenheimer ausstellen lassen – mit Papieren, die beweisen sollten, dass dieser Bodenheimer als Sohn deutsch-jüdischer Eltern Anspruch darauf hatte. Tatsächlich gibt es in Israel diesen Michael Bodenheimer mit den deutschen Eltern, der Mossad hatte seine Identität für den eigenen Agenten einfach übernommen. Der falsche Michael Bodenheimer reiste dann mit dem deutschen Pass in Dubai ein, als Mitglied des Killerteams, er sah sein Gesicht bald danach in allen Zeitungen. Ein internationaler Haftbefehl war die Folge. Und es sollte noch schlimmer kommen: Uri B., der mit dem angeblichen Bodenheimer in Köln den Pass beantragt hatte, wurde am 4. Juni 2010 bei einer Zwischenlandung zu einem Einsatz im Baltikum in Warschau festgenommen – der Haftbefehl tat seine Wirkung. Nachdem die Polen Uri B. über zwei Monate in Haft gehalten hatten, schoben sie ihn nach Deutschland ab. Nun jedoch ging alles ganz schnell: Uri B. wurde gegen Kaution freigelassen. Die Begründung des Kölner Staatsanwaltes Josef Rainer Wolf: Er werde ja nicht wegen des Dubaier Attentates in Deutschland gesucht, sondern nur wegen Falschbeurkundung. Dieser Vorwurf sei aber nicht schwerwiegend genug, ihn noch länger festzuhalten. Und schon war der Mossad-Agent wieder verschwunden. Israel ist zwar nicht die Nummer eins bei der Zusammenarbeit des BND mit ausländischen Partnern – an erster Stelle stehen die Franzosen, danach kommen die Briten und die Amerikaner und erst dann der Mossad. Aber das Fazit ist dennoch eindeutig: Wenn es um den israelischen Geheimdienst geht, dann gilt offenbar der Grundsatz: in dubio pro Mossad – im Zweifelsfalle wird in Deutschland zugunsten Israels entschieden.

## Staatsräson in der DDR
### Israel als kapitalistischer Klassenfeind

Der feine Morgendunst lag noch über den dicken Mauern der befestigten Altstadt von Jerusalem. Es war der Tag vor ihrer großen Rede in der Knesset. Wir saßen auf der Terrasse des King-David-Hotels, zu einem Live-Interview für das ARD-«Morgenmagazin» mit dem Blick auf dieses Zentrum von drei Weltreligionen.

Warum, so fragte ich Angela Merkel, dieses intensive Engagement für Israel?

Die Kanzlerin überlegte nicht lange.

«Vielleicht hat das ja auch ein Stück weit damit zu tun, dass ich 35 Jahre in einem Staat gelebt habe, der Israel nicht einmal anerkannt hat. Aber ich glaube, aus der gemeinsamen geschichtlichen Verantwortung, aus der Verantwortung Deutschlands für die Shoah, leitet sich immer ein besonderes Verhältnis zu Israel ab.»

Auch Joachim Gauck sprach das Thema bei seinem ersten Staatsbesuch als Bundespräsident in Israel an. Er, der wie Merkel in der DDR aufgewachsen war, habe als junger Mann versucht, einen Zugang zur Shoah zu finden. «Ich musste ihn mir selber suchen», sagte Gauck. «Die Gesellschaft, in der ich lebte, im Osten Deutschlands, auch meine Eltern haben ihn mir nicht eröffnet.» Die Bücher, die er sich dann über den Holocaust besorgte, hätten ihn fassungslos gemacht. Aber er habe dafür kaum einen Gesprächspartner gefunden. «Und ich fand auch keine verständnisvollen Worte für mein Entsetzen.»

Joachim Gauck und Angela Merkel, beide damals Deutschlands höchste Repräsentanten, berichteten über eine bittere Tatsache: Im kommunistischen Teil Deutschlands galt eine ganz andere Staatsräson, hier wurde die Anerkennung der Existenz des Staats der Juden nicht nur offiziell verweigert, es war der kapitalistische Klassenfeind, den es zu bekämpfen galt. Und das nicht nur ideologisch, sondern ganz praktisch, mit Waffenlieferungen an die arabischen Feinde Israels, mit der Ausbildung von palästinensischen Terroristen und mitten im Jom-Kippur-Krieg des Jahres 1973, der Israels Existenz erstmals bedrohte, mit einer Aktion, die spektakulär und dennoch hoch geheim war.

## MiG-Jagdflieger für Syrien aus Brandenburg

Als die Piloten des Jagdfliegergeschwaders 8 im brandenburgischen Marxwalde (heute Neuhardenberg) am Morgen nach dem Angriff der Araber auf Israel das «Neue Deutschland» aufschlugen, ahnten sie nicht, dass dieser Krieg im Nahen Osten sehr bald auch sie erreichen würde. Es sollte eine der geheimsten Operationen der Nationalen Volksarmee außerhalb der DDR werden. Kurz darauf fanden sich die NVA-Flieger in Syrien wieder, als Waffenbrüder gegen die Juden.

Wie dieser Krieg einzuordnen war, der am 6. Oktober 1973, dem Jom-Kippur-Feiertag, begann, das machte die DDR-Führung nicht nur ihren Soldaten, sondern der gesamten Bevölkerung sofort eindeutig klar. Sie war gut vorbereitet. Während der Westen, dessen Geheimdienste ebenso wie der israelische Mossad die arabischen Kriegsvorbereitungen nicht ernst nahmen, war man in Ost-Berlin über den Tag des Angriffs auf Israel vorab informiert worden. Die Redaktionen wurden entsprechend angewiesen, die offensichtlichen Fakten völlig auf den Kopf zu stellen. Der Überfall Syriens und Ägyptens auf Israel las sich im SED-Organ «Neues Deutschland» so: «Schwerer Angriff Israels auf Ägypten, Syrien und Libanon». Und weiter: «Um 13.30 Uhr Ortszeit hatten israelische Truppen am Sueskanal, am Golf von

Sues und gleichzeitig an der gesamten Feuereinstellungslinie zu Syrien die Kampfhandlungen begonnen.» Schlimmer kann man die Realität nicht verdrehen.

Tatsächlich rückten die ägyptischen und syrischen Truppen in den ersten Tagen weit vor, der Staat der Juden kämpfte um sein Überleben. Verteidigungsminister Moshe Dayan, der Held des erfolgreichen Sechstagekrieges 1967, geriet in Panik und sprach düster von der Gefahr der dritten Zerstörung des Tempels. In einer geheimen Sitzung brachte er den Einsatz der israelischen Atomwaffen ins Gespräch, doch Premierministerin Golda Meir lehnte ab. Es waren Tage des Chaos und der tiefen Verunsicherung. Die siegesgewohnte israelische Bevölkerung war bis ins Mark getroffen.

Die Parallelen zum jüngsten Gaza-Krieg sind offensichtlich – auch im nächsten Punkt. Israels Stärke liegt in seinem Reservistensystem, jahrzehntelang müssen die Bürger, bis auf die streng Religiösen, regelmäßig zum Militär und sind jederzeit abrufbar. Das geschah auch damals, und innerhalb weniger Tage wendete sich das Kriegsglück. Die israelischen Truppen gingen zum Gegenangriff über und stießen schnell voran, vor allem auf den Golanhöhen. Die Luftwaffe bombardierte auch Damaskus.

Wir erlebten den zunehmend verzweifelten Abwehrkampf der Syrer auf den Golanhöhen. Eine syrische MiG-17 kam im Tiefflug angerast und warf ihre Bomben auf die israelischen Stellungen gleich neben uns. Wir blieben unverletzt, anders als der britische Korrespondent Nicholas Tomalin, der in der Nähe in einem Auto von einer syrischen Rakete tödlich getroffen wurde. Anfangs von dem arabischen Angriff am Jom-Kippur-Feiertag völlig überrumpelt, standen die Israelis an diesem 17. Oktober 1973 auf den Golanhöhen bereits rund 35 Kilometer vor Damaskus.

## Israelis als Kriegsgegner

Syriens Machthaber Hafiz al-Assad fürchtete um die Existenz seines Regimes. Er schickte einen dringlichen Hilferuf nach Ost-Berlin, und Erich Honecker reagierte. Er befahl dem DDR-Verteidigungsminister Heinz Hoffmann zu prüfen, wie man helfen könne. Die Wahl fiel auf die NVA-Flieger im östlichen Brandenburg.

Am 18. Oktober startete auf dem Fliegerhorst Marxwalde die erste sowjetische An-12-Transportmaschine. Mit dieser Luftbrücke wurden insgesamt zwölf MiG-21 und ihre Besatzungen verlegt. «Wir wussten beim Start in den Transportern nicht, wohin es ging», erinnert sich der damalige Pilot Hauptmann Peter Ziegert. Alles war ganz anders als sonst, die Tarnung total. «Wir mussten rechts raustreten und Abmarsch zum Bus und dann auf den Flughafen. Dort wurde befohlen umziehen, alles in einen großen Seesack und neu einkleiden mit im Prinzip Zivilklamotten.» Zur Erklärung für sie nur so viel: «In Marxwalde verabschiedete uns der damalige Chef der Luftstreitkräfte/Luftverteidigung der DDR, Generalleutnant Reinhold, mit den Worten: Genossen, Sie kommen in ein arabisches Land, und wenn Sie auf den Gegner treffen, dann zeigen Sie Ihren Ausbildungsstand.»

Der Gegner, das wussten die Piloten und Techniker offenbar noch nicht, das waren die Israelis. 28 Jahre nach Ende des Holocaust, so die Botschaft des Generals, sollten deutsche Soldaten gegen den Staat der Juden antreten.

Zuerst kam es zu einer Zwischenlandung in Ungarn, dann erst erfuhren die NVA-Soldaten, wohin es ging: nach Aleppo in Syrien. Bei diesem Zwischenstopp wurden die DDR-Flieger vor die Wahl gestellt, ob sie tatsächlich dorthin wollten. Eine Interflug-Maschine stand für den Rückflug bereit. «Niemand ist zurückgeflogen. Alle standen hinter dem Befehl», berichtet Peter Ziegert. «Armeeangehörige unterstehen dem Befehl, und wenn es ein geheimer Einsatz war, war uns klar, hier an dieser Stelle muss ich einfach meinem Vorgesetzten vertrauen. So waren wir auch erzogen.»

Und zur Erziehung gehörte damals auch ein klares Weltbild, das die DDR-Führung ihrer Bevölkerung und auch den Soldaten im Kalten Krieg vermittelte: Die Kriegshetzer, das war der Westen, dazu gehörte auch Israel. Die Staaten des Warschauer Paktes unter der Führung der friedliebenden Sowjetunion waren die Friedensbewahrer, auch für die arabischen Bruderstaaten. «Nie wieder Krieg, ich habe den Krieg noch teilweise als Kind mitbekommen und schuld am Krieg sind die Weltherrschaftspläne des Imperialismus unter der Führung der USA», beschreibt Ziegert den damaligen Zeitgeist.

Das bestätigt auch Thomas Seifert. Er kam 1982 als junger Technikoffizier zur NVA-Luftwaffe, wurde nach der Wende von der Bundeswehr übernommen und ist heute Brigadegeneral. «Wie ich es erlebte, das war keine Position gegen Israel, es war mehr eine Position für Palästina. Die Unterdrückten, wenn man so will. Und es war letzten Endes auch dem geschuldet, dass man das auch als Teil des Systemkrieges sah, als Teil des Ost-West-Konflikts», beschreibt General Seifert die damalige DDR-Sicht. «Die Israelis mit Unterstützung der Amerikaner, auch der Bundesrepublik, standen auf der einen Seite, die Staaten des Warschauer Paktes auf der Seite der Palästinenser und auch der arabischen Staaten, die wie Syrien und Ägypten so eine Art Sozialismus anstrebten. Wir waren geprägt vom Lagerdenken. Wir sahen uns eher als die Verbündeten, die eine andere Gesellschaft wollten.»

Und auch der erste frei gewählte und zugleich letzte DDR-Ministerpräsident Lothar de Maizière erinnerte sich an die offizielle Position: «Der Staat Israel wurde nicht primär als Staat der Juden, sondern als Staat der Kapitalisten, des Faschismus und des amerikanischen Imperialismus begriffen» – eine Haltung, die auch heute so klingt, als hätte die Hamas das nahtlos in ihre Lehrbücher übernommen.

Diese Haltung verfolgte die DDR-Führung konsequent und ohne Rücksicht auf die durch die Ermordung von sechs Millionen Juden belastete deutsche Vergangenheit. Anders als die Bundesrepublik lehnte sie jegliche Wiedergutmachung ab, zynisch schrieb das SED-Zentralorgan «Neues Deutschland» zur Begründung schon Anfang der 50er Jahre, diese bundesdeutsche Wiedergutmachung sei ein abgekartetes Spiel «zwischen westdeutschen und israelischen Großkapitalisten», diene nur dem Brückenkopf der USA im Nahen Osten, also lehne die DDR ab, zur «Verwirklichung dieses den Weltfrieden gefährdenden Ziels beizutragen». Schon damals hieß es, Israel gefährde durch seine bloße Existenz den Weltfrieden.

So erging konsequent auf dieser Linie der Befehl an das JG 8 in Marxwalde. Die zwölf MiG-21 Jagdflugzeuge wurden zerlegt, alle deutschen Schriftzeichen wurden beseitigt. Die Geheimhaltung war absolut. Zwischen dem 18. und 21. Oktober startete die Luftbrücke, deren eigentliches Ziel die NVA-Flieger eben erst auf dem Weg nach Syrien erfuhren.

Dort wurden die MiG-21 wieder zusammengebaut und mit syrischen Hoheitsabzeichen versehen. «Fast jeden Tag wurde eine Maschine fertig und wurde durch uns eingeflogen», erinnert sich Ex-Pilot Ziegert. Die NVA-Piloten unternahmen diese Testflüge, um die Einsatzbereitschaft der Maschinen zu prüfen. Noch war der Krieg nicht vorbei, aber es war klar, dass Israel den Angriff nicht nur abgewehrt, sondern weit über die ursprünglichen Positionen vorgerückt war, im Süden hatten ihre Truppen den Suezkanal überquert und bedrohten nun Kairo, im Norden standen sie bereit, weiter auf Damaskus vorzustoßen.

Längst liefen, auch im Zusammenspiel zwischen Moskau und Washington, Verhandlungen über einen Waffenstillstand. Der erste, am 22. Oktober, kam nicht zustande, weil die Israelis ihre Kriegsziele noch durchsetzen wollten, dann, drei Tage später, am 25. Oktober jedoch schwiegen die Waffen, der Jom-Kippur-Krieg war vorbei. Und damit blieb auch der NVA-Einsatz für die beteiligten Soldaten ohne weitere Folgen, vor allem eine direkte Konfrontation mit der israelischen Luftwaffe etwa bei den Testflügen gab es nicht.

«Wir wurden nicht zu Kampfhandlungen zugelassen bzw. eingesetzt», berichtet Ex-Pilot Peter Ziegert. «Der kommandierende General dort in Aleppo war ein sowjetischer General vom vereinten Oberkommando der Warschauer Staaten. Nach meinen nicht zertifizierten Infos von damals hatte die syrische Regierung einen Antrag an das Außenministerium gestellt, dass wir nach Eintritt des Waffenstillstandes in Aleppo bleiben sollten, um die syrische Armee zu unterstützen. Das wurde damals Erich Honecker vorgelegt, er hat befohlen, so schnell wie möglich zurück.» Die Flugzeuge blieben jedoch in Syrien. «Die MiG-21 war das Solidaritätsgeschenk der DDR an die syrische Armee», bewertet Ziegert diesen Transfer der NVA-Maschinen.

Aufgrund des schnellen Kriegsendes kamen also weder die Soldaten noch die Flugzeuge gegen Israel zum Einsatz. Auch uns Korrespondenten, die wir die syrische Luftwaffe noch im Angriff unmittelbar erlebt hatten, blieb es so erspart, von aus Ost-Deutschland gelieferten Maschinen beschossen zu werden.

Nach ihrer Rückkehr nach Marxwalde bescheinigte die NVA-Führung ihren Soldaten dann aber eine klare Haltung: «Besonders hervorzuheben war eine feste Position zum proletarischen Internationalismus und eine klare Klassenhaltung zur Aggression Israels im Oktober 1973 im Nahen Osten.» Insgesamt lieferte die DDR an Syrien zusätzlich zu den Flugzeugen 62 Kampfpanzer des Typ T-54, 300 Panzerabwehrraketen RPG-7, 74 500 Granaten und 30 000 Panzerminen.

## Die DDR als Schutzengel für die Palästinenser

Und es blieb nach dem Krieg keineswegs dabei. Die DDR war der Schutzengel der Palästinenser in ihrem Kampf zur Vernichtung des Staates Israel. Besonders entwickelt waren die Beziehungen zu dem Top-Terroristen und schärfsten Israel-Hasser, der als Abu Nidal rund 90 Anschläge mit etwa 900 Toten organisierte. Im internationalen Handelszentrum an der Friedrichstraße in Ost-Berlin eröffnete er ein Büro und betrieb von dort in Kooperation mit der DDR-eigenen IMES GmbH einen schwunghaften Waffenhandel mit den arabischen Bruderstaaten.

Und die Staatssicherheit war der lange Arm der DDR auch bei der Unterstützung der palästinensischen Terroristen. So übten die Mitglieder der Abu-Nidal-Gruppe im brandenburgischen Briesen, dem sogenannten Objekt 74, und im größten Stasi-Ausbildungszentrum in Massow nahe Teupitz (Landkreis Dahme-Spreewald) waren die Waffenbrüder aus dem Nahen Osten willkommene Dauergäste.

Es war nur die konsequente Fortsetzung einer Haltung, die die DDR fast seit ihrer Gründung 1949 gegenüber der deutschen Vergangenheit und gleichzeitig gegenüber dem jungen Staat Israel an den Tag legte, der nur ein Jahr zuvor 1948 gegründet worden war – und damit verbunden auch ein gehöriges Maß an Antisemitismus, der sich unter dem Deckmantel des Anti-Zionismus tarnte.

Unter der Führung des großen Bruders Sowjetunion gab es zwar ganz am Anfang einen kurzen Frühling gegenüber dem neuen Staat, dessen Führung eindeutig sozialistisch ausgerichtet war, mit einer Kibbuz-Kultur, die dem kommunistischen Kolchosen-Modell ähnlich war. Doch das sollte nur eine kurze Episode bleiben. Schon 1950 machte ein spektakulärer Fall mehr als deutlich, wohin die Reise gehen sollte. Opfer war ausgerechnet ein führender Kommunist, der nicht Jude war. Paul Merker hatte sich schon in seinem Exil in Mexiko Gedanken über die Notwendigkeit der Wiedergutmachung an den Juden gemacht, er hatte sich sogar für eine Heimstatt für die Juden eingesetzt und sich gegen Antisemitismus gewandt. Ihn sollte nun der geballte Zorn der SED-Führung treffen.

Ausgehend von der Sowjetunion fegte eine brutale Welle der Judenverfolgung durch die östlichen Satellitenstaaten, die in Prag in dem spektakulären Prozess gegen den jüdischen Generalsekretär der Kommunistischen Partei der Tschechoslowakei Rudolf Slánský gipfelte. Im Zuge der Affäre um den angeblichen US-Spion Noel Field wurden sowohl Slánský als auch Merker des Hochverrats angeklagt. Merker wurde aus dem SED-Politbüro entfernt, in Isolationshaft gesteckt und von seinen Stasi-Verhörern als «König der Juden» verhöhnt. Erst 1955 wurde er als zionistischer Agent zu einer langjährigen Zuchthausstrafe verurteilt und ein knappes Jahr später rehabilitiert.

Merker wurde im Prozess vorgeworfen, die Finanzierung der Auswanderung jüdischer Kapitalisten nach Israel und die Verschiebung von deutschem Volksvermögen gefordert und, schlimmer noch, die aus deutschen und ausländischen Arbeitern herausgepressten Maximalprofite der Monopolkapitalisten in angebliches Eigentum des jüdischen Volkes umgefälscht zu haben.

## Taube Ohren bei der Wiedergutmachung

Hier wurde ein wunder Punkt berührt: Es ging ums Geld, und bei der Frage nach der Wiedergutmachung für die Opfer des Holocausts stießen alle Forderungen Israels in der DDR auf taube Ohren. Aber auch individuelle Zahlungen an Juden, die früher auf dem Gebiet der nachmaligen DDR gelebt hatten, wurden strikt abgelehnt. Wie im Merker-Prozess so deutlich begründet, handelte es sich ja nur um angebliches Eigentum des jüdischen Volkes, das in Wahrheit vom Monopolkapital aus den Arbeitern herausgepresst worden war. Die inhaltliche Argumentation, aber auch die Wortwahl legt nahe, dass die Konfiszierung und Arisierung des jüdischen Eigentums durch die Nazis rechtens gewesen sei. Jedenfalls dachte die DDR gar nicht daran, dieses Eigentum zurückzugeben oder die inzwischen in anderen Ländern lebenden früheren Besitzer zu entschädigen. 1952 wurde ehemals jüdisches Privateigentum offiziell verstaatlicht, die entsprechenden Stellen in den Grundbüchern wurden geschwärzt, die Namen der Besitzer getilgt. Erst nach der Wende, so erzählte Lothar de Maizière, wurden die Bücher wieder aufgefunden und Chemiker beauftragt, die schwarzen Stellen zu beseitigen und die Eintragungen wieder lesbar zu machen – mit Erfolg.

Eine Reihe prominenter Parteigenossinnen und -genossen verlor 1950 im Zusammenhang mit der Field-Affäre ihre hohen Funktionen im Machtapparat der DDR und wurde aus der SED ausgeschlossen: etwa Leo Bauer, der Chefredakteur des Deutschlandsenders sowie Bruno Goldhammer im Amt für Information der Regierung, Willi Kreikemeyer, der Generaldirektor der Deutschen Reichsbahn, sowie Lex Ende, der Chefredakteur der Parteizeitung «Neues Deutschland», und Maria Weiterer, die Ost-Sekretärin beim Bundesvorstand des Demokratischen Frauenbundes (DFD) – Juden und Nicht-Juden, die aus Sicht der von Moskau gesteuerten Parteiführung Unterstützer der zionistischen Bewegung waren und die es auszumerzen galt.

Aktive Mitglieder der jüdischen Gemeinde wurden in der Folge massiv drangsaliert. Die SED-Führung fasste 1952 einen förmlichen Beschluss, in dem die «Lehren aus dem Prozess gegen das Verschwörertum Slánskýs» gezogen wurden. Dazu gehörte die Feststellung, dass «der amerikanische Imperialismus über den Staat Israel seine Spionage- und Diversanten-Tätigkeit mit Hilfe zionistischer Organisationen in den volksdemokratischen Ländern organisiert und durchführt». Der Staatsapparat war folglich nicht nur von Titoisten und Trotzkisten, sondern auch von Zionisten zu säubern, ein Begriff für Juden in hohen Stellungen.

## Juden verlassen die DDR

Das Ergebnis dieses staatlich verordneten Antisemitismus war nicht überraschend. Hunderte von Juden kehrten in dieser Zeit der DDR den Rücken und siedelten nach West-Berlin oder in die Bundesrepublik über, darunter auch der Präsident der Jüdischen Gemeinde, Julius Meyer, langjähriger Kommunist, SED-Mitglied und Volkskammerabgeordneter, den man als Schieber und amerikanischen Agenten denunzierte, sowie die Oberhäupter der jüdischen Gemeinden von Leipzig, Halle,

Dresden und Erfurt. Insgesamt führte der Exodus dazu, dass sich das jüdische Leben in der DDR auf Ost-Berlin konzentrierte. Von etwa 4500 sank die Zahl der Gemeindemitglieder bis zum Ende der DDR auf unter 400, die meisten davon hochbetagt. Meyer, der zusammen mit den übrigen geflüchteten Gemeindevorstehern im Januar 1953 in West-Berlin eine Pressekonferenz gab, legte den Finger in die Wunde: «Es gibt keinen Antisemitismus im deutschen Volk, es gibt nur einen Antisemitismus in der SED, der aus hochpolitischen Gründen von Moskau gesteuert wird.» Er sprach damit ein heikles Thema an. Natürlich gab es auch in der Bevölkerung der DDR in diesen Jahren Antisemitismus, aber darüber durfte nicht berichtet werden. Den gab es aus Sicht der Partei nur in der Bundesrepublik, dort aber auch reichlich. Erst nach der Wende wurde klar, dass viele dieser antisemitischen Aktionen in Westdeutschland recht wirkungsvoll von der Stasi gelenkt oder gar inszeniert worden waren, um die Bundesrepublik als braunen Sumpf international zu diskreditieren.

Stets hatte die Staatssicherheit ein waches Auge auf die Juden im Lande. Das sollte sich unter anderem 1968 während des Prager Frühlings zeigen. Die politische Aufbruchbewegung im Nachbarland setzte gerade in der DDR große Hoffnungen auf Reformen frei. Lothar de Maizière, damals als junger Mann angesteckt von der Prager Euphorie, erinnerte sich gut, wie die SED erneut jeden Veränderungsversuch den jüdischen Zionisten in die Schuhe zu schieben versuchte. «Der Prager Frühling galt nach seiner Zerschlagung als Werk des Welt-Zionismus, weil die theoretischen Grundlagen von Ota Šik stammten, der auch als Jude bezeichnet wurde.»

Wie gefährlich diese Bewegung den Machthabern in Ost-Berlin erschien, erfuhr de Maizière am eigenen Leibe. An der Humboldt-Universität bereitete er eine Doktorarbeit vor: «Ich habe damals über Literatur und Musik des Fin de Siècle, also auch über die Prager Juden gearbeitet». Aber selbst das erschien dem SED-Apparat zu gefährlich. Namen jüdischer Künstler wie

Kafka, Werfel oder Schönberg waren nicht erwünscht. «Das wurde mir gestrichen mit der Bemerkung, das wäre kein Thema mehr, über das man in der DDR arbeitet.»

Die Staatssicherheit, so erinnerte sich Linken-Ikone Gregor Gysi, habe damals Listen von potentiellen Staatsfeinden erstellt, die verhaftet und in Lager gebracht werden sollten, sobald der Funke überspringen würde. Und ganz «zufällig» seien alle jüdischen Bürger auf dieser Liste gewesen.

Erst die erste frei gewählte DDR-Regierung hat anerkannt, dass auch die Menschen im Osten Deutschlands eine historische Verantwortung für das Schicksal der Juden Europas trugen. Schon bald nach der Wahl verabschiedete die Volkskammer am 12. April 1990 eine Erklärung, in der festgestellt wurde: «Wir bitten die Juden in aller Welt um Verzeihung. Wir bitten das Volk in Israel um Verzeihung für die Heuchelei und Feindseligkeit der offiziellen DDR-Politik gegenüber dem Staat Israel und für die Verfolgung und Entwürdigung jüdischer Mitbürger auch nach 1945 in unserem Land.»

# Alles, was schwimmt, geht
## Israel und die deutschen U-Boote

Die Sirenen heulten über den Zinnen des nächtlichen Jerusalem, und es war klar: Dies war kein Probealarm. Saddam Hussein hatte bewiesen, dass er es ernst meinte mit seinen Drohungen, nach den schweren Luftangriffen der Alliierten Vergeltung in Israel zu suchen. Eine Reihe von Scud-Raketen waren bereits in Israel eingeschlagen, und die Menschen hatten Angst – Angst davor, dass der Diktator aus Bagdad nun auch gegen den Staat der Juden Giftgas einsetzen würde, so wie er es bereits gegen die Iraner und das eigene Volk skrupellos getan hatte.

Im Hotel führte man uns in einen der Schutzräume, die überall eingerichtet worden waren. Die Fenster waren mit Klebeband abgedichtet und verhängt, und ich setzte eine Gasmaske auf, wie alle anderen auch. Wir schauten uns durch die Sehgläser der ungewohnten Gummimaske an, ratlos, unschlüssig, was uns erwartete. Nach einiger Zeit kam die Entwarnung, Jerusalem, die Stadt der drei Weltreligionen, war von den irakischen Raketenangriffen verschont geblieben.

Tel Aviv, nur knapp 70 Kilometer entfernt an der Küste, war eines der Hauptziele, und dort konnten wir besichtigen, was Saddam Hussein angerichtet hatte – auch mit deutscher Unterstützung. Außenminister Hans-Dietrich Genscher stand in diesen Kriegstagen, umringt von israelischen Fernsehkameras, in den Ruinen von Wohnhäusern, die von den Sprengköpfen der Scud-Raketen zerrissen worden waren, um die deutsche Solidarität zu signalisieren. Er hatte auch Entwicklungshilfeminister Carl-Dieter Spranger von der CSU mitgebracht sowie den CDU-Generalsekretär Volker Rühe, und auch der SPD-Vorsitzende Hans-Jochen Vogel hatte sich auf den Weg nach Israel gemacht.

Spranger hatte einen Scheck über 250 Millionen D-Mark in der Tasche, für «humanitäre Hilfe», wie das offiziell hieß. Eine bescheidene Anzahlung für das, was noch folgen sollte.

## Deutsche Waffenhilfe für den Irak

Die irakischen Scud-Raketen würden die deutschen Besucher, die auf dem Flugplatz auf Plakaten als «Heuchler» und als «scheinheilig» begrüßt worden waren, noch teuer zu stehen kommen – politisch und auch materiell. Denn die Deutschen saßen in Israel auf der Anklagebank, und daraus machten die Israelis keinen Hehl. In Jerusalem erklärte der israelische Außenminister David Levy: «Wer hätte geglaubt, dass eine Generation, die erlebt hat, was wir auf deutschem Boden erleben mussten, jetzt solche tödlichen Waffen liefert, die gegen ein Land gerichtet sind, das ein Drittel seines Volkes in Gaskammern verlor.»

Wieder war der Vorwurf da: die Deutschen – die Händler des Todes. Und das zu Recht. Jahrelang hatte ausgerechnet der Bundesnachrichtendienst die Israelis über die Lieferungen deutscher Firmen an den Irak auf dem Laufenden gehalten, mit denen Saddam Hussein seine Waffenkammern bestückte – zu einer Zeit allerdings, als der Diktator in seinem langen Krieg gegen den Iran der Ayatollahs noch das Hätschelkind des Westens war und ihm viele westliche Länder gefällig waren. Aber die Deutschen waren am Euphrat besonders gefragt. Und sie wussten, was sie taten. Zum Teil über Tochterfirmen in Jugoslawien wurden Teile einer Fabrik für die Herstellung von Pestiziden bei Samarra angeliefert – außerdem wurden Bunkeranlagen dafür gebaut, die der BND bis ins letzte Konstruktionsdetail («Wir kannten selbst die Lage der Luftschächte») im Blick hatte. Die Bunker machten für die zivile Herstellung von Pestiziden keinen Sinn, sie waren dafür zu klein. Auch die Ausrede, die Bunker seien in der Hitze besser zu klimatisieren, verfing nicht. Ein BND-Analyst: «So blöd war keiner.» Tatsächlich ging es um die Herstellung von Nervenkampfstoffen, die Firma Kolb lieferte die Ausrüstung und die Labore.

Immer wieder gingen Vertreter der irakischen Regierung in Deutschland auf Shopping-Tour, darunter auch der Schwiegersohn Saddam Husseins, der gleichzeitig Geheimdienstchef war. Nach dem Giftgas kamen die Raketen an die Reihe. Der Irak versuchte mit deutscher Hilfe, eine eigene Langstreckenrakete zu entwickeln, die Badr, aber das misslang. Dafür wurde die Reichweite der Scud-Raketen vergrößert, und wieder waren deutsche Techniker gegen hohe Gagen gern bereit auszuhelfen.

Mitarbeiter des deutschen Luft- und Raumfahrtkonzerns Messerschmitt-Bölkow-Blohm (MBB) gründeten eigens eine Firma namens «Consen», die in der Schweiz ihren Sitz hatte. Die MBB-Mitarbeiter nahmen von ihrem eigentlichen Arbeitgeber Urlaub und gingen für Tageshonorare von bis zu 3000 Dollar in den Irak, als Gastarbeiter in Sachen Raketenbau. 860 Scud-Raketen wurden auf diese Weise in ihrer Reichweite aufgerüstet, einige Raketenteile wurden auch in Deutschland hergestellt, mit deutschen Bezeichnungen, die später die Beteiligung der Deutschen am irakischen Rüstungsprogramm leicht nachweisbar machten. Und auch im nuklearen Bereich lieferten die Deutschen.

Seit den 70er Jahren hatte der BND diese Lieferungen beobachtet und die Bundesregierung – sowie die befreundeten Israelis – darüber unterrichtet. Doch zumindest in den Ministerien in Bonn wollte das keiner hören. Die Devise war: «Eine deutsche Firma tut nichts Unrechtes.» Tatsächlich waren die Lieferungen nach der damaligen Rechtslage zumindest juristisch nicht angreifbar, viele kamen aus dem «Dual-use-Bereich», konnten also sowohl für zivile wie militärische Zwecke eingesetzt werden. Immer wieder gingen die Analysten des Bundesnachrichtendienstes mit ihren Erkenntnissen in Bonner Amtsstuben hausieren und legten die Fakten vor. Die Reaktion war fast immer dieselbe: «Warum erzählen Sie uns das alles?» Schließlich sei doch «alles legal», eine Position, die vor allem das Bundeswirtschaftsministerium einnahm. Auch im Kanzleramt kamen die Berichte an, doch Waldemar Schreckenberger, in den frühen Jahren der Kohl-Amtszeit der Chef des Bundeskanzleramtes, legte die störenden Berichte beiseite und gab sie nicht weiter. Dringliche Einwände aus den USA und aus Israel wurden mit dem Hinweis auf die deutsche Rechtslage abgewehrt.

Diese Ignoranz sollte sich in diesen Wintertagen des Jahres 1991 rächen, denn nach dem Überfall Saddam Husseins auf Kuwait war es vorbei mit dem westlichen Kuschelkurs gegenüber dem Irak. Nun war Hussein plötzlich der Feind, der noch dazu seine Scud-Raketen gegen Israel abfeuerte.

Saddam Hussein hatte Kuwait im August 1990 angegriffen und überrollt, während die Deutschen im Wiedervereinigungsfieber waren. Jetzt wurde dieser Überfall für die Bonner Regierung zum Testfall, scharf beobachtet von der übrigen Welt: Wohin würde dieses neue Deutschland sich wenden, welche Rolle würde das Land einnehmen, wenn das Gleichgewicht am Persischen Golf aus der Balance geriet? Wenn Saddam Hussein weiter nach Saudi-Arabien marschieren und die übrigen Golfstaaten angreifen würde? Wenn plötzlich auch die Ölversorgung der Welt auf dem Spiel stand?

Die Deutschen entschieden sich dafür, «größte Zurückhaltung» zu üben, so Genscher. Hauptgrund sei die Rücksicht auf den deutschen Einigungsprozess in Hinblick auf die Moskauer Interessenlage gewesen. Denn noch war in Russland der Zwei-plus-Vier-Vertrag, ein wesentlicher Baustein für die Zustimmung zur Wiedervereinigung, nicht ratifiziert, und in der Duma gab es kontroverse Diskussionen. «Es ging darum, die Vertragspolitik durchzusetzen», erklärte der damalige Außenminister seine Prioritäten und die deutsche Zurückhaltung im Kampf gegen Saddam Hussein.

In Israel interessierte das in diesen Tagen niemanden. Hier wurde Genscher, neben dem von einer Scud-Rakete verursachten Krater in einem Wohngebiet von Tel Aviv stehend, direkt mit dem Resultat der deutschen Rüstungslieferungen an den Irak konfrontiert. Die Menschen kochten vor Wut.

Immer noch schreckensbleich, so habe Hans-Dietrich Genscher gewirkt, als er dann nach Bonn zurückkehrte, erinnert sich ein Teilnehmer an einem Krisengespräch, bei dem der Außenminister von seiner Israel-Reise berichtete. Helmut Kohl hatte seinen innersten Zirkel an diesem Abend im Kanzlerbungalow zusammengetrommelt, um zu überlegen, was man nach den Raketeneinschlägen tun könnte. Denn die Israelis warteten schon nebenan im Kanzleramt, nur einen Steinwurf entfernt, und sie hatten bereits sehr konkrete Vorstellungen, was sie von den Deutschen wollten.

## Die Geburt des Dolphin-Projektes

Es sollte eine Nacht werden, von der ein Teilnehmer sagte: «In dieser Nacht wurde die deutsche Rüstungspolitik auf den Kopf gestellt.» Schon seit einiger Zeit äußerten die Israelis den dringenden Wunsch, U-Boote der Dolphin-Klasse zu bekommen. Gebaut wurden die Boote eigentlich für die flachen Gewässer der Ostsee; sie waren hochmodern, leise, schwer zu orten, in ihrer Klasse die modernsten der Welt. Bisher war nichts entschieden, Genscher zählte zu den Bremsern, wenn es um Waffenexporte in den Nahen Osten ging. Jetzt jedoch sollte die Stunde der Wahrheit kommen. Der Runde war klar, dass die Israelis nun auch eine Entscheidung über die U-Boote erzwingen wollten.

Verteidigungsminister Gerhard Stoltenberg hatte seinen Abteilungsleiter für militärstrategische Fragen, Generalmajor Klaus Naumann, zu der abendlichen Runde mitgebracht. Als das Thema U-Boote dann angesprochen wurde, schob Naumann seinem Chef einen Zettel zu, darauf drei Punkte: 1. Die U-Boote seien taktisch nicht begründet. 2. Die finanzielle Frage. Es ist klar, wer das bezahlen soll – der deutsche Verteidigungshaushalt. 3. Die atomare Frage.

Naumann tippte damit alle entscheidenden Fragen an, die bis heute die Diskussion bestimmen. Es sei ihm, so sagt der spätere Generalinspekteur der Bundeswehr und Vorsitzende des Militärausschusses der NATO heute, klar gewesen, dass die Israelis mit diesen U-Booten eine atomare Zweitschlagskapazität anstrebten, die sie nur auf See erreichen konnten. Verteidigungsminister Stoltenberg nahm die Punkte auf und präsentierte sie der Runde. Doch, so erinnert sich Naumann, «Kohl wischte das beiseite».

Von der Sicherheit Israels als deutscher Staatsräson war an diesem Abend nicht die Rede, dennoch folgte der Bundeskanzler diesem Grundgedanken und legte fest: «Wenn die Israelis das fordern, dann werden wir das machen.» Damit, so erinnert sich Rudolf Seiters, damals Kanzleramtsminister, wies er auch die Bedenken Stoltenbergs zurück, der Sorgen hatte, er müsste alles aus seinem Verteidigungshaushalt bezahlen. Kohl hatte entschieden und wollte sich nicht von irgendwelchen Bedenken aufhalten lassen. «Das ging dann doch sehr schnell», berichtet Seiters.

Schließlich ging die Runde die wenigen Schritte vom Bungalow hinüber in das Kanzleramt, wo die israelische Delegation unter Dani Jatom aus dem israelischen Verteidigungsministerium schon wartete. Jatom, erinnert sich General Naumann, trat äußerst fordernd auf – «unverschämt», empfand der deutsche General die Tonart – und bekam im Wesentlichen, was er wollte: Zwei U-Boote wurden zugesagt sowie die Option für ein drittes und jede Menge Schutzmaterial gegen Angriffe mit atomaren, chemischen und biologischen Waffen der gerade aufgelösten NVA.

Das heiße Eisen der atomaren Bewaffnung wurde von den Israelis nicht angesprochen und von den Deutschen erst recht nicht. Offiziell war es kein Thema, eine Linie, die über die Jahre durchgehalten wurde. Hans-Dietrich Genscher betont auch heute noch, die Israelis hätten immer mit dem Schutz ihrer Häfen, mit dem für sie so wichtigen Zugang zu den Meeren argumentiert. Und er verteidigt seine restriktive Linie bei deutschen Waffenexporten: «Es ging darum, etwas zu tun, ohne die Zurückhaltung bei Waffenlieferungen ganz aufzugeben.» Der listige Genscher erfand dann für die U-Boot-Lieferungen die Formel: «Alles, was schwimmt, das geht». Die Begründung: Man kann die U-Boote nicht im Inneren einsetzen. Die atomare Frage, darauf beharrte der langjährige deutsche Außenminister, war in den Vorgesprächen kein Thema. Zitat: «Das hat null Rolle gespielt.»

Schon seit dem Beginn der heimlichen Waffenlieferungen aus Deutschland Ende der 50er Jahre wollten die Israelis deutsche U-Boote, die als Einzige für den Einsatz in flachen Gewässern geeignet waren. Doch die Deutschen mussten passen, aus politischen Gründen mussten die Israelis erst einmal nach Großbritannien ausweichen, wo technisch überholte Boote aus dem Zweiten Weltkrieg zu haben waren. Bei seiner Überführung aus England sank das U-Boot «Dakar», Baujahr 1943, Ende Januar 1968 mitsamt seiner 69-köpfigen Besatzung aus bis heute ungeklärter Ursache, und die israelische Marine sah sich nach dieser Katastrophe in dem Wunsch bestärkt, endlich Boote von den Deutschen zu bekommen. Noch immer freilich stand die Bonner Regierung nach dem Auffliegen ihrer geheimen Waffenexporte 1965 unter dem Druck, sich öffentlich an das selbst auferlegte Exportverbot zu halten. Doch man fand, wie fast immer in der langen Geschichte der deutsch-israelischen Sicherheitskooperation, einen Ausweg. Die Konstruktionsunterlagen für die neuen, modernen Boote wurden den Briten übergeben, die Vickers Shipbuilding Group baute die drei Boote, die damit offiziell «Made in Great Britain» waren. 1976/77 wurden sie an Israel ausgeliefert, das nun am Ziel seiner Wünsche war: leistungsfähige, kleine, 49 Meter lange U-Boote der sogenannten Gal-Klasse mit nur 23 Mann Besatzung, die unter anderem an zahlreichen, zumeist geheimen Missionen im Antiterrorkampf etwa im Libanonkrieg des Jahres 1982 teilnahmen. Die israelischen U-Boot-Fahrer waren zuvor bei der deutschen Marine ausgebildet worden.

Moderne U-Boote sind beinahe Allzweckwaffen, die dazu den Vorteil haben, nur sehr schwer zu orten zu sein. Ihre großen Torpedorohre lassen sich zu vielen Zwecken nutzen, wobei der Abschuss von drahtgesteuerten Torpedos gegen feindliche Schiffe zwar möglich, aber eher in den Hintergrund getreten ist. Ansonsten geht es zu wie in James-Bond-Filmen: Durch die Torpedorohre lassen sich sogar Kampfschwimmer oder andere Kommandosoldaten küstennah absetzen, Minen legen oder Unterwasserfahrzeuge zum Einsatz bringen, die dann wieder zum U-Boot zurückkehren. Auch Flugkörper können auf Land- und Seeziele abgeschossen werden. Vor allem können diese U-Boote wegen ihrer geringen Größe in flachen Küstengewässern operieren, wo sie einfach lange unter Wasser liegen und beobachten – also Spionageaufträge übernehmen.

In den 80er Jahren kam dann der Gedanke auf, der das militärische Gleichgewicht im Nahen Osten bis heute entscheidend verändern sollte: das U-Boot als atomare Trägerwaffe. Und hier kamen wieder die erfahrenen deutschen U-Boot-Bauer ins Spiel. Die Israelis hatten die Idee, sie machten die Vorgaben, und die deutschen Ingenieure setzten sie um – das U-Boot der Dolphin-Klasse war geboren. Schon bald lagen die Pläne vor, und wieder wollte man sie im Ausland umsetzen, diesmal auf einer amerikanischen Werft mit amerikanischen Geldern, die regelmäßig in die israelische Rüstung fließen. Doch die Finanzierung zerschlug sich. Das Dolphin-Projekt lag erst einmal auf Eis. Bis zum ersten Irakkrieg.

## Die nukleare Zweitschlagskapazität

Es war erst der Vorwurf, den Irak in seinen Angriffen auf Israel unterstützt zu haben, der Bundeskanzler Helmut Kohl umschwenken ließ. 450 Millionen Mark pro Boot sollten die beiden zugesagten U-Boote den deutschen Steuerzahler kosten, und sie sollten auch in Deutschland gebaut werden. Auch von der Option für ein drittes U-Boot sollten die Israelis später Gebrauch machen.

Im Kalten Krieg war der Gedanke der Triade geboren worden: Atomwaffen, die von der Erde, aus der Luft oder von See abgeschossen werden können. Dabei garantierten sie vor allem eine sogenannte Zweitschlagskapazität – der Kern der nuklearen Abschreckung. Die Supermächte verfügten über Zehntausende von Atomsprengköpfen jeglicher Größe. Und für die Zielplaner waren die Atomdepots und Atomwaffenträger der jeweils anderen Seite bevorzugte Ziele, die beim ersten Schlag ebenfalls atomar angegriffen und vernichtet werden sollten. Raketen mit Atomsprengköpfen auf U-Booten, die monatelang unter Wasser bleiben konnten und nur schwer zu entdecken waren, sollten sicherstellen, dass der Feind auch nach diesem ersten atomaren Schlag mit Atombomben angegriffen werden konnte – selbst wenn zu Hause alles in Trümmern lag. «MAD» nannte man das im Fachjargon – Mutually Assured Destruction, die wechselseitig garantierte Vernichtung. Diese atomare Balance – so zynisch sie war – hat im Kalten Krieg den Frieden erhalten.

Auch wenn Israel lange Zeit der einzige Atomstaat im Nahen Osten war – und zumindest für den Moment auch noch ist –, hat es mit den von den Deutschen gebauten U-Booten die entscheidende Voraussetzung für eine atomare Zweitschlagskapazität geschaffen. Es kann immer noch nuklear zurückschlagen, selbst wenn es – etwa aus dem Iran – mit einer Atombombe angegriffen würde. In Tel Aviv hat man Äußerungen aus dem Iran nicht vergessen, dass Israel ein «Ein-Atombomben-Land» sei. In der Tat: Ein einziger, auf das größte Bevölkerungszentrum des Staates der Juden im sogenannten Becken von Tel Aviv abgefeuerter atomarer Sprengsatz würde die weitere Existenz dieses Staates von der Größe Hessens mit nur knapp zehn Millionen Einwohnern grundsätzlich in Frage stellen.

Deshalb orientierte man sich am Vorbild der großen Supermächte, die mit ihrer U-Boot-Flotte zeigten, wie man diese Zweitschlagskapazität militärisch glaubwürdig macht. Natürlich sei es bei dem U-Boot-Deal mit den Deutschen von Anfang an um die nukleare Option gegangen, versichert ein israelischer Spitzendiplomat – auch bei diesen ersten drei Booten der Dolphin-Klasse.

Verglichen mit den Unterwassergiganten des Kalten Krieges freilich sind die Dolphin-Boote Zwerge. Die sowjetischen U-Boote mit der NATO-Bezeichnung «Typhoon» etwa waren 175 Meter lang und hatten eine Wasserverdrängung von 24 500 Tonnen. Sie konnten 20 interkontinentale SS-N-20-Raketen abfeuern, von denen wiederum jede zehn atomare Sprengköpfe trug. Das amerikanische Gegenstück der Ohio-Klasse ist ebenfalls 170 Meter lang, sogar mit 24 Trident-2-Raketen ausgestattet und verdrängte 16 764 Tonnen Wasser.

Das erste Dolphin-U-Boot ist lediglich 57,3 Meter lang und hat eine Überwasser-Tonnage von 1640 Tonnen. Die drei Boote wurden zwischen März 1999 und Juli 2000 in Betrieb genommen, für das dritte Boot teilten sich die Deutschen und die Israelis die Kosten. Alle drei Boote wurden auf der Werft in Kiel mit sechs Torpedorohren der üblichen Weite von 533 Millimetern ausgestattet, jedoch auch mit vier größeren Rohren mit 650 Millimetern. Auf diese Rohre richtete sich künftig die Aufmerksamkeit der Fachwelt. Sie gelten als die Abschussvorrichtungen für die Marschflugkörper mit Atomsprengköpfen. Dabei gibt es selbst beim deutschen Hersteller ThyssenKrupp keine letzte Gewissheit, welchen Flugkörper die Israelis einsetzen.

## Die zweite Lieferung

Nach der Entscheidung Helmut Kohls als Folge des Irakkrieges war die Lieferung der ersten drei Boote politisch nicht umstritten – nicht zuletzt, weil die dafür aufgewendeten Steuergelder auch eine Subvention an die Werftindustrie waren und dazu beitrugen, grundsätzliche Fähigkeiten im militärischen Schiffbau zu erhalten. Anders sah es bei den drei Dolphin-U-

Booten aus, die Israel einige Jahre später orderte. Nach 16 Jahren schwarz-gelber Kohl-Regierung stand nun eine neue politische Konstellation vor der Entscheidung, Israel mit atomaren Trägerwaffen «Made in Germany» auszurüsten: Nun musste Rot-Grün mit SPD-Kanzler Gerhard Schröder und dem grünen Außenminister Joschka Fischer an der Spitze darüber entscheiden.

Inzwischen hatte auch die technische Entwicklung Fortschritte gemacht. Die deutschen U-Boot-Konstrukteure hatten eine entscheidende neue Technik entwickelt: einen Antrieb mit Brennstoffzellen, die unabhängig von der Außenluft operieren können. Herkömmliche U-Boote haben Dieselmotoren, die Batterien aufladen, mit denen das Boot dann unter Wasser seine Elektromotoren antreibt. Deswegen müssen diese U-Boote des Öfteren auftauchen oder mindestens auf Schnorcheltiefe gehen, um die Dieselmotoren mit Sauerstoff zu versorgen – was das Risiko der Entdeckung erhöht. Die neuen Brennstoffzellen auf Wasserstoffbasis jedoch brauchen keine Außenluft mehr. Die U-Boote können so wochenlang auch in großer Tiefe – die Tauchtiefe der Dolphin-Boote liegt bei über 200 Metern – abgetaucht bleiben und sind kaum mehr zu orten. Das können sonst nur Boote, die mit Atomreaktoren angetrieben werden. Die Israelis erkannten schnell, dass sie zumindest in diesem Punkt so mit den Großen mithalten konnten, deren Abschreckungspotential ja ganz wesentlich darin besteht, dass sie mit ihren atomar bestückten Raketen praktisch unauffindbar irgendwo in den Weltmeeren operieren.

Auf die Bestellliste für die nächste Generation der Dolphin-Boote kamen dann gleich mehrere Punkte: der neue Antrieb und neben den kleineren nun auch wieder die 650-Millimeter-Torpedorohre. Die neuen Boote waren auch fast zehn Meter länger – und damit das größte U-Boot, das nach dem Krieg auf einer deutschen Werft gebaut worden war.

Anders als bei der ersten Bestellung hatte Israel diesmal kein unmittelbares Druckmittel, um die Genehmigung durchzusetzen. Doch es gab auch keinen grundsätzlichen Widerstand. Die deutsche Staatsräson als Begriff habe zwar in der Diskussion keine explizite Rolle gespielt, berichtet Schimon Stein, damals israelischer Botschafter in Berlin. Aber das deutsche Sonderverhältnis gegenüber dem Staat der Juden sei natürlich erneut ausschlaggebend gewesen.

«Es ging um die historisch-moralische Verpflichtung, sich für Israels Existenzrecht einzusetzen, und Israel brauchte die U-Boote, um seine Existenz abzusichern», beschreibt Stein die damalige Situation. «Man kam also darüber überein, die Auslieferung dieser Boote als eine Entscheidung zu sehen, die in der Kontinuität zu früheren Entscheidungen stand.»

Kanzler Gerhard Schröder überließ seinem grünen Außenminister Joschka Fischer das Nahostthema und hielt sich in der öffentlichen Debatte weitgehend zurück. Der im Dezember 2012 verstorbene Peter Struck, Verteidigungsminister im Kabinett Schröder, betonte jedoch: «Er hat genauso eine Empathie für Israel gehabt wie wir alle auch.»

Aus dem Lager von CDU/CSU, damals noch in der Opposition, kamen ebenso keine Gegenstimmen, als die Entscheidung im Wahljahr 2005 endgültig anstand. «Es war überhaupt nicht strittig, weder in der Koalition noch mit der Opposition, die hat das genauso mitgetragen», sagt Struck. Die rot-grüne Regierung war bereits abgewählt, als Gerhard Schröder am letzten Tag seiner Amtszeit den Vertrag über die Lieferung von zwei weiteren U-Booten unterzeichnete, nachdem die designierte Kanzlerin Angela Merkel und der außenpolitische Sprecher der Union, Wolfgang Schäuble, ihre Zustimmung signalisiert hatten. Anders als beim ersten Deal gab es diesmal keine vollständige Schenkung für die beiden Boote, die Bundesregierung übernahm lediglich ein Drittel der 550 Millionen Euro, die die neuen Dolphins pro Stück kosteten. Wie schon zuvor geschah dies auch mit Blick auf die Erhaltung von Arbeitsplätzen und militärischem Know-how in der deutschen Werftindustrie.

Aber im entscheidenden Punkt schaute die deutsche Politik erneut einfach weg: Die Frage nach der atomaren Bewaffnung wurde nicht gestellt – ein Versäumnis, das bis heute nicht nachgeholt wurde. Ein damaliges Regierungsmitglied macht keinen Hehl daraus, wie das gehandhabt wurde: «Es war klar, dass wir nach den Richtlinien, die wir haben, Israel nicht mit Angriffswaffen ausstatten wollten und sollten. Und dass auch Israel die U-Boote nicht so ausstattet, dass sie mit Raketen bestückt werden könnten.»

Doch Richtlinien hin oder her, niemand störte sich daran, was auf dem Papier stand. Die Deutschen nicht, und die Israelis sowieso nicht. Und der zu dieser Zeit zuständige Minister sagt: «Die Israelis haben uns das auch zugesichert, aber jedem Beteiligten war unter der Hand schon klar, dass, wenn sie die U-Boote umbauen, wir davon nichts merken würden.»

Wenn es um Israels Sicherheit geht, das zeigte sich vor allem bei dieser wohl brisantesten deutschen Rüstungslieferung wieder, dann heißt deutsche Staatsräson eben auch, im Zweifelsfall einfach wegzuschauen. Und warum auch nicht? Die Vorteile lagen schließlich auf der Hand: Die Werft in Kiel hatte wieder einen Großauftrag, Tausende von Arbeitsplätzen waren gesichert, und die Israelis verfügten in der sich verschärfenden Iran-Krise über die Möglichkeit, die eigene nukleare Abschreckung glaubwürdiger auszuspielen.

## Das sechste U-Boot

Und dennoch sollte ausgerechnet das sechste deutsche U-Boot ein Symbol dafür werden, wie komplex die Frage der Staatsräson tatsächlich ist. Und auch dafür, dass die Merkel-Regierung keineswegs wegen der versprochenen Sicherheitsgarantie einfach alles durchwinken würde. So unproblematisch die Genehmigung für Boot Nummer vier und fünf verlief, so schwierig waren die Verhandlungen für das vorläufig letzte. Dabei ist es nicht ohne Ironie, dass ausgerechnet diese Nummer sechs ein Stolperstein in den deutsch-israelischen Beziehungen wurde. Und zugleich wurde es zu einer inner-israelischen Krise, die bis heute nicht wirklich ausgestanden ist. Es sollte ein Polit-Thriller werden, ein Machtkampf mit schweren Opfern, mit Korruption und reihenweisen Festnahmen von Vertrauten des Regierungschefs.

Denn eigentlich hat zumindest das Militär dieses Boot gar nicht mehr gewollt. Ein ehemaliger Generalstabschef erinnert sich, dass die israelische Marine gerne auf diese Ergänzung des U-Boot-Arsenals verzichtet hätte. Die Admirale hätten für das Geld viel lieber zusätzliche neue Überwasserschiffe angeschafft. Der Konflikt spitzte sich auch in der Regierung so weit zu, dass der damalige Verteidigungsminister Moshe Jaalon aus Protest gegen die U-Boot-Beschaffung zurücktrat. Seither wiederholt er immer wieder seine schweren Anschuldigungen. Der professionelle Konsens sei gewesen «von der Marine bis zum Verteidigungsministerium, dass wir fünf U-Boote brauchten – nicht sechs».

So kam es zwischen Jerusalem und Berlin zu einem Tauziehen um die Genehmigung. Ausgerechnet Angela Merkel, der doch Israels Sicherheit so sehr am Herzen lag, machte das sechste Boot nun zu einem Druckmittel, um die Netanjahu-Regierung zu politischen Konzessionen zu zwingen.

Yoram Ben-Zeev war zu dieser Zeit israelischer Botschafter in Deutschland und musste viel Zeit mit der U-Boot-Affäre verbringen, die sich zunächst im Verborgenen abspielte. «Der Deal war sehr komplex», berichtet er aus dieser angespannten Zeit, und das U-Boot sei «komplett Chefsache» gewesen. Nur ein ganz kleiner Kreis war hinter verschlossenen Türen damit befasst. Immer wieder stritten sich Merkel und Netanjahu über den Friedensprozess mit den Palästinensern. Und immer wieder beschuldigte die deutsche Kanzlerin ihren widerspenstigen Partner in Jerusalem, er habe seine Versprechen gebrochen, die Verhandlungen voranzubringen. Sie wolle Fortschritte sehen. Netanjahu kam ihr nur halbherzig mit einem zehnmonatigen Einfrieren des Siedlungsausbaus entgegen. Besondere Empörung löste in Berlin aber aus, dass die israelische Regierung der Palästinensischen Autonomiebehörde die Auszahlung von ihr zustehenden Steuergeldern vorenthielt, weil die Palästinenser gewagt hatten, bei den Vereinten Nationen um ihre Anerkennung nachzusuchen. «Das war der letzte Strohhalm, der dem Kamel den Rücken brach», sagt Ben-Zeev. Netanjahu erkannte den Ernst der Lage. Gegen den Widerstand in seinem eigenen Kabinett setzte er auf Drängen aus Berlin durch, dass die Palästinenser doch noch ihr Geld bekamen. Und auch der Bau einer mit deutschen Geldern gebauten Kläranlage in Gaza wurde durchgesetzt.

Inzwischen war die Amtszeit von Ben-Zeev zu Ende gegangen. Am 28. November 2011 flog er zurück nach Tel Aviv. Eben hatte er sein Haus im Norden von Tel Aviv betreten, als um 17.10 Uhr sein Telefon klingelte. Seine Regierung teilte ihm mit, der U-Boot-Deal sei nun doch unter Dach und Fach. «Ich sollte noch am selben Abend um acht Uhr nach Berlin zurückfliegen», schildert Ben-Zeev. Doch ganz so eilig war es dann doch nicht. Tatsächlich wurde der Vertrag über die Lieferung des sechsten Bootes erst im März 2012 unterschrieben, als der damalige Verteidigungsminister Ehud Barak nach Berlin kam. Aber damit war der Fall keineswegs erledigt. Denn jetzt wurde daraus der «Fall 3000» – nach den Worten von Ex-Verteidigungsminister Jaalon «die korrupteste Sicherheitsaffäre in der Geschichte des Landes».

Die israelische Justiz schlug hart zu, sie verhaftete 2017 sieben Verdächtige und erhob nach einem längeren Verfahren schließlich Anklage. Die Liste der Angeklagten liest sich wie ein «Who is Who» aus dem innersten Kreis von Premierminister Netanjahu. Darunter ein früherer stellvertretender Direktor des nationalen Sicherheitsrates, ein früherer Büroleiter des Ministerpräsidenten, Politik- und Medienberater und frühere hohe Marineangehörige. Im Mittelpunkt stand dabei Michael Ganor, ausgerechnet der Vertreter des deutschen U-Boot-Herstellers ThyssenKrupp Marine Systems in Israel. Er gilt als die Schlüsselfigur der Affäre. Es geht vor allem um Korruption, Steuerdelikte und Geldwäsche. Ihm wird vorgeworfen, den übrigen Beteiligten hohe Geldsummen zugesteckt zu haben, um den U-Boot-Deal durchzusetzen. In der Anklageschrift wird darauf verwiesen, ThyssenKrupp habe seinem Vertreter rund zehn Millionen Euro an Kommission bezahlt. Ganor räumte zuerst die Anschuldigungen ein, zog sein Geständnis aber später zurück und sprach nur von Beratungsentgeld.

Auch wenn viele Beobachter in Israel meinten, es sei völlig unwahrscheinlich, dass Netanjahu, der doch alles daran gesetzt hatte, weitere U-Boote zu bestellen, nichts davon gewusst habe, so blieb ihm eine Anklage erspart. Er wurde lediglich als potentieller Zeuge von der Justiz benannt, unbeschadet anderer Korruptionsvorwürfe, die aber mit diesem Deal nichts zu tun haben. ThyssenKrupp Marine Systems, die Geldgeber in Deutschland, kamen juristisch davon. Zwar untersuchte die Staatsanwaltschaft in Bochum den Fall, kam aber zu dem Ergebnis, es habe sich kein hinreichender Tatverdacht gegen konkrete inländische Personen wegen strafrechtlich relevanten Handelns ergeben.

## Noch größere U-Boote, noch mehr atomare Abschreckung

Im Hintergrund hatte der Korruptionsfall im Berliner Kanzleramt eine große Rolle gespielt. Denn Israel wollte nicht nur das sechste U-Boot endlich haben, sondern zusätzlich und vor allem eine völlig neue Generation von U-Booten: noch größer, noch leistungsfähiger, noch eindeutiger als Trägerwaffe für die nukleare Abschreckung bestimmt.

Schon 2017 hatte man sich mit Israel grundsätzlich über das Projekt geeinigt, damals zu einem Kostenvoranschlag von 1,8 Milliarden Euro für drei Boote. Wie zuvor war man in Berlin bereit, das erneut mit etwa einem Drittel, rund 570 Millionen Euro, zu unterstützen. Doch wegen der ungeklärten Korruptionsvorwürfe legte Angela Merkels Kanzleramt das Vorhaben erst einmal auf Eis.

Erst im Januar 2022, einen Monat nach Merkels Rückzug aus der Politik und dem Amtsantritt der neuen Ampelkoalition, wurde der Kaufvertrag dann tatsächlich unterschrieben, mit heftigen Kostensteigerungen. Jetzt kostete der Deal drei Milliarden Euro, aber die Bundesregierung war nicht bereit, den ursprünglich zugesagten Zuschuss erneut aufzustocken. Dennoch war das tiefe Aufatmen in Kiel fast bis nach Berlin zu hören. Schleswig-Holsteins Ministerpräsident Daniel Günther sah darin eine gute Nachricht für den Werftenstandort. «Diese Entscheidung ist ein klares Signal, dass das Unternehmen mit dem eingeschlagenen Weg im Bereich des U-Boot-Baus richtig liegt und als weltweiter Innovations- und Technologieführer hohe Anerkennung dafür bekommt.» In der Tat kündigte Thyssenkrupp bereits vorab an, 250 Millionen für den Ausbau der Werft zu investieren. Das erste Boot soll 2029 ausgeliefert werden.

Im August 2023 wurde das so lange verzögerte und umstrittene sechste U-Boot, die «INS Drakon», endlich aus der Halle in Kiel geholt, das so viel Stress auch in der israelischen Politik ausgelöst hatte. Experten gingen schnell davon aus, dass es im Unterschied zu den bisher gelieferten Booten länger ist und im ebenfalls verlängerten Turm vermutlich zusätzliche Abschussvorrichtungen für Raketen hat – ein Hinweis auf erweiterte Möglichkeiten für die Aufnahme atomarer Sprengköpfe an Bord.

Doch das wird nur ein erster Schritt für das sein, was in den nächsten Jahren in Kiel für die israelische Marine entsteht. Die drei Boote der Dakar-Klasse werden mit 80 Meter Länge die größten jemals in Deutschland gebauten U-Boote sein. Schon das Modell zeigt dabei die wichtigste Neuerung: Im hinteren Teil des Rumpfes sind erstmals die Abdeckungen für die vertikalen Abschussrohre zu sehen. Damit können diese Boote auch Raketen mit größerer Reichweite aufnehmen, neben den Popeye-Marschflugkörpern der bisherigen Dolphin-U-Boote. Israels atomare Abschreckungsfähigkeit wird noch einmal deutlich gesteigert.

## Auch andere wollen Atomwaffen

Schon die ersten umfassenden geheimen Waffenlieferungen Ende der 50er und der 60er Jahre waren ein wesentlicher deutscher Beitrag für das Überleben des jungen Staates der Juden. Diese Tradition wird nun mit den neuen U-Booten fortgesetzt, in noch deutlich gefährlicheren Zeiten. Denn in Israels Nachbarschaft rüstet sich der Iran seit Jahren nuklear hoch. Technisch ist der Mullah-Staat inzwischen in der Lage, in kurzer Zeit den letzten Schritt hin zu eigenen Atomwaffen zu gehen. Seit geraumer Zeit spielt der Iran hier ein Katz-und-Maus-Spiel mit der Internationalen Atomenergiebehörde IAEA, die die nuklearen Aktivitäten und die Einhaltung der Beschränkungen überwacht. Qualifizierte Inspektoren wurde der Zugang verwehrt, die Anreicherung von Uran auf 60 Prozent deutlich erhöht. Damit ist es nur ein kurzer Weg hin zu waffenfähigem Material, das 90 Prozent braucht. IAEA-Chef Rafael Grossi warnte beim Weltwirtschaftsforum in Davos im Januar 2024 erneut, das iranische Anreicherungsprogramm «galoppiert voran». Gegenüber dem Nachrichtenportal «The National» stellte er fest: «Der Iran ist der einzige Staat ohne Nuklearwaffen, der Uran auf diesem sehr, sehr hohen Niveau anreichert – sehr nahe am waffenfähigen Level.» Auch in der Bundesregierung sieht man das mit Sorge, dort verweist man aber darauf, dass der Bau eines funktionierenden Atomsprengkopfs vermutlich aber ein Jahr oder mehr dauern würde.

Falls es dazu kommt, stehen auch andere Staaten im Nahen Osten bereit, ebenfalls Atomwaffen anzustreben, allen voran Saudi-Arabien. Die U-Boote aus Deutschland sind heutzutage der nachdrücklichste Beweis, dass die Versprechen von der Staatsräson und damit verbunden der Haftung für Israels Sicherheit keine leeren Worte sind – auch wenn sich die deutsche Politik schwertut, dies so eindeutig zu formulieren. Israel selbst hat zwar offiziell nie eingestanden, selber Atomwaffen zu besitzen, aber das renommierte schwedische Forschungsinstitut SIPRI geht – wie alle anderen internationalen Beobachter – von etwa 90 Atomsprengköpfen im israelischen Arsenal aus, die mit Flugzeugen, den Jericho-Mittelstreckenraketen und den Marschflugkörpern auf den von den Deutschen gelieferten U-Booten ins Ziel gebracht werden könnten.

Im Rahmen der Anstrengungen, den U-Boot-Bauer Thyssen-Krupp Marine Systems auf jeden Fall als deutschen Partner im Spiel zu halten, setzte im Übrigen der von den Deutschen bezahlte israelische Vermittler im nachdrücklichen Zusammenspiel mit der Netanjahu-Regierung die Anschaffung von vier Korvetten der Sa'ar-6-Klasse durch, und zwar ohne internationale Ausschreibung, die auf den German Naval Yards in Kiel gebaut wurden und vor allem dem Schutz der Gasplattformen vor der Küste Israels dienen sollen. Auch hier beteiligte sich die Bundesregierung mit einen knappen Drittel der Kosten. Das vierte Schiff wurde mitten im Gaza-Krieg am 12. Dezember 2023 in Dienst gestellt. Es trägt den bezeichnenden Namen «Nitzahon» – «Sieg».

## Enge Partner

### Die Bundeswehr und Israel

Es ist der 7. November 2023. Die israelischen Streitkräfte sind in den Gaza-Streifen eingerückt. An diesem Dienstag teilen sie mit, es seien bisher 14 000 Ziele angegriffen worden. Die Weltgesundheitsorganisation WHO gibt an, es seien allein mehr als 160 Mitarbeiter des Gesundheitswesens bei den Angriffen getötet worden, das Komitee zum Schutz von Journalisten beklagt den Tod von 37 Journalisten und Medienmitarbeitern in den palästinensischen Gebieten. Insgesamt soll es rund 10 000 Tote geben, darunter etwa 4000 Kinder. Die Medien sagen dazu wie jeden Tag schon routiniert, das seien Zahlen des Gaza-Gesundheitsministeriums, das von der Hamas kontrolliert werde, die Zahlen seien also nicht wirklich zu verifizieren. Unbestreitbar aber ist, dass das Leid der Zivilbevölkerung groß und die Zahl der Opfer hoch ist. Sie sollte sich einige Wochen später mehr als verdoppeln. Israel gerät weiter unter heftigen Druck, einer Waffenruhe zuzustimmen. Premierminister Netanjahu lehnt das an diesem Tag erneut ab: Ohne Freilassung der Geiseln werde es keinen Waffenstillstand geben.

An diesem Morgen geht Ingo Gerhartz in das Sheba Medical Center in Tel HaShomer und spendet Blut. Ein starkes Symbol. Das Bild wird in den sozialen Medien gepostet. Der Mann trägt ein hellblaues Uniformhemd mit drei goldenen Sternen. Es ist der ranghöchste Soldat der deutschen Luftstreitkräfte. Generalleutnant Ingo Gerhartz ist der Inspekteur der Luftwaffe.

Er ist schon oft in Israel gewesen. 2021 hat er selber einen deutschen Eurofighter gesteuert, der zusammen mit israelischen

F-16-Jagdflugzeugen über die Knesset in Jerusalem geflogen ist. Die Luftwaffe war zu einer großen internationalen Übung dort. Im April 2023 wiederholt sich das, und wieder ist der Luftwaffenchef auf dem Flug dorthin am Steuerknüppel mit dabei. Erneut fliegen deutsche Eurofighter über Jerusalem – in einer Sonderbemalung in deutsch-israelischen Farben. Israelische Kampfflugzeuge haben auch schon an Manövern in Deutschland teilgenommen. Nun ist der General erneut da. Diesmal ist Krieg. Der «Jüdischen Allgemeinen» wird Gerhartz hinterher sagen, jetzt vor Ort zu sein sei «ein Signal der Solidarität».

Schon immer habe er den Eindruck gehabt, dass die israelische Luftwaffe «äußerst professionell ist». Jetzt sei der Kriegseinsatz besonders schwierig, da die Zivilbevölkerung in Gaza von der Hamas als Schutzschild genutzt werde. «Ich sehe, dass die israelische Luftwaffe hier sehr, sehr genau vorzugehen versucht, so präzise wie sie eben nur kann», meint Gerhartz und schwächt dann etwas ab, er habe «jetzt auch nicht alle militärischen Details mitbekommen». Der Besuch hat einen hohen symbolischen Wert, gerade jetzt. Er zeigt, dass es bei den deutschen Militärs offensichtlich keine Distanz zu diesem Einsatz der israelischen Truppen gibt in einem Krieg, der so viele Opfer auf beiden Seiten fordert.

## Deutsche Kampfstiefel in Gaza?

Vor ihm war bereits Verteidigungsminister Boris Pistorius da, neben dem Zeigen der Solidarität ging es auch darum zu prüfen, wie man Israel helfen könnte. Staatsräson diesmal konkret sozusagen. «Die Solidarität, die unverbrüchliche Unterstützung Deutschlands für Israel darf nicht infrage stehen», wird Pistorius später sagen. Das, so würde sich noch zeigen, sind keine hohlen Worte, es würden Taten folgen. Der hohe deutsche General weiß also seinen Minister hinter sich, wenn er klarstellt: «Die israelische Seite hat nach medizinischen Hilfsgütern gefragt, die wir auch geliefert haben. Dann haben wir zwei der Aufklärungsdrohnen aus der hier stationierten Staffel an die israelische Luftwaffe abgegeben. Das ist genau das, was unser Minister damit meint», sagt Gerhartz. Dann jedoch kommt er zu einem entscheidenden Punkt, der in der deutschen Bevölkerung Ängste auslöst, bei vielen heftige Ablehnung: Wird es angesichts dieser Solidarität auch zum Einsatz deutscher Soldaten kommen? Boots on the ground, wie die Militärs das nennen, also deutsche Kampfstiefel in Gaza? Wird jetzt die in den vielen Reden in Berlin wieder und wieder zugesicherte Staatsräson als Garant für die Sicherheit Israels nun auch praktisch umgesetzt werden? Nein, sagt Gerhartz, für seinen Bereich: «Wenn wir irgendwie helfen können, geschieht dies. Ansonsten ist die israelische Luftwaffe so stark, dass es hier keine militärische Option gibt, uns zu fragen, sie jetzt zum Beispiel mit Eurofightern zu unterstützen.»

Das gilt keineswegs nur für die Luftwaffe. Deutsche Soldaten, oder genauer, irgendwelche ausländischen Soldaten, das wollen vor allem die Israelis selber nicht. Sie vertrauen nur auf ihre eigenen Bürger in Uniform, sie wollten nie irgendeine Einmischung von außen in ihren Kriegen zulassen. «Absolut nicht», versichert Arye Shalicar, einer der Pressesprecher der israelischen Streitkräfte. «Wir haben in den letzten 80 Jahren Krieg nie ausländische Truppen gefordert, auch keine amerikanischen, und das wird auch hier nicht der Fall sein.» Diese Botschaft übermittelt auch der israelische Botschafter Ron Prosor intern den außenpolitischen Experten des Bundestages.

Und doch wird sich hier zeigen, dass die so oft zitierte Staatsräson als Verpflichtung für die Sicherheit Israels ganz konkret wurde. Denn im Hintergrund haben die israelischen Streitkräfte präzise Vorstellungen, wie die Deutschen helfen könnten: vor allem mit Munition. Und bald würde die Bundesregierung darauf eingehen.

Die Bundeswehr wird zwar nicht mit eigenen Soldaten in die Kampfhandlungen eingreifen. Aber sie bleibt von dem Konflikt nicht unberührt. Ganz im Gegenteil, sie startet einen der größten schnellen Einsätze in ihrer Geschichte im unmittelbaren Umfeld des Krisengebietes.

Nicht nur die amerikanischen Streitkräfte verlegen demonstrativ zwei Flugzeugträger, ein Atom-U-Boot und zahlreiche Kampfflugzeuge in den Nahen Osten. Das Signal aus Washington ist klar: Es soll andere in der Region, und hier besonders den Iran und seinen verlängerten Arm, die Hisbollah, abschrecken, ebenfalls in den Krieg einzutreten und einen Flächenbrand auszulösen. «Don't», hat US-Präsident Joe Biden wieder und wieder öffentlich gemahnt, «Lassen Sie das!»

Auch die Bundeswehr mobilisiert über 1000 Soldatinnen und Soldaten und schickt sie in die Krisenregion. Dabei sind Eliteeinheiten, das Kommando Spezialkräfte (KSK) etwa, und auch die Grenzschutzgruppe 9 der Bundespolizei, die überwiegend in Zypern stationiert werden. Auch Sanitätssoldaten sind dabei. Aber nicht nur dort: Kleine Kontingente sind auch im Libanon, in der Türkei und Jordanien unterwegs, um vor Ort mögliche Fluchtrouten zu erkunden. Die Marine beordert ein zusätzliches Schiff, den Einsatzgruppenversorger «Frankfurt am Main», ins östliche Mittelmeer, der eigentlich zur Bekämpfung von Schleuserkriminalität unterwegs war.

Ist das auch Teil der Abschreckung des Westens gegen ein Übergreifen des Krieges etwa auf den Libanon oder gar ein Eingreifen des Iran? Oder gar eine stille Reserve für den Fall, dass man doch in Israel militärisch eingreifen muss? Bundesverteidigungsminister Boris Pistorius betont, es sei eine vorbeugende Maßnahme, bei der es darum gehe, im Falle einer Eskalation in Israel oder seiner Umgebung «unsere Staatsbürger herauszuholen».

In auffallender Weise bemüht sich die Berliner Politik zu unterstreichen, dass sie keine Kriegspartei werden will. «Unsere Leute stehen ausschließlich bereit, um gegebenenfalls deutsche Staatsbürger aus Israel zu evakuieren», sagt Agnes Strack-Zimmermann (FDP), die Vorsitzende des Verteidigungsausschusses des Bundestags, dessen Obleute von der Bundesregierung über den Einsatz unterrichtet worden waren.

Das begrüßt auch die Opposition im Bundestag. «Es ist gut, dass die Bundesregierung aus früheren Lagen etwa im Sudan und der Situation in Israel gelernt hat», sagt ihr außenpolitischer Sprecher Roderich Kiesewetter (CDU). In der ersten Phase des Krieges hatte es gehakt, das gab viel böses Blut, als die Lufthansa ihre Flüge eingestellt und sich geweigert hatte, diese Aufgabe zu übernehmen. Die Luftwaffe schickte schließlich A400M-Transporter, um deutsche Bürger aus Israel abzuholen.

Die Bundeswehr ist eine Parlamentsarmee, bewaffnete, sogenannte «robuste» Einsätze im Ausland müssen vom Bundestag genehmigt werden. Doch im Parlament ist man sich einig, dass diese vorbeugenden Einsätze unterhalb dieser Schwelle bleiben und die Unterrichtung ausreicht. Schließlich wird der größte Teil dieses Kontingents wieder abgezogen.

## Besuche fallen nicht mehr auf

Deutsche militärische Besuche im Staat der Juden sind seit Jahren beinahe Alltag. Das Auffallende dabei ist, dass es überhaupt nicht auffällt. Nicht mehr, jedenfalls nicht in Israel. Das zeigte sich etwa im Oktober 2015. 50 Jahre zuvor hatte die Bundesrepublik nach langem Zögern diplomatische Beziehungen zu Israel aufgenommen. Damals gab es noch wütende, beinahe gewalttätige Proteste, als mit Rolf Friedemann Pauls, einem ehemaligen Berufsoffizier und Ritterkreuzträger der Wehrmacht, der erste deutsche Botschafter in Israel ankam.

An einem der Oktobertage ein halbes Jahrhundert später landeten zwei riesige Antonov-Transporter mit schwerer Fracht. Fünf Fuchs-Spähpanzer wurden ausgeladen und fuhren dann selbständig auf Israels Straßen Richtung Süden. Das Eiserne Kreuz auf der gepanzerten Karosserie machte sie als Kampffahrzeuge der Bundeswehr klar erkennbar. Auch dies eigentlich ein historischer Tag, denn 110 Soldaten des Jägerbatallions 1 der 1. Panzerdivision aus Schwarzenborn in Hessen fuhren in ihren

Uniformen und mit ihren Waffen zur bislang größten gemeinsamen Übung deutscher und israelischer Streitkräfte, und das gleich für drei Wochen.

Niemand nahm dort daran Anstoß, es blieb praktisch unbemerkt. Für die israelischen Medien war das kein Thema, über das man sich erregen würde. Die Israelis hatten damit kein Problem, das deutsche Verteidigungsministerium dagegen schon. Dort schlug eine überängstliche Bürokratie zu, als ich plante, die Übung aus der Nähe zu erleben und darüber zu berichten.

Offensichtlich sah man in Berlin darin ein heißes Eisen, denn nun versuchte man alles, um unsere Berichterstattung über dieses gemeinsame Manöver zu blockieren. Die deutsche Botschaft wurde angewiesen, dies auch den Israelis mitzuteilen. Die magere Erklärung des Ministeriumssprechers: «Es gibt berechtigte Gründe für die Restriktionen.» Worin diese «berechtigten» Gründe bestanden, erläuterte er nicht. Der Kompromiss bestand dann darin, dass es außerhalb des Übungsgeländes in Tel Aviv zu einem Treffen mit Offizieren und beteiligten Soldaten kam.

Es war, trotz aller gelebten Normalität in den militärischen Beziehungen auf beiden Seiten, eben doch ein heikler Einsatz, wie sich noch herausstellen sollte. Denn schon damals war durchaus schon erkennbar, was sich dann am 7. Oktober 2023 auf so brutale Weise steigern sollte. Denn das Ziel der Bundeswehrkolonne auf israelischen Straßen war eine Geisterstadt mit menschenleeren Häuserkulissen: das sogenannte Urban Warfare Training Center (UWTC) im Norden des Negev, nahe dem Kibbuz Tze'elim. Die Schilder und Straßennamen tragen arabische Schriftzüge, es gibt Moscheen, und wer hier zum Üben herkommt, der weiß schnell, worum es geht: Trainiert wird der Einsatz in einem arabischen Umfeld. Das also war es: Deutsche Soldaten üben in Israel den Kampf mit einem imaginären arabischen Feind. Und davon sollte man am besten gar nichts sehen, lesen oder hören!

Für die israelische Armee ist das ein im wahrsten Wortsinne naheliegendes Übungsziel. Gaza liegt nur gut zwölf Kilometer entfernt, und dort griffen die Israelis zuletzt im Sommer 2014 an und zerstörten in den 50 Tage andauernden Gefechten an die 18 000 Gebäude. Rund 2000 Palästinenser und 70 Israelis verloren dabei ihr Leben, nachdem die Hamas immer wieder Raketen auf israelische Städte abgefeuert und dabei selbst den Flughafen von Tel Aviv, Israels Tor zur Welt, vorübergehend lahmgelegt hatte.

Im israelischen UWTC bei Tze'elim gibt es auch Tunnel, die nach den Erfahrungen im Gaza-Krieg ein Jahr zuvor, als sich Hamas-Kämpfer Richtung Israel durchzugraben versucht hatten, besondere Bedeutung bekommen haben. Häuserkampf, das war die Erfahrung auch der Bundeswehr bei ihren Einsätzen im Nahen Osten, das war zunehmend eine militärische Herausforderung, um die man sich kümmern sollte. Auch deshalb wollte man von den Erfahrungen der Israelis profitieren.

Willkommene Gelegenheit also für den Übungseinsatz in der Negev-Wüste, wie Brigadegeneral Ernst-Peter Horn, der damalige stellvertretende Kommandeur der 1. Panzerdivision, während der Übung in Israel erläuterte: «Es ist ein wichtiges Thema für uns, weil wir festgestellt haben, dass wir uns gerade in den Einsätzen in den letzten Jahren sehr oft in bebautem Gelände bewegen mussten und wir schon glauben, dass auch künftige Konflikte und Operationen sehr stark und sehr oft in bebautem Gelände stattfinden. Gerade auf diesem Gebiet hat die israelische Armee Erfahrungen gesammelt, und die gilt es jetzt auszutauschen.»

Dass auch die Bundeswehr hier eigene Erfahrungen gesammelt hatte und sie im Auslandseinsatz bereits weitergab, lernten dabei nicht nur die Israelis. Während ihre Soldaten im Negev noch übten, besuchte die damalige Verteidigungsministerin Ursula von der Leyen den benachbarten Irak und ließ sich in Erbil von den Bundeswehrausbildern demonstrativ vor Fernsehkameras zeigen, wie sie die deutschen Kenntnisse im Häuserkampf an die kurdischen Peschmerga-Kämpfer weiterreichten.

Auf dem Manövergelände bei Tze'elim blieb es bei dem geplanten Übungseinsatz. Aber während die deutschen Soldaten dort trainierten, krachte eines Abends, weit abseits des Manövergeländes, eine aus Gaza abgefeuerte Rakete in den Negev, die israelische Luftwaffe schlug drei Stunden später zurück. Verletzt wurde niemand, aber es war eine deutliche Erinnerung daran, dass der Konflikt schon damals weiter schwelte.

Im Rückblick wird noch deutlicher, dass der 2023 ausgebrochene Krieg nur der Höhepunkt einer Entwicklung war, die sich über Jahre aufbaute. Als die deutschen Soldaten 2015 nach monatelangen Vorbereitungen landeten, da hatte sich die Lage dramatisch entwickelt: In den besetzten Gebieten, in Jerusalem und selbst im israelischen Kernland kam es beinahe täglich zu bewaffneten Auseinandersetzungen mit überwiegend jungen Palästinensern, die zumeist mit Messern auf Zivilisten und Sicherheitskräfte losgingen, auch mehrere Soldaten kamen dabei ums Leben – Zeichen einer tiefsitzenden Hoffnungslosigkeit und Frustration über einen völlig festgefahrenen Friedensprozess, den beide Seiten schon damals abgeschrieben hatten.

Im Norden tobten die Kämpfe in Syrien, auf dem unmittelbar dem Negev benachbarten Sinai lieferten sich radikale Islamisten immer wieder Scharmützel mit der ägyptischen Armee. Aber die Übung sollte auf der militärischen Seite eben auch der Höhepunkt dieses Jubiläumsjahres werden: 50 Jahre diplomatische Beziehungen zwischen Deutschland und dem Staat der Juden wurden gefeiert, und damit auch Jahrzehnte einer intensiven Zusammenarbeit im Sicherheitsbereich.

Bereits am 12. Mai 2015, dem offiziellen Jubiläumstag, hatte die damalige Verteidigungsministerin von der Leyen Israel besucht. Im Hafen von Haifa hatte die deutsche Fregatte «Karlsruhe» festgemacht. Auf dem Flugdeck und auch schon zuvor in Jerusalem hatte die Ministerin erneut Deutschlands Verpflichtung für die Sicherheit Israels betont. «Deutschland und Israel können sich unbedingt aufeinander verlassen.» Beide Länder hätten 70 Kooperationsprojekte in der Sicherheitspolitik, 700 sogar im Forschungsbereich. «Mit keinem anderen Land der Welt haben wir so viele, so vielfältige intensive Beziehungen in der Sicherheitspolitik wie mit dem israelischen Verteidigungsministerium.» Und das zeigte sich auch ganz real: Während ihres Besuches brachte von der Leyen sozusagen als Gastgeschenk den Vertrag über die Lieferung der vier Korvetten von ThyssenKrupp Marine Systems mit, deren Kosten Deutschland zu einem Drittel übernehmen würde.

## Cerberus

Während es zu Beginn eher eine Einbahnstraße war, lief die Zusammenarbeit im Rüstungsbereich zwischen Deutschland und Israel bald in beide Richtungen. Zunächst mit den schon erwähnten Mörsergranaten, Uniformen und Maschinenpistolen für die Bundeswehr, bald jedoch auch bei komplexen Vorhaben.

Ein besonders spektakuläres und zugleich besonders geheimes Rüstungsprojekt trug den Namen eines griechischen Höllenhundes: Cerberus. Noch unter dem damaligen Verteidigungsminister Helmut Schmidt begannen Anfang der 70er Jahre Überlegungen, wie man die sowjetischen Flugabwehrsysteme überwinden könnte, um im Kriegsfall mit Jagdbombern in den Luftraum des Warschauer Paktes einzudringen. Die israelische Entwicklungsfirma Elta sollte das mit Cerberus schaffen. Im Bonner Verteidigungsministerium ging die Geheimniskrämerei so weit, dass nur derjenige Zugang bekam, der das Codewort «Caligula» kannte. Die ersten Zahlungen wurden über die Geheimdienste abgewickelt, indem BND-Leute das Geld für die Entwicklung von Cerberus in Koffern an den israelischen Geheimdienst Mossad übergaben. Auch später wurden die Zahlungen über ein BND-Konto weitergeleitet. Insgesamt gelangten so 1,2 Milliarden DM an die Firma Elta, die bis heute unter dem Dach von Israel Aerospace Industries (IAI) zu einem der führenden Hersteller im Radar- und Elektronikbereich gehört und erst 2023 einen Kooperationsvertrag mit der deutschen Rüstungsfirma MBDA im Bereich der elektronischen Kampfführung abgeschlossen hat. Eltas Mutterkonzern IAI wiederum verlegte in diesem Jahr seine europäische Vertretung von Paris nach Berlin. Begründung: «Wir betrachten Europa im Allgemeinen und Deutschland im Besonderen als großen potentiellen Markt.»

Schon früh zeichnete sich also ab, dass deutsche und israelische Rüstungsfirmen die so belastete Vergangenheit nicht als Hindernis sahen, im sensiblen Bereich der Waffenentwicklung und -herstellung zu kooperieren und die Produkte auch gemeinsam zu vermarkten. Selbst politisch hoch brisante Dreiecksgeschäfte wurden so ausgehandelt. 1971 etwa wurden von der Firma Diehl, im Rüstungsgeschäft seit Jahrzehnten erfolgreich tätig, 92 000 Mörsergranatenzünder und rund 10 000 Doppelzünder nach Israel geliefert, die in Haifa verschraubt und dann von den Israelis an den Iran weiterverkauft wurden, mit dem die Israelis zu diesem Zeitpunkt beste Kontakte im Sicherheitsbereich unterhielten – mit ausdrücklicher Genehmigung der Bundesregierung. Lakonisch hieß es dazu in einem internen Papier des Wirtschaftsministeriums: «Nach dem 6-Tage-Krieg (Juni 1967) sind von uns ähnliche Lieferungen nach dem Iran und nach Singapur über Israel unter den gleichen Voraussetzungen genehmigt worden.»

Und das funktioniert bis heute, wie das Beispiel Spike zeigt, ein leichtes Lenkflugkörpersystem, das nicht nur gegen Panzer, sondern auch gegen andere bewegliche Ziele eingesetzt werden kann. Es wurde in Israel entwickelt. Die Bundeswehr hat es in hoher Zahl eingeführt. Aber es ist geradezu ein Vorzeigeprojekt für das Ziel, nicht nur die eigenen Streitkräfte zu beliefern. An dem Joint Venture mit der eigens dafür gegründeten Firma Eurospike, auch mit mehreren Produktionsstandorten in Deutschland, sind eine ganze Reihe von Topfirmen im Rüstungsbereich beteiligt: bei den Israelis Rafael, bei den Deutschen Diehl und Rheinmetall. Spike ist ein Verkaufsschlager auf der ganzen Welt, bei zahlreichen NATO-Staaten, aber auch von Aserbaidschan bis Chile.

## Zusammenarbeit bei der Panzerentwicklung

Wie sehr zwischen deutschen und israelischen Firmen kooperiert wurde, zeigte sich auch bei der Entwicklung von Kampfpanzern. Selbst Laien beteiligen sich hier im Internet an der Diskussion. So zum Beispiel bei der Frage, welcher denn nun der bessere Kampfpanzer sei – der israelische Merkava IV oder der deutsche Leopard 2.

«Ich würde auf den deutschen Panzer setzen. Er ist ein Panzerjäger», schwärmt ein Forenteilnehmer. Und ein anderer selbsternannter Panzerexperte sucht Vorteile auf beiden Seiten: «Der Merkava ist ein wunderbarer Panzer mit einer exzellenten Armierung, während der Leopard ein Alleskönner ist mit einem hervorragenden Feuerleitsystem.»

So geht es seitenweise. Einig sind sich die Diskutanten jedoch in einem Punkt: Beide Panzer gehören zur Weltklasse, vielleicht kann man gerade noch den amerikanischen Abrams-Panzer als dritten Wettbewerber aufs Treppchen stellen. Alle drei Panzer haben dieselbe 120-Millimeter-Glattrohrkanone, und ihr Design ist «Made in Germany» – entwickelt wurde sie von der deutschen Waffenschmiede Rheinmetall.

Und wer sich den Merkava IV näher ansieht, wird feststellen können, dass auch viele andere entscheidende Komponenten von deutschen Ingenieuren erdacht worden sind. Allerdings: Bei den meisten dieser Teile steht nicht «Made in Germany» drauf, sie kamen zum Teil über Umwege nach Israel.

Das mechanische RK-325-Getriebe etwa kommt von der Augsburger Firma Renk, der 1500-PS-12-Zylinder-Dieselmotor MT883 ist die Top-Entwicklung des Motorenbauers MTU aus Friedrichshafen und wird über die amerikanische Firma General Dynamics nach Israel exportiert, und auch die elektronische Stabilisierungseinrichtung, die wie im Leopard-Panzer dafür sorgt, dass der Merkava IV auch bei voller Fahrt schießen kann, stammt ursprünglich von der deutschen AEG – auch wenn die Herkunft so verfremdet wurde, dass diese Komponente nun unter dem

Namen Geadrive als israelisches Produkt gilt. Und schon ganz zu Beginn der Eigenentwicklung eines Kampfpanzers in Israel war ein deutscher Fachmann mit dabei, der seine Kenntnisse beim Leopard-Hersteller Krauss-Maffei erworben, dann ein eigenes Konstruktionsbüro eröffnet hatte und schließlich sein Knowhow vor Ort an die Israelis weitergab.

Auch hier sollte sich zeigen, dass beide Seiten von den Erfahrungen des jeweils anderen profitieren, und auch das bis heute. So kauft die Bundeswehr von der israelischen Waffenschmiede Rafael das Trophy-Panzerschutzsystem für die neueste Generation des Leopard-2-Kampfpanzers. Trophy kann anfliegende Geschosse rechtzeitig erkennen, mit eigenen Sprengkörpern abwehren und zugleich die Quelle des Beschusses ermitteln. 90 Prozent der Geschosse, so zeigten Tests, konnten so abgefangen werden.

## Raketenwerfer für die Bundeswehr

Und auch ein weiteres Waffensystem aus Israel soll beim deutschen Heer landen und einen Modernisierungsschub bringen. Der PULS-Raketenwerfer soll das alte MARS-System ersetzen und die Fähigkeiten der Artillerieeinheiten deutlich verbessern. Dabei wird das Heer dieses Waffensystem zusammen mit den niederländischen Streitkräften nutzen. Es soll mit GPS-gesteuerten Geschossen Ziele in einer Entfernung zwischen 10 und 300 Kilometern bekämpfen können. In Berlin erwartet man bei der Munition eine Zusammenarbeit auch mit den USA. So werde es möglich, mit Hilfe dieses von den Israelis gelieferten PULS-Systems auch zu einem strategischen Schulterschluss mit den Amerikanern zu kommen, hofft man im Verteidigungsministerium. Auch die von der Bundeswehr für Litauen vorgesehene deutsche Brigade in unmittelbarer Nähe zu Russland soll damit ausgestattet werden.

## Die Drohnen-Ära

Im endlosen Wettlauf um immer effektivere Waffensysteme erschloss Israel für die Bundeswehr schon eine weitere Dimension. Anlass war der 2002 begonnene Einsatz in Afghanistan. Anfangs wurden für die Aufklärung deutsche Tornado-Flugzeuge eingesetzt, deren Kameras noch mit Filmen bestückt waren, die nach der Landung erst entwickelt werden mussten, im Kern also wie im Ersten Weltkrieg. Zu dem Zeitpunkt schickten Partnernationen längst Live-Bilder. Daher beschaffte die Bundeswehr im Eilverfahren vier Hightech-Aufklärungssysteme Reccelite von den Israelis und die dafür notwendigen Bodenstationen. Die Bestellung ging zwar nach Israel, aber es steckte auch deutsche Technik darin – Sensoren der Firma Zeiss Optronik.

Aber dann wurden die Tornados abgezogen, und ein neues Zeitalter für die deutschen Soldaten begann, das bis heute andauert: die Ära der Drohnen. Zwar hatten sie bereits kleinere, die eher Spielzeugen ähnelten, aber diese neue Generation hatte eine ganz andere Größenordnung – und sie war «Made in Israel», ein Exportschlager von IAI, die sie erfolgreich in der ganzen Welt verkaufte.

Die Heron-1-Drohnen haben 16,6 Meter lange, dünne Flügel und einen 8,5 Meter kurzen Rumpf, sie können über 24 Stunden in der Luft bleiben, sie werden nie müde, denn sie sind unbemannt, sie sind sparsam, ihr 4-Zylinder-Boxermotor Rotax 914 aus kanadischer Produktion mit nur 115 PS schluckt beim Antrieb des Druckpropellers nur 15 Liter Benzin in der Stunde, und wenn der Einsatz vorbei ist, dann finden sie, falls es zum Beispiel zu einer Funkstörung kommt, ganz alleine wieder nach Hause, setzen auch mitten in der Nacht absolut pünktlich und sicher wieder auf.

Ihre Sensoren und Kameras arbeiten ebenfalls Tag und Nacht und können auch aus Höhen von bis zu 10 000 Metern noch Bilder live an die Bodenstation liefern. Die Bundeswehr leaste drei Maschinen, die jahrelang die Augen für die Soldaten am Boden waren, die ihre Bilder auch direkt vor Ort auf ihren Laptops empfangen konnten. Sie wurden auch in Mali eingesetzt.

Aber längst hatte in Berlin eine neue Diskussion eingesetzt, und diesmal ging es auch politisch zur Sache. Denn die Bundeswehr wollte nun die nächste Generation, und die hat eine Fähigkeit, die zunächst heftig umstritten war: Sie kann bewaffnet werden. Hier meldete sich die alte pazifistisch orientierte DNA, vor allem in der SPD. Die Sorge war, hier könnten in einer kriegerischen Auseinandersetzung autonome Roboter losfliegen und sich selbst ihre Ziele suchen. Aber auch dieses Tabu fiel. Wieder fiel die Wahl, anfangs gegen Widerstände in der deutschen Generalität, die die amerikanische Predator-Drohne wollte, auf ein israelisches Modell: die Heron TP, deutlich größer, deutlich leistungsfähiger als das unbewaffnete Vorgängermodell.

Der nächste politisch aufgeheizte Stolperstein war dann die Stationierung in Deutschland. Das Argument der Kampfdrohnen-Gegner war nun, die unbemannte Heron-Drohne habe keine Zulassung für den deutschen Luftraum. Also wurde erst einmal entschieden, sechs Drohnen in Israel mit einem Leasing-Vertrag zu bestellen und dort stationiert zu lassen. Kampfdrohnen mit dem Eisernen Kreuz der deutschen Luftwaffe auf den Tragflächen im Staat der Juden. Und nicht nur das: Jetzt wurden erstmals deutsche Soldaten in Israel stationiert – zur Ausbildung an dem neuen Waffensystem.

Die deutschen Soldaten wurden während des neuen Gaza-Krieges vorübergehend abgezogen, auch weil zwei Heron-Drohnen, wie erwähnt, an die Israelis zurückgegeben wurden. An der eigentlichen Absicht, die Heron-TP auch in der bewaffneten Version einzuführen, wurde ausdrücklich festgehalten. Und auch an ihrer Stationierung in Deutschland. Zumindest ein Exemplar soll auf den Fliegerhorst Jagel in Schleswig-Holstein zum Taktischen Luftwaffengeschwader 51 «Immelmann» verlegt werden, um die Möglichkeiten für eine Nutzung im deutschen Luftraum zu testen.

## Der größte Deal in der Geschichte Israels

Im Sommer 2022 hielt Bundeskanzler Olaf Scholz eine Grundsatzrede in Prag. Vor dem Hintergrund des Ukraine-Kriegs forderte er eine Verstärkung der militärischen Zusammenarbeit in Europa und schlug vor, mit den europäischen Nachbarn zusammen ein neues Flugabwehrsystem aufzubauen. Es war klar, worum es dabei gehen müsste: die Abwehr von ballistischen Raketen aus Russland, das gerade dabei war, die Ukraine mit Dauerangriffen auch aus der Luft mit Drohnen und Hyperschallraketen zu verwüsten und zugleich mit nuklearem Säbelrasseln den gesamten Westen einzuschüchtern.

Ein Jahr später wurde es konkret, und wieder hatte Israel eine Schlüsselrolle. Das kleine Land wird von mehreren Seiten auch aus der Luft bedroht: vergleichsweise einfache Raketen aus dem Gaza-Streifen, weit über 100 000 Raketen kurzer und mittlerer Reichweite von der Hisbollah im Norden und ballistische Raketen aus dem Iran, die auch zu Trägerwaffen für potentielle Atomsprengköpfe des Mullah-Regimes werden könnten. Dafür hat sich Israel auf drei Ebenen gerüstet, mit dem Iron Dome gegen Kurzstreckenraketen, mit David Sling (David-Schleuder) für Raketen mittlerer Reichweite und Flugzeuge und mit dem technischen Parade-Projekt Arrow 3 gegen ballistische Langstrecken-Raketen, die auch hoch aus dem Weltall anfliegen könnten – ein Schutzschild, der für Israels Überleben entscheidend ist.

Im Sommer 2023, wenige Wochen vor dem Hamas-Überfall, wurde in Israel ein Abkommen unterzeichnet, das die in Prag vorgeschlagene Idee von Kanzler Scholz real werden ließ. Deutschland kauft für knapp vier Milliarden Euro drei Arrow-3-Raketenabwehrsyteme, die von der Israel Aerospace Industries (IAI) zusammen mit dem amerikanischen Boeing-Konzern entwickelt wurden. Arrow 3 kann mit einer Reichweite von 2400 Kilometern anfliegende Raketen bis zu einer Höhe von 100 Kilometern, also bereits tief im Weltall, abwehren. Es soll, wie von Olaf Scholz vorgeschlagen, Teil eines europäischen Schutzschildes werden. Die drei Abschussvorrichtungen sollen in Bayern, Schleswig-Holstein und an der Grenze zwischen Sachsen-Anhalt und Brandenburg stationiert werden. Dort, auf dem Fliegerhorst Schönwalde/Holzdorf, soll das erste Abwehrsystem bereits Ende 2025 eintreffen. Wie schon bei der Drohne Heron TP sollen auch wieder deutsche Luftwaffensoldaten zur Ausbildung an Arrow 3 nach Israel kommen.

## Israel will Deutschland schützen

Die politische Dimension im Verhältnis zwischen Deutschland und Israel ist dabei mindestens so bedeutend wie die militärische. Israels Botschafter in Berlin, Ron Prosor, schrieb auf dem Kurznachrichtendienst X: «Zum ersten Mal wird ein israelisches System den Himmel über Deutschland und ganz Europa schützen.»

In der Tat: Nie war diese Zusammenarbeit zwischen den Deutschen und den Israelis so intensiv und für die wechselseitige Sicherheit so wichtig. Die deutschen U-Boote als Trägerwaffen für die israelischen Atomwaffen ermöglichen dem Staat der Juden eine glaubwürdige Abschreckung, der Raketenabwehrschirm durch Arrow 3 hält dem atomaren Säbelrasseln durch Wladimir Putin ein Stoppschild entgegen.

Wenn sie über die Rüstungszusammenarbeit beider Länder reden, dann kommen sie geradezu ins Schwärmen. Vizeadmiral Carsten Stawitzki, im Verteidigungsministerium zuständig für die Ausrüstung der Bundeswehr, sagt: «Noch nie war die Zusammenarbeit so zuverlässig und intensiv wie jetzt.» Und Israels Verteidigungsminister Joaw Galant ging noch deutlich weiter, als er im Sommer 2023 den Abschluss des Arrow-3-Deals so verkündete: «Wir sind stolz, dass die Deutschen sich für unser System entschieden haben.» Dieser Deal ist der größte in der Geschichte der israelischen Rüstungsindustrie. Aber die Zusammenarbeit im Rüstungsbereich ist nur ein Teil der umfassenden Kooperation in allen Bereichen der Sicherheit.

## Eliteeinheiten unter sich
### Die GSG 9 und die YAMAM

Es passierte schnell und nach außen ohne Aufsehen. Eine A400M-Transportmaschine mit den Abzeichen der deutschen Luftwaffe landete nur wenige Tage nach dem Hamas-Überfall auf Israel auf dem Ben-Gurion-Flughafen bei Tel Aviv und rollte auf eine unauffällige Abstellposition. Dann öffnete sich die große Heckklappe. Schnell entladen wurden, wie der Fachterminus lautet, «sondergeschützte Fahrzeuge», also gepanzerte Einsatzwagen, medizinisches Material und persönliche Schutzausstattung – Ausstattung, die der Empfänger in diesen Tagen der dramatischen Kämpfe gegen die brutalen Angreifer der Hamas dringend erbeten hatte.

Seit Jahrzehnten sind die Verbindungen zwischen den deutschen und den israelischen Sicherheitsapparaten eng, doch wohl bei keinen Verbänden so eng wie zwischen der deutschen Bundespolizei und hier vor allem ihrer Eliteeinheit GSG 9 und der israelischen YAMAM (Yehida Merkazit Meyuhedet), der «National Counter Terrorism Unit of Israel», einer Kommandoeinheit zur Bekämpfung des Terrorismus der Grenzpolizei.

Olaf Lindner, Präsident der Bundespolizeidirektion 11 und früher GSG-9-Kommandeur, war bei Beginn des Krieges zu einer Konferenz in Israel. Solidarität und Unterstützung, so Lindner, seien «eine Ehre und Selbstverständlichkeit für uns. Es war für uns sofort klar, dass wir in dieser schwierigen Zeit an der Seite unserer israelischen Kameraden stehen und sie nicht nur moralisch unterstützen.» In Berlin wurde eine Koordinationsstelle eingerichtet, die die Hilfe zusammen mit der Bundeswehr und dem Auswärtigen Amt organisierte und schnell in Richtung Israel auf den Weg brachte.

Noch im Sommer 2023 waren YAMAM-Kommandosoldaten bei der GSG 9 in St. Augustin bei Bonn zu Gast. Wie seit Jahren üblich, trainierten sie mit ihren deutschen Partnern. Solche Übungen finden regelmäßig in beiden Ländern statt. Keiner ahnte, wie sehr dieses Training nur wenige Monate später in einen bisher in dieser Härte noch nie dagewesenen Ernstfall umschlagen sollte.

## Die Tür hinter der Tür

Wenige Kommandoeinheiten weltweit haben so viel Erfahrung bei der Terrorabwehr wie die YAMAM. «Durch das enge Vertrauensverhältnis zu den Spezialkräften der Bundespolizei sind die Israelis bereit, diese Erfahrungen zu teilen. Sie öffnen sprichwörtlich ‹die Tür hinter der Tür› und gewähren sensible Einblicke», berichtet Olaf Lindner über die Zusammenarbeit. Sie seien «innovativ, technikaffin und immer bestrebt, der Gegenseite den entscheidenden Schritt voraus zu sein». Dazu zählten auch der Austausch über neueste technologische Entwicklungen und über das Vorgehen, Strukturen und Denkweisen terroristischer Gruppen.

Das sei auch eine «wertvolle Hilfe in der Vorbereitung auf zukünftige Einsätze in Deutschland», meint Lindner. Vor dem Hintergrund dringlicher Warnungen von Bundeskriminalamt und Verfassungsschutz zu einer deutlich verschärften Gefahrenlage auch hierzulande, die sich schon bald bei der Verhaftung von Hamas-Anhängern in Deutschland bestätigen sollte, sei die auch für israelische Verhältnisse «bedrückende Selbsterkenntnis» eine nunmehr «belegte Einschätzung, dass Sicherheitsbehörden sich nicht nur auf das schon einmal Dagewesene und Denkbare vorbereiten sollten».

Grundlage einer strategischen Aufstellung müsse nun «das

bisher Undenkbare sein». Auf Szenarien, die man aus heutiger Sicht noch für eher unwahrscheinlich halte, sollte sich mental, strukturell, strategisch und operativ vorbereitet werden.

Trotz allem konnte auch die YAMAM das bis dahin unvorstellbare Desaster des Hamas-Angriffs vom 7. Oktober nicht verhindern. Auch sie hatten in den ersten Stunden und Tagen große Probleme, die auf israelisches Gebiet eingedrungenen Terroristen zu bekämpfen. Die Folge waren schwere Verluste auch bei den YAMAM-Kommandosoldaten.

Ein bis dahin undenkbares Desaster war es freilich auch, was einst zur Gründung der deutschen Terrorabwehrtruppe GSG 9 geführt hatte. Und auch hier war es die Verbindung zu Israel, die nach einer Katastrophe in den Beziehungen schließlich zu der heutigen so engen Zusammenarbeit führte.

## Das Olympia-Desaster

Ein junger Oberstleutnant des Bundesgrenzschutzes, des Vorläufers der heutigen Bundespolizei, namens Ulrich Wegener war fassungslos. «Ich dachte, es kann nicht wahr sein.» Er stand im Tower des Flughafens Fürstenfeldbruck und musste hilflos mit ansehen, wie völlig ungeübte bayerische Polizisten durch die Gegend ballerten und nicht in der Lage waren, die palästinensischen Terroristen auszuschalten, die die israelischen Sportler bei den Olympischen Spielen im September 1972 als Geiseln genommen hatten. Neun tote Israelis und ein erschossener deutscher Polizist waren die Folge dieses amateurhaften Einsatzes. Dieses Desaster von München war aber auch die Geburtsstunde der GSG 9. Die Politik reagierte schnell. Schon Ende September 1972 wurde die Gründung der GSG 9 beschlossen, und schon Ende Oktober war Ulrich Wegener, ihr erster Kommandeur, in Israel, um bei der Spezialeinheit Sajeret Matkal Erfahrungen zu sammeln, die die Israelis im Kampf gegen palästinensische Terroristen schon reichlich gesammelt hatten. Es war ein schwieriger Besuch, denn die Israelis ließen den Deutschen spüren, dass sie wenige Wochen zuvor so schmählich versagt hatten. «Anfangs wollten sie kaum mit mir sprechen», erinnerte sich Wegener, aber schließlich sei das Eis gebrochen, die Zusammenarbeit konnte beginnen. Damals ging es vor allem um Flugzeugentführungen – ein in den 70er Jahren von den Palästinensern immer wieder eingesetztes Mittel, um ihre politischen Ziele zu erreichen. Bei einem Lehrgang in Israel nahm ein junger israelischer Offizier namens Ehud Barak teil, der Wegener später öfter bei der GSG 9 besuchte – und dann bis zum israelischen Premierminister aufstieg.

Es sollte sich schnell herausstellen, dass die Israelis ebenso wie die Deutschen immer wieder Angriffsziel solcher palästinensischen Aktionen wurden, was die Zusammenarbeit der Spezialeinheiten vertiefte. Aber genauso zeigte sich von Anfang an auch, dass es auf der anderen Seite eine nicht minder spektakuläre Kooperation gab: zwischen deutschen Terroristen und palästinensischen Kämpfern gegen den Staat der Juden, die sich wechselseitig unterstützten.

## Frühe Verbindung zur RAF

Schon das Attentat des palästinensischen «Schwarzen September» auf die israelische Mannschaft bei den Olympischen Spielen in München 1972 machte das offensichtlich. Die Angreifer verlangten für die Freilassung der israelischen Geiseln neben der Übergabe von über 200 palästinensischen Gefangenen auch die Freilassung der RAF-Ikone Ulrike Meinhof – vergeblich, denn es kam eben zu dem chaotischen Befreiungsversuch durch die deutsche Polizei, bei dem die israelischen Sportler und auch fünf der acht palästinensischen Attentäter ums Leben kamen.

Wie weit die gewaltbereiten deutschen Terroristen der 70er Jahre bei der Zusammenarbeit mit den nicht minder radikalen

Palästinensern zu gehen bereit waren, zeigte sich auf besonders zynische Weise am 27. Juni 1976. Der Air-France-Flug 139 startete planmäßig von Athen Richtung Tel Aviv, doch der Airbus A 300 sollte dort nicht ankommen. An Bord war ein gemischtes Terrorkommando, dem neben zwei Mitgliedern der palästinensischen PFLP auch die beiden Deutschen Wilfried Böse und Brigitte Kuhlmann angehörten, beide Mitbegründer der «Revolutionären Zellen». Ihnen war es gelungen, in Athen mit Waffen, Handgranaten und Sprengstoff in ihrem Handgepäck an Bord zu kommen und auf dem Flug das Kommando über den Airbus zu übernehmen.

Die Air-France-Maschine mit ihren 258 Passagieren und 12 Besatzungsmitgliedern landete schließlich auf dem Flughafen der ugandischen Hauptstadt Entebbe. Schnell wurde erneut klar, wie eng deutsche und palästinensische Terroristen kooperierten. Sie verlangten für die Freilassung der Geiseln die Entlassung von 53 Inhaftierten, darunter neben Palästinensern auch fünf Mitglieder der deutschen RAF und der Bewegung 2. Juni.

### Deutsche sortieren Juden aus

Die Palästinenser überließen es ausgerechnet den beiden Deutschen Wilfried Böse und Brigitte Kuhlmann, nach der Landung in einer Halle des Flughafens die jüdischen Passagiere, davon die meisten Israelis, auszusortieren. Die nichtjüdischen Passagiere wurden freigelassen. Als ein Holocaust-Überlebender Wilfried Böse auf Deutsch auf seine auf den Unterarm tätowierte KZ-Nummer hinwies, erwiderte Böse, er sei kein Nazi, sondern ein Idealist, der sich der Stadtguerilla angeschlossen habe, um gegen die Alt-Nazis in der bundesdeutschen Politik zu protestieren. Es begann ein Nervenkrieg um die Freilassung der jüdischen Geiseln, der jedoch zu keinem Ergebnis führte. Die Regierungen, auch die deutsche, waren nicht bereit, den Forderungen der Entführer nachzukommen.

GSG-9-Kommandeur Ulrich Wegener drängte die Bundesregierung gleich nach dem Bekanntwerden der Entführung, nach Entebbe reisen zu dürfen, und bekam dafür grünes Licht. Als Mitarbeiter der deutschen Botschaft getarnt und in Begleitung eines Agenten des britischen Geheimdienstes MI 6 erkundete Wegener die Situation. Er fand vor Ort heraus, dass die beiden Deutschen unter den Entführern waren. Und er entdeckte, dass die vier Entführer Unterstützung erhielten von acht Palästinensern, die aus Somalia angereist waren. Seine Informationen wurden an die Israelis weitergeleitet, die seit Tagen eine Befreiungsaktion probten.

Dann schlugen sie zu. In der Nacht zum 4. Juli landeten mehrere Transportmaschinen mit der Kommandoeinheit Sajeret Matkal in Entebbe. Nach rund 90 Minuten Feuergefecht war die spektakuläre Aktion vorbei, drei der 103 jüdischen Geiseln kamen dabei ums Leben, auch der Oberstleutnant Jonathan Netanjahu, der die Operation angeführt hatte – ein Bruder des späteren Premierministers Benjamin Netanjahu. Die beiden deutschen Terroristen Böse und Kuhlmann wurden von den Israelis erschossen – und so konnte Wilfried Böse nicht mehr erklären, warum er gegen Alt-Nazis in Deutschland war und zugleich die Selektion der jüdischen Geiseln durchgeführt hatte.

## Durchbruch für den Kommandeur

Für GSG-9-Kommandeur Ulrich Wegener war seine verdeckte Unterstützung bei der Entebbe-Operation ein Durchbruch. Er wurde von den Israelis zur Aufarbeitung eingeladen. Seine Hilfe wurde, nachdem er anfänglich einen schweren Stand gehabt hatte, anerkannt. «Das hat mir sehr geholfen», erinnerte sich Wegener, der 2018 verstarb, Jahre später.

Seine Rolle in Entebbe blieb im Hintergrund. Das sollte sich gut ein Jahr später auf spektakuläre Weise ändern. Und wieder zeigte sich, wie eng Palästinenser und gewalttätige deutsche Linke kooperierten. Wieder ging es darum, elf führende Mitglieder der RAF aus deutschen Gefängnissen freizupressen. Am 5. September 1977 entführte ein RAF-Kommando den Präsidenten des Bundesverbandes der Deutschen Industrie (BDI) sowie des Arbeitgeberverbandes, Hanns Martin Schleyer, in Köln, nachdem sie vier seiner Begleiter brutal erschossen hatten. Die Bundesregierung unter Kanzler Helmut Schmidt weigerte sich, den Forderungen nachzukommen. Daraufhin organisierte die Terrorgruppe PFLP unter ihrem Anführer Wadi Haddad, der schon bei der Planung in Entebbe dabei gewesen war, ein weiteres Entführerkommando, diesmal nur mit palästinensischen Mitgliedern. Die Verbindung zur Entebbe-Aktion war offensichtlich. Das vierköpfige Kommando nannte sich Märtyrerin Halima, der Kampfname der von den Israelis erschossenen deutschen Terroristin Brigitte Kuhlmann. Erneut ohne Probleme gelangte das aus zwei Männern und zwei Frauen bestehende bewaffnete Kommando auf Mallorca an Bord der Lufthansa-Maschine «Landshut», die zum Flug nach Frankfurt startete, an Bord 91 Passagiere und Besatzungsmitglieder. Über Frankreich übernahmen die Entführer das Kommando über die Boeing 737. Über mehrere Stationen landete die Maschine schließlich in Mogadischu, der Hauptstadt von Somalia. Unterwegs wurde der Kapitän Jürgen Schumann von den Entführern erschossen.

## Operation Feuerzauber

Jetzt startete die «Operation Feuerzauber». Nach langwierigen Verhandlungen und dem vorgetäuschten Eingehen auf die Forderungen der Entführer, die deutschen RAF-Gefangenen freizulassen, gelang es der GSG 9 unter dem Kommando von Ulrich Wegener, auf dem Rollfeld in Mogadischu unbemerkt an die «Landshut» heranzukommen, über Metallleitern die Türen zu öffnen, das Flugzeug zu erstürmen, drei der vier Entführer zu erschießen und die Passagiere zu befreien. Es war ein Triumph für die GSG 9, und auch für die standhaft gebliebene Bundesregierung unter Kanzler Schmidt, aber die Dramatik sollte sich noch deutlich steigern. Denn nur wenige Stunden später wurden die führenden Köpfe der RAF, die freigepresst werden sollten, tot in ihren Gefängniszellen in Stuttgart aufgefunden. Jan-Carl Raspe, Gudrun Ensslin und Andreas Baader hatten sich erschossen, nur Irmgard Möller überlebte schwer verletzt. Die spätere Rekonstruktion ergab, dass über Rechtsanwälte die Pistolen in das Hochsicherheitsgefängnis eingeschmuggelt worden waren. Nur einen Tag später wurde dann Hanns Martin Schleyer von seinen Entführern umgebracht.

Damit endete in der alten Bundesrepublik eine bis dahin unvorstellbare Herausforderung, die das Land an den Rand einer Staatskrise gebracht hatte. Zwar sollte es noch zwei Jahrzehnte dauern, bis die RAF endgültig aufgab, aber dieser Versuch der extremen Linken, zusammen mit ihren palästinensischen Helfern das politische System der Bundesrepublik in die Knie zu zwingen, war gescheitert.

## Eine neue Seite wird aufgeschlagen

Diese Aktionen hatten nach dem anfangs so schwierigen Start die deutschen und die israelischen Kommandoeinheiten zusammengeschweißt. Neben Ehud Barak, dem späteren Ministerpräsidenten, gehörte dazu auch Moshe Jaalon, der es bis zum Verteidigungsminister brachte. Er kam im Jahre 1978 zur GSG 9 nach Deutschland zur Ausbildung, zu einer Zeit, als die Wunden der Vergangenheit noch sehr viel frischer waren als heute. Seine eigene Mutter war Holocaust-Überlebende. Aber sie sagte zu ihrem Sohn: «Du musst gehen – es ist eine neue Seite aufgeschlagen worden.»

Auch heute noch wird die Vergangenheit nicht ausgeblendet. Zu den Aufenthalten in Israel gehört für die GSG-9-Angehörigen ein Besuch der Holocaust-Gedenkstätte Yad Vashem, mit ihren israelischen Partnern haben sie 2022 auch das ehemalige Konzentrationslager Dachau besucht. Und auch an den Anlass für die Gründung der GSG 9 erinnerten beide Einheiten gemeinsam. 50 Jahre nach den Terroranschlägen bei den Olympischen Spielen startete ein Hubschrauber der Bundespolizei. An Bord waren Angehörige der GSG 9 und der YAMAM. Über Fürstenfeldbruck, dem Ort der 1972 so dramatisch gescheiterten Befreiungsaktion für die israelischen Olympia-Sportler, sprangen sie mit dem Fallschirm ab und trugen dabei große israelische und deutschen Fahnen.

## Der unterbrochene Honeymoon
### Von Olmert zu Netanjahu

Es war ein schöner, warmer Sommertag, die Stimmung der Anwesenden heiter und betont locker. So jedenfalls der Eindruck, den Angela Merkel unbedingt der Öffentlichkeit vermitteln wollte. Die Kanzlerin, erst neun Monate in der Großen Koalition im Amt, konnte bei den Planungen nicht ahnen, dass dieser Tag die bislang wichtigste Testphase für ihre Nahostpolitik einläuten würde.

Und es sollte – das zeigt der Rückblick auch heute – schon damals ein Vorgeschmack dafür werden, wie explosiv gerade der Konflikt im Norden Israels sich ausweiten und wie bedrohlich er dann für das Land werden kann. Denn dort war auch schon damals der Einfluss des Iran auf die gut ausgebildete und durch Teheran umfangreich militärisch ausgestattete Hisbollah eindeutig. Und genauso sollte sich schon damals zeigen, wie hart der Konflikt auf beiden Seiten ausgetragen wird, wenn er erst einmal offen ausgebrochen ist.

Es war also ein historischer Moment, aber das war im Vorfeld der Ereignisse nicht erkennbar, und so beschäftigten sich die Medien seit Tagen lieber mit dem Wildschwein, das an jenem Abend sein Ende finden, und dem Mann, der es zerlegen sollte. Olaf Micheel war der Wirt des Gasthofs «Zu den Linden» in Trinwillershagen, und dort sollte an diesem Abend des 14. Juli 2006 die, wie es damals hieß, «teuerste Grillparty der Welt» stattfinden.

Angela Merkel hatte George W. Bush in ihren Wahlkreis an der Ostsee eingeladen. Das sollte Nähe und Vertrauen signalisieren für den Gast aus Washington, nachdem ihr Amtsvorgänger Gerhard Schröder wegen des Irakkrieges auf Konfrontationskurs gegangen war. Jetzt also sollte der Versuch der Wiederannäherung gestartet werden, mit einem demonstrativ freundlichen Programm inklusive abendlicher Grillparty mit geröstetem Wildschwein.

Doch der Besuch von George W. Bush löste in der Region keineswegs nur Jubel aus. Friedensaktivisten riefen zum Massenprotest auf, Greenpeace machte mobil, und passenderweise tobte in Mecklenburg-Vorpommern ein Wahlkampf. Die Sicherheitsmaßnahmen für den Bush-Besuch kosteten um die zwölf Millionen Euro – an die 12 000 Polizisten waren erforderlich, den Gast aus Washington angemessen abzuschirmen. Die Altstadt von Stralsund war hermetisch abgeriegelt, die 1000 handverlesenen Gäste auf dem Rathausvorplatz mussten strengste Kontrollen erdulden, bevor sie auf den Stuhlreihen Platz nehmen konnten.

Angela Merkel trug bei der Pressekonferenz im Rathaus einen weißen Sommerblazer, George W. Bush einen konventionellen dunklen Anzug. Der Gast fühlte sich geehrt, in «diesem wunderschönen Teil der Welt» zu sein, und bedankte sich bei den «freundlichen Menschen, die hier leben». Und natürlich erwähnte er: «Ich fühle mich geehrt, dass ich heute das Schwein anschneiden darf.» Angela Merkel kam nicht umhin zu bemerken, dass das Wildschwein hoffentlich schon vor Ort sei und bereits geröstet werde, denn sonst «können wir es heute Abend ja nicht essen».

Doch nicht die Grillkünste des Gastwirts Olaf Micheel sollten bei dieser Pressekonferenz im Zentrum stehen, sondern das Schicksal zweier junger Männer, nämlich der oben schon erwähnten Ehud Goldwasser und Eldad Regev. Die beiden Soldaten waren am Tag zuvor von Kämpfern der Hisbollah an der israelisch-libanesischen Grenze entführt worden, und die israelische Regierung schlug sofort mit aller Härte zurück. Generalstabschef war zu dieser Zeit der Luftwaffengeneral Dan Chalutz, und er drohte öffentlich: «Wir werden die Uhr im Libanon um 20 Jahre zurückdrehen.» Und er meinte, was er sagte. Während sich Angela

Merkel und George W. Bush auf einen harmlosen PR-Grillabend eingestellt hatten, mussten sie sich jetzt plötzlich damit auseinandersetzen, dass die Israelis mit breitflächigen Bombenangriffen begonnen hatten. Die Zerstörungen beschränkten sich keineswegs auf Hisbollah-Ziele im Süden des Landes, sondern erfassten auch den Flughafen von Beirut und andere lebenswichtige Infrastruktureinrichtungen des Libanon. Im Laufe des Krieges ging die israelische Luftwaffe sogar gegen christliche Stadtteile vor, mit dem Ziel, die libanesischen Eliten zu zwingen, etwas gegen die Hisbollah im eigenen Land zu unternehmen, die inzwischen mit zwei Ministern an der Regierung des eher westlich orientierten Ministerpräsidenten Fuad Siniora beteiligt war. Im fernen Stralsund waren George W. Bush und Angela Merkel nun gezwungen, einen Mittelweg zu suchen – einerseits wollten sie den Verbündeten Israel nicht im Stich lassen, andererseits aber auch ihr Unbehagen über Israels militärische Überreaktion deutlich machen und Fuad Siniora den Rücken stärken.

Bush betonte erwartungsgemäß, dass Israel wie jede andere Nation natürlich ein Recht habe, sich selbst zu verteidigen, er sprach aber auch eine Mahnung in Richtung Jerusalem aus: «Was immer Israel tut, sollte nicht die Siniora-Regierung schwächen. Wir sorgen uns um die zerbrechliche Demokratie im Libanon.»

Angela Merkel äußerte sich ähnlich, empfahl beiden Seiten den Gewaltverzicht, machte aber auch deutlich, dass die Deutschen an der Seite Israels stünden. Gleich zweimal betonte sie, man dürfe Ursache und Wirkung nicht durcheinanderbringen. Es habe mit der Entführung und den Aktivitäten der Hisbollah angefangen, so dass von dort auch die Initiative für die Lösung des Konflikts ausgehen müsse. «Es muss jetzt eine gute Reaktion geben, nicht von der israelischen Regierung, sondern von denen, die diese Angriffe zuerst begonnen haben.» Mit anderen Worten: Die Kanzlerin war bereit, Israel erst einmal moralischen Kredit in diesem Konflikt einzuräumen.

Ein wesentlicher Teil dieser Pressekonferenz im Juli 2006 beschäftigte sich im Übrigen mit dem Atomwaffenprogramm des

Iran und den Bemühungen, Teheran vom Bau einer Bombe abzuhalten: Schon damals appellierte die internationale Gemeinschaft vergeblich an den Iran, auf das Atomprogramm zu verzichten, und drohte mit Sanktionen. Vor allem drängten Merkel und Bush darauf, dass der Iran die Anreicherung von Uran einstellen sollte, damals wie heute der entscheidende Schritt für den Bau einer Atombombe.

Bush hielt sich in Stralsund auffallend zurück, was die Drohung mit einem Militärschlag anging. Bush erklärte, was die Deutschen am liebsten hörten: «Es ist keine Frage, dass diese Angelegenheit diplomatisch gelöst werden kann.»

## Raketen auf Haifa

Während sich Angela Merkel und ihr Gast am Abend dieses Tages an der Ostseeküste dann doch dem inzwischen gerösteten Wildschwein widmeten, eskalierte der Krieg im Libanon weiter. Die massiven Bombenangriffe der Israelis hatten keineswegs das gewünschte abschreckende Ergebnis, im Gegenteil. Die Hisbollah ließ sich davon nicht beeindrucken und setzte zum Gegenschlag an. Zwar verfügten ihre Kämpfer nicht wie die Israelis über Panzer und Jagdbomber, dafür aber über Waffen, die die Israelis nur schwer bekämpfen konnten: Entschlossenheit, Ausdauer, gute Verstecke und jede Menge handlicher Raketen.

Wochenlang regneten nun die Geschosse auf den Norden Israels herab, und keineswegs nur, wie bisher, auf die Städte und Dörfer in der Nähe der libanesischen Grenze. Auch die Großstadt Haifa lag in Reichweite der Hisbollah-Raketen, die vom Iran und Syrien geliefert worden waren. Die Hisbollah war ein Ziehkind des Iran, der schon Jahre zuvor Geistliche und Ausbilder in den Libanon entsandt und jetzt auch die moderne Raketentechnik geliefert hatte. Ein israelischer Militärkommentator bezeichnete den Libanonkrieg als die erste Auseinandersetzung zwischen dem Iran und Israel. Die israelischen Militärs waren nicht in der Lage, diese Angriffe zu stoppen – trotz des Einsatzes ihrer Panzerverbände, die über die Grenze vorstießen, und der Luftwaffe, die über 15 000 Einsätze auf 7000 Ziele flog. Für die siegesgewohnten israelischen Generäle war es ein Desaster, mit ansehen zu müssen, wie rund eine halbe Million ihrer Mitbürger aus dem Norden des Landes flüchteten und weiter südlich Schutz vor den Raketen suchten.

Rund 4000 Einschläge wurden gezählt, 44 israelische Zivilisten kamen dabei ums Leben, darunter 19 Araber. Auf libanesischer Seite war der Blutzoll sehr viel höher: rund 1500 Tote, darunter fast 1200 Zivilisten. Während der Krieg noch tobte, fasste der deutschstämmige Publizist Uri Avnery, ein Veteran der Friedensbewegung, die Wut seiner Landsleute öffentlich zusammen: «Was ist – verdammt noch mal – eigentlich mit dieser Armee los?», fragte er am 12. August in einem Artikel. «Ganz offensichtlich besteht ein starker Kontrast zwischen der prahlenden Arroganz der Armee, mit der Generationen von Israelis aufgewachsen sind, und dem Bild, das sich durch den jetzigen Krieg ergibt.»

In einer vernichtenden Analyse der Kämpfe kam Avnery zu dem Schluss: «Am 32. Kriegstag ist die Hisbollah immer noch intakt und kämpft. Das ist an sich bereits eine verblüffende Tatsache: Eine kleine Guerilla-Organisation mit ein paar tausend Kämpfern wagt es, sich gegen eine der stärksten Armeen der Welt zu erheben, und ist auch nach einem Monat des bombenden ‹Pulverisierens› ungebrochen ... Wenn ein Boxer der Federgewichtsklasse in einem Kampf mit einem Meister der Schwergewichtsklasse in der 12. Runde immer noch steht, dann ist der Sieg sein – egal was die Punktewertung im Einzelnen besagt.»

Den Kämpfern der Hisbollah zollte Avnery, der selbst im Unabhängigkeitskrieg von 1948 gegen die Araber gekämpft hatte und verwundet worden war, ausdrücklich großen Respekt. «Auf der Ebene der Einzelkämpfer stehen die Hisbollah-Kämpfer unseren Soldaten in nichts nach – weder was den Mut noch den Kampfgeist angeht.» Die Hauptschuld für das Versagen, so

Avnery, trage Generalstabschef Dan Chalutz. «Er ist der lebende Beweis dafür, dass ein aufgeblasenes Ego und eine brutale Vorgehensweise keinen kompetenten Oberbefehlshaber machen.» Der greise Avnery sprach hier nur aus, was viele Israelis dachten, die in ihren Schutzräumen hilflos zur Kenntnis nehmen mussten, dass ihre Soldaten sie nicht schützen konnten. Erst am 33. Tag, am 14. August um sieben Uhr morgens, kam es endlich zum Waffenstillstand. Die Macht der Hisbollah ist seit dem Krieg nicht nur ungebrochen, sie ist heute dank massiver Unterstützung aus dem Iran und aus Syrien mit ihrer Raketenbewaffnung stärker denn je und in der Lage, weit mehr Ziele in Israel bis hin nach Tel Aviv zu erreichen. Die Zahl der Raketen im Hisbollah-Arsenal wird heute von den Israelis auf über 100 000 geschätzt.

## Die Einladung

George W. Bush war längst wieder aus Deutschland abgereist, als in Berlin eine Debatte begann, in der geklärt werden sollte, wie man reagieren würde, wenn der Staat der Juden plötzlich ganz konkret um militärische Hilfe bittet.

Noch bevor die Waffen schwiegen, kam am 4. August in Berlin eine Einladung an, die eigentlich niemand haben wollte. Sie stammte von Israels Premierminister Ehud Olmert. In einem Interview mit der «Süddeutschen Zeitung» sagte er: «Ich habe Kanzlerin Angela Merkel mitgeteilt, dass wir absolut kein Problem haben mit deutschen Soldaten im Südlibanon.» Und er machte das ebenso überraschende wie brisante Angebot gleich mit höchst freundlichen Worten schmackhaft: «Es gibt zurzeit keine Nation, die sich Israel gegenüber freundschaftlicher verhält als Deutschland. Ich wäre sehr glücklich darüber, wenn Deutschland sich beteiligte.» Für die Beendigung der Kämpfe im Libanon machte Israel zur Voraussetzung, dass es eine von der UNO überwachte Pufferzone im Grenzgebiet geben sollte, und dafür brauchte man natürlich Soldaten aus Ländern, die bereit waren, dabei mitzumachen – zum Beispiel Deutschland. Jetzt galt es, Farbe zu bekennen.

Selbst für Schimon Stein, damals israelischer Botschafter in Berlin, kam das Angebot aus Jerusalem unerwartet. «Für mich war es eine Überraschung, dass diese Einladung kam. Ich dachte, dass die israelische Öffentlichkeit für eine aktive deutsche Beteiligung im Nahen Osten noch nicht reif war. Ich hatte mich geirrt.» Stein sollte lernen, dass sein Regierungschef wirklich bereit war, das bisher Undenkbare zu denken: «Es war ernst gemeint. Nach dem Libanonkrieg sollte sich Deutschland auch mit Truppen am Boden beteiligen, und zwar ganz konkret, nicht nur entlang der israelisch-libanesischen Grenze, sondern auch bei der Absicherung der libanesisch-syrischen Grenze, um den Waffenschmuggel einzudämmen.»

Das war die Lage, mit der, ob man wollte oder nicht, die Berliner Politik konfrontiert war. Die Parteien befanden sich durch Olmerts Einladung plötzlich in einem Dilemma. Bislang konnten sie immer argumentieren, angesichts des Holocaust sei es Israel nie und nimmer zuzumuten, dass deutsche Soldaten einen Fuß in die Region setzten. Dieses Argument fiel nun, da Deutschland sogar aus Israel zur Entsendung von Militär ausdrücklich eingeladen wurde, in sich zusammen, und die Politiker waren in Erklärungsnot – zumal auch in den USA und anderen europäischen Ländern Stimmen laut wurden, die eine deutsche Beteiligung forderten.

Außenminister Frank-Walter Steinmeier reiste in diesen kritischen Tagen nach Beirut und Jerusalem, und er kam mit dem Eindruck zurück, dass der Wunsch nach deutschen Soldaten tatsächlich reell war und eine baldige Entscheidung anstand. Bei der SPD, aber auch bei den anderen Parteien meldeten sich viele Bürger zu Wort, der Tenor war: nicht schon wieder Soldaten in Krisengebiete, und erst recht nicht in den Nahen Osten.

Bei den Liberalen plädierten die Altvorderen Walter Scheel, Hans-Dietrich Genscher und Otto Graf Lambsdorff in einem dringlichen Brief an die Kanzlerin für ein deutsches Nein zu einem solchen Einsatz: «Für uns ist das Bekenntnis zum Existenzrecht Israels und seiner Sicherheit konstitutiv für die deutsche Außenpolitik. Das entspricht der historischen und moralischen Verantwortung unseres Volkes. Dieser Verantwortung entspricht es aber auch, dass wir deutsche Soldaten vor Konfliktsituationen mit israelischen Soldaten oder auch Zivilpersonen bewahren.»

Der stärkste Widerstand innerhalb der Großen Koalition kam aber aus dem Süden. CSU-Chef Edmund Stoiber machte öffentlich Front gegen die Entsendung deutscher Truppen. Er könne im Parlament keine Mehrheit für einen Einsatz deutscher Kampftruppen im Libanon erkennen, auch in der Bevölkerung sehe er dafür keine Zustimmung. Und der damalige Chef der mächtigen CSU-Landesgruppe im Bundestag, Peter Ramsauer, sagte es klipp und klar: «Für mich ist die Zustimmung zu einer Beteiligung deutscher Soldaten an einer kämpfenden Truppe nicht denkbar.»

Auch hier wurde das Argument bemüht, es müsse doch unter allen Umständen verhindert werden, dass deutsches Militär auf israelische Soldaten schießen müsste. Und als Rezept für die unvermeidliche Hilfe in dem Konflikt kamen dann auch wieder die altvertrauten Werkzeuge auf den Tisch, mit deren Hilfe sich die Berliner Politik gerne wegduckt, wenn es ernst wird: Edmund Stoiber sprach davon, die Ausbildung von Sicherheitskräften zu übernehmen oder technische Hilfe beim Wiederaufbau des Landes zu leisten, was ganz nach dem Geschmack der Parteilinken in der SPD war. Ihr Sprecher Ernst Dieter Rossmann brachte es auf den Punkt: «Helfen ja, schießen nein.» Jedenfalls war schnell klar: Es würde keine Mehrheit im Bundestag für den Einsatz deutscher Soldaten in Israel geben. Auch Angela Merkel machte keinen Versuch, das zu ändern. Ihre Devise lautete: keine deutschen Kampfstiefel auf israelischem Boden. Das galt im Übrigen auch für die Idee, Bundespolizisten an die syrisch-libanesische Grenze zu schicken. Der erste Versuch Israels, deutschen Schutz einzufordern, war abgewehrt.

## Eine historische Entscheidung

Jedoch nicht ganz. Immerhin hatten die Vereinten Nationen mit der Resolution 1701 die Verstärkung der sogenannten Unifil-Mission (United Nations Interim Force in Lebanon), die bereits seit 1978 im Einsatz war, auf 15 000 Mann beschlossen. Das kam der deutschen Regierung, die nach einer gesichtswahrenden Möglichkeit suchte, doch irgendwie dabei zu sein, sehr entgegen. Ziemlich schnell wurde die Idee geboren, die Bodentruppen zu Hause zu lassen und stattdessen die Marine einzuspannen. Israel hatte gegenüber dem Libanon eine Seeblockade verhängt, um weitere Unterstützung der Hisbollah über das Mittelmeer zu verhindern. Auch hier sollten die Unifil-Truppen einspringen und die Israelis ablösen.

Ein Aufatmen ging durch Berlin: Das war die Lösung. Man einigte sich eher informell in Bayreuth. Wie jedes Jahr weilte die Wagner-Freundin Angela Merkel bei den Festspielen, wo in der Inszenierung von Tankred Dorst der «Ring des Nibelungen» gegeben wurde. Mit von der Partie waren der SPD-Vorsitzende Kurt Beck, Vizekanzler Franz Müntefering und der CSU-Vorsitzende Edmund Stoiber, die Parteispitzen der Großen Koalition also. Betont wurde, die Friedensordnung müsse «das Existenzrecht Israels garantieren, die Entwicklung eines souveränen Libanon sicherstellen und die Überwindung des israelisch-palästinensischen Konflikts auf der Basis einer Zweistaatenlösung vorsehen».

Angela Merkel stand in diesen Sommertagen vor der Aufgabe, in der Öffentlichkeit und dann im Parlament zu begründen, warum sie einerseits keine Kampftruppen an der eigentlichen Konfliktlinie haben wolle, andererseits aber doch deutsche Soldaten ins Krisengebiet entsende. In der Haushaltsdebatte Anfang September präsentierte sie dann noch einmal das wohlbekannte Argument: «Wir haben sehr schnell gesagt: Insbesondere aus historischen Gründen steht für uns die Frage nach der Stationierung deutscher Kampftruppen an der libanesisch-israelischen

Grenze nicht zur Debatte. Es muss verhindert werden, dass deutsche Soldaten auf Israelis schießen, und sei es nur ungewollt.»

Dann führte sie, gut anderthalb Jahre vor ihrer Rede vor der Knesset, einen Begriff ein, der damals noch weitgehend unbeachtet blieb: «Wenn es aber zur Staatsräson Deutschlands gehört, das Existenzrecht Israels zu gewährleisten, dann können wir nicht einfach sagen: Wenn in dieser Region das Existenzrecht Israels gefährdet ist – und das ist es –, dann halten wir uns einfach heraus. Wenn wir uns an dem notwendigen humanitären und politischen Prozess beteiligen wollen, dann wird es sehr schwer sein zu sagen: Die militärische Komponente sollen bitte schön andere übernehmen.»

Freilich: Das tatsächliche Missionsziel der Deutschen blieb dürftig, verglichen mit dem Einsatz anderer Nationen wie etwa Frankreich, das sich direkt zwischen die Fronten der verfeindeten Parteien stellte. Aber nur so war eine Mehrheit im Bundestag zu gewinnen. Merkel verwies zur Begründung noch einmal darauf, Ziel des Bundeswehreinsatzes sei es, den Waffenschmuggel zu verhindern. Die Bedenken in der Bevölkerung gegenüber immer neuen Auslandseinsätzen deutscher Soldaten aufgreifend, sagte die Kanzlerin: «Nun fragen viele: Ist das nicht ein Fass ohne Boden? Wo sollen wir uns noch überall engagieren? Was sind die Kriterien, nach denen wir das tun? – Dazu will ich eine Bemerkung machen: Wir können so lange, wie wir wollen, nach Kriterien suchen, die Welt wird sich nicht danach richten, welche Art von Konflikten auftritt.»

Die Zeit drängte, denn die Vereinten Nationen brauchten Klarheit, ob Deutschland denn nun mitmachen würde oder nicht. Israel und auch der Libanon hatten bereits ihre Zustimmung signalisiert und damit auch den Zweiflern das Argument aus der Hand genommen, die Konfliktparteien wollten keine deutschen Soldaten. Dennoch ging die innenpolitische Debatte weiter, und die Parlamentarier legen größten Wert darauf, in alle Entscheidungen eingebunden zu werden.

Die entscheidende Abstimmung fand am 20. September statt.

Noch einmal wurden die inzwischen weitgehend bekannten Argumente ausgetauscht, und noch einmal musste Kanzlerin Merkel ran. Gleich mehrfach beschwor sie in ihrer Rede die «historische Dimension» der Entscheidung. «An kaum einem anderen Ort der Welt wird die einzigartige Verantwortung Deutschlands, die einzigartige Verantwortung jeder Bundesregierung und des Deutschen Bundestages für die Lehren aus der deutschen Vergangenheit so deutlich wie hier», sagte Angela Merkel, die sich in der Großen Koalition der Parlamentsmehrheit sicher sein konnte.

Sogar die Grünen signalisierten überwiegend ihre Zustimmung, indem sie das «robuste Mandat», das der Bundeswehr auch den Waffeneinsatz zubilligte, zu einem Einsatz für den Frieden erklärten. Jürgen Trittin warb für ein Ja: «Lassen Sie es mich verdeutlichen: Wir reden hier nicht über eine Teilnahme am Irakkrieg. Wir reden darüber, ob sich Deutschland an einem kriegsbeendenden UN-Einsatz beteiligt, über nichts anderes.» In seiner engagierten Rede rief Trittin den Kritikern bei der FDP und den Linken zu: «Stehlen Sie sich nicht davon!»

FDP-Fraktionschef Guido Westerwelle hatte die undankbare Aufgabe, das Nein der Liberalen zu begründen. Die etwas gewundene Argumentation ging so: Da Deutschland unbestritten eine besondere Verantwortung gegenüber Israel habe, könne es gegenüber diesem Staat niemals neutral sein. Deshalb sollten deutsche Soldaten auch nicht in einen UN-Einsatz geschickt werden, der von ihnen Neutralität erfordere. Israel erwarte zu Recht, «dass wir im Zweifel Partei sind».

Oskar Lafontaine übernahm es, die Position der Linken zu erläutern. Er verwies auch auf die deutschen Waffenlieferungen: «Sie sind stolz darauf, dass Sie nicht neutral sind. Sie wollen dazu beitragen, dass keine Waffen an die Hisbollah geliefert werden, während Sie gleichzeitig Waffen an Israel liefern.» Das sei jedoch aus der Sicht der arabischen Welt nicht akzeptabel und für die Araber eine Demütigung. Und außerdem steige durch die Entsendung deutscher Soldaten die Terrorgefahr in Deutschland.

Die Abgeordneten konnten sich nicht verstecken. In namentlicher Abstimmung mussten sie bekennen, wo sie bei dieser historischen Entscheidung standen. Es war für die Große Koalition kein Problem, zumal mit der weitgehenden Unterstützung der Grünen, 442 von 599 Stimmen für ein Ja zu mobilisieren, 152 Parlamentarier stimmten mit Nein, fünf enthielten sich. Am bemerkenswertesten war vielleicht die Koalition der Neinsager: Die Liberalen und die Linken standen Schulter an Schulter vereint.

Das Parlament beschloss jedoch mit einer Zweidrittelmehrheit den Marschbefehl für die Parlamentsarmee und zeigte eindeutig Flagge. Der genehmigte Umfang betrug 2400 Soldaten, darunter 1500 unmittelbar für die Marine. Deutschland war dabei, sich erstmals mit eigenen Soldaten im Nahen Osten direkt zu engagieren. Die Staatsräson gegenüber Israel hatte eine neue Dimension erhalten.

## Immer Ärger mit Netanjahu

Als Yoram Ben-Zeev im Dezember 2007 in das kalte, graue Berlin kam, war es für ihn dementsprechend wie «im Honeymoon». Denn der neue israelische Botschafter fand Beziehungen vor, die kaum besser hätten sein können. Sein Regierungschef Ehud Olmert hatte Deutschland öffentlich «Israels besten Freund» in Europa genannt, er telefonierte im Wochentakt, manchmal beinahe täglich mit Angela Merkel, und bei den Abgeordneten im Bundestag fand der israelische Diplomat freundliche Aufnahme. Und auch aus deutscher Sicht ging vieles in die richtige Richtung: Olmert unterhielt intensive Kontakte zu Palästinenserpräsident Mahmud Abbas, er verhandelte ernsthaft über eine Friedenslösung.

Fünf Jahre später sah alles ganz anders aus: Angela Merkel und Olmert-Nachfolger Benjamin Netanjahu ließen manchmal ein halbes Jahr verstreichen, bis sie mal wieder zum Telefon griffen – und dann ging es zur Sache. Etwa im Februar 2011, als

Merkel Netanjahu – wie die israelische Zeitung «Haaretz» dokumentierte – nach einer Kritik an einem deutschen Votum im UN-Sicherheitsrat mit den Worten anfuhr: «Wie können Sie es wagen! Sie sind derjenige, der uns enttäuscht. Sie haben den Friedensprozess keinen Schritt vorangebracht.»

Oder im Frühjahr 2012. In der offiziellen Verlautbarung des Regierungssprechers hieß es da: «Zur Situation im Nahen Osten teilte die Bundeskanzlerin Premierminister Netanjahu ihre große Sorge darüber mit, dass es zu einem Abbruch der Gespräche zwischen Israel und den Palästinensern in Amman kommen könnte. Sie appellierte an den israelischen Premierminister, von seiner Seite alles zu tun, damit der gegenwärtige Prozess weitergehe.»

Das war ziemlich deutlich. Tatsächlich war der Ton dieses Telefongespräches sehr viel bitterer. Merkel beklagte sich erneut über Israels Siedlungspolitik, Netanjahu machte klar, dass er einen Baustopp ablehne. Merkel verwies darauf, sie habe ihn schon vor einem Jahr gedrängt, auf die Veränderungen im arabischen Raum zu reagieren, umsonst. Als sie ihn zur Freilassung palästinensischer Gefangener aufforderte, erwiderte Netanjahu, er habe doch den israelischen Soldaten Gilad Schalit freibekommen, warum solle er also noch mehr Leute freilassen, an deren Händen Blut klebe? Und schließlich warf Merkel Netanjahu vor, die Palästinenserführung in die Hände der Hamas zu treiben, nur um sich hinterher von ihr distanzieren zu können.

Am Telefon gifteten sich nicht nur Merkel und Netanjahu an, manchmal kam es zu dem Punkt, wo sich ihre Mitarbeiter regelrecht anschrien. Ex-Botschafter Yoram Ben-Zeev, der als Augenzeuge bei den Treffen zwischen Merkel und Netanjahu dabei war, gab die Stimmung wieder: «Ich glaube, dass Frau Merkel wegen der Tatsache enttäuscht war, dass die Regierung von Premierminister Netanjahu das fortsetzt, was Angela Merkel als illegale Siedlungen und Hindernis für den Frieden ansieht.» Merkel habe geglaubt, Netanjahu sei innenpolitisch stark genug, um den Siedlungsbau zu stoppen, und tatsächlich habe er ihn ja auch für zehn Monate offiziell eingefroren. Doch dann ging die Netanjahu-Regierung immer weiter und weiter. Und immer klarer schien das Ziel: einen lebensfähigen Palästinenserstaat zu verhindern. Der israelische Premier setzte ein Signal, indem er im Osten Jerusalems einen Weiterbau in der sogenannten E1-Zone genehmigte.

Den Zeitpunkt dafür wählte er demonstrativ aus: Nachdem die Vereinten Nationen Ende November 2012 mit überwältigender Mehrheit die Aufwertung Palästinas beschlossen hatten und dem Land einen Beobachterstatus gewährten, reagierte er sofort mit einer Strafaktion: mit der Genehmigung für die neuen Siedlungen, insgesamt 3000 Wohnungen.

Ein Aufschrei ging durch die Weltpresse, als dies bekannt wurde, Israels Isolierung in der Welt erreichte einen neuen Höhepunkt. Deutschland hatte sich in den Vereinten Nationen der Stimme enthalten, was Netanjahu bereits schwer verstimmt hatte – auch das ein Indiz dafür, dass man sich schon damals in Berlin nicht mehr kritiklos an die Seite Israels zu stellen bereit war.

Als wenige Tage später Benjamin Netanjahu mit einem Teil seiner Regierung zu den regelmäßigen jährlichen Konsultationen nach Berlin kam – sein damaliger Außenminister Lieberman hatte es nicht für nötig gehalten, ihn zu begleiten –, wurde der israelische Regierungschef von Angela Merkel vor laufenden Kameras kühl abgekanzelt. Zwar bekräftigte sie noch einmal ihren Satz vom Einsatz für die Sicherheit Israels als deutsche Staatsräson, aber fast im selben Atemzug sagte sie, in der Frage des Siedlungsbaus sei man sich einig, dass «wir uns nicht einig sind». Und in der kurzen Pressekonferenz sagte sie diesen Satz nicht einmal, sondern gleich dreimal.

## Ohne Grundlage durch das Völkerrecht

Angela Merkels Haltung zu Netanjahu wurde von Insidern als «frustriert» oder «resigniert» beschrieben. Damit stand sie in Übereinstimmung mit weiten Teilen der Bevölkerung. Die Deutschen vollzogen damals den Stimmungswandel mit, der in den letzten Jahren in der politischen Elite zu beobachten war. Damals war schon offensichtlich, was auch heute gilt: eine zunehmende Distanz zum Staat der Juden. In einer Umfrage des «stern» aus dem Mai 2012 sagten 70 Prozent, Israel verfolge seine Interessen ohne Rücksicht auf andere Völker. 59 Prozent empfanden das Land als «aggressiv», nur noch 21 Prozent meinten, Israel achte die Menschenrechte – und nur noch 36 Prozent fanden Israel sympathisch. Und der dunkle, lange Schatten der Nazi-Vergangenheit wurde offenbar kürzer. Nur 33 Prozent glaubten noch an eine besondere Verantwortung gegenüber dem Staat der Juden – eine deutliche Absage an die von der politischen Klasse vertretene Staatsräson.

Doch war unübersehbar, dass die Geduld gegenüber Israel aufgebraucht war, die Rücksichten auf die besonderen Beziehungen nachließen. Im November 2009 meldeten sich 15 frühere Botschafter zu Wort, die im Nahen Osten stationiert gewesen waren. Angeführt von dem Ex-Botschafter in Teheran, Hans-Georg Wieck, der zuletzt als BND-Präsident enge Beziehungen auch zu Israel unterhielt, schrieben sie einen Brief an die Bundeskanzlerin und verlangten mit Nachdruck eine politische Lösung für den Nahostkonflikt. Und auch wenn sie betonten, dass sich beide Seiten bewegen müssten, war doch klar: Der Hauptschuldige für den mangelnden Fortschritt im Friedensprozess war aus ihrer Sicht Israel.

Deutschland habe sich zum Schutze Israels als geschichtliches Vermächtnis verpflichtet, betonten die Diplomaten. Eine wirkliche Sicherheit für Israel könne jedoch nur auf politischem Weg erreicht werden, und «nicht durch Besetzung und Besiedlung oder das Vertrauen auf militärische Überlegenheit, sondern durch einen Rückzug aus den besetzten Gebieten und eine darauf folgende palästinensische Staatlichkeit». Und deutlicher noch: Israel könne nicht darauf hoffen, «sowohl den Frieden zu gewinnen als auch die palästinensischen Territorien zu behalten». Es sei, so Hans-Georg Wieck, ein «Erfordernis der Ehrlichkeit, gegebenenfalls auch kritisch zu sein und sich nicht hinter der EU zu verstecken».

Der Völkerrechtler Christian Tomuschat war neben seiner Lehrtätigkeit an deutschen Universitäten unter anderem auch Vorsitzender der Völkerrechtskommission der Vereinten Nationen und hat die Bundesregierung immer wieder vor internationalen Gerichten vertreten. Er zitierte noch einmal alle einschlägigen UN-Beschlüsse und völkerrechtlichen Abkommen, die seit Jahrzehnten immer wieder einen Punkt betonen: Die israelische Siedlungspolitik in den besetzten Gebieten sei illegal. «Israel steht also mit seiner Ansicht, dass seine Siedlungspolitik auch völkerrechtlich nicht zu beanstanden sei, völlig allein», stellte Tomuschat fest. Für die deutsche Politik leitete er daraus ab, der von Angela Merkel formulierte Begriff von der deutschen Staatsräson für die Sicherheit Israels erforderte auch, eine «besondere Verantwortung für das Schicksal der Palästinenser zu übernehmen, weil beide Gemeinwesen untrennbar miteinander verknüpft sind. Die Sicherheit Israels lässt sich nicht durch Rechtsbrüche zulasten der Palästinenser gewährleisten.»

Auch Angela Merkels außenpolitischer Berater Christoph Heusgen widersprach dem nicht. Auch er betonte: «Die internationale Staatengemeinschaft, die USA, die Europäische Union, wir alle – mit Ausnahme Israels – sagen: Dieser Siedlungsbau verstößt gegen internationales Recht.» Und er gab der tiefen Frustration der Bundeskanzlerin Ausdruck, die sich, auch im Hinblick auf die demographische Entwicklung, nachdrücklich für eine Zweistaatenlösung einsetze. Der israelische Siedlungsbau habe in den letzten Jahren weiter zugenommen, und Netanjahu habe sich sogar noch öffentlich gegenüber den Siedlern damit gebrüstet, dass «es noch nie einen israelischen Premierminister gegeben hat, der so viel für euch getan hat wie ich», sagte Heusgen und fügte hinzu: «Das ist der Punkt, wo man manchmal an der israelischen Politik verzweifelt.»

## Zankapfel Zweistaatenlösung

Damals wie heute, das ist die ernüchternde Bilanz, stellen sich dieselben Probleme – und durch den Gaza-Krieg nach dem Hamas-Angriff haben sie sich noch erheblich verschärft. Die Netanjahu-Regierung hatte viele Jahre das Palästinenser-Problem zum einen weitgehend ignoriert und die Hinnahme dieser Tatsache durch die internationale Gemeinschaft zum anderen dazu genutzt, mit immer neuen Siedlungen Fakten zu schaffen, die eine Zweistaatenlösung in der Realität unmöglich machen sollten.

Auf den ersten Blick gab es natürlich einen entscheidenden Unterschied zwischen der von der PLO geführten Regierung in Ramallah und dem Hamas-Regime in Gaza. Die PLO hatte schon in den 90er Jahren die Existenz Israels anerkannt, die Hamas dagegen nicht, sondern die Vernichtung des jüdischen Staates zum Ziel erhoben. Aber auch der durch und durch korrupte PLO-Anführer Mahmud Abbas, in diesem Punkt ein «würdiger» Nachfolger auch von Yassir Arafat, war und ist in Wahrheit nicht bereit, der palästinensischen Bevölkerung klipp und klar zu sagen, dass Israel einer Rückkehr der in der ganzen Welt versprengten Palästinenser in ihre alte Heimat niemals zustimmen wird.

Wie also weiter? Entweder es gibt eine Zweistaatenlösung mit einer endgültigen Regelung aller territorialen Probleme, oder es gibt eine Einstaatenlösung, in der schon jetzt die Palästinenser gut die Hälfte der Bevölkerung ausmachen und später die Mehrheit sein würden – was das Ende eines wirklich jüdischen Staates wäre. Israel ist hier objektiv gesehen in einer Sackgasse – und die Zeit arbeitet eindeutig gegen die Regierung in Jerusalem, was die demographische Entwicklung angeht.

Die demographische Entwicklung in den seit der Staatsgründung Israels umstrittenen Gebieten spielt dabei eine wesentliche Rolle. Sowohl auf israelischer wie auch auf palästinensischer Seite ist die Bevölkerung seither auf damals unvorstellbare Weise gewachsen. Lange zählte die Geburtenrate bei den Palästinensern mit zu den größten weltweit. Die Kurve hat sich inzwischen zwar deutlich abgeflacht, aber die schieren Zahlen verdeutlichen, warum der Kampf um dieses Land zwischen dem Jordanfluss und dem Meer nicht nur aus religiösen und nationalistischen Gründen so erbittert geführt wird.

1970 lebten in der Westbank und Gaza nur rund eine Million Menschen, 1990 waren es bereits zwei Millionen, und inzwischen hat sich die Zahl noch einmal verdoppelt: 2,2 Millionen Menschen leben allein in Gaza, etwa 2,7 Millionen auf der Westbank, dazu ca. 600 000 israelische Siedler. Auch die jüdische Bevölkerung ist seit der Staatsgründung stark gewachsen. 1948 waren es nur ca. 650 000, heute über sieben Millionen. Dazu kommen ca. 1,2 Millionen Palästinenser mit einem israelischen Pass. Aber es bleibt dabei: geht man von einem demokratisch verfassten Staat gemeinsam mit den Palästinensern aus, dann würde es perspektivisch zu einer Umdrehung der Machtverhältnisse kommen. Mit diesem Angstszenario spielt vor allem Benjamin Netanjahu zusammen mit seinen Anhängern seit vielen Jahren.

Dass viele Palästinenser inzwischen aus diesen Gründen eine Einstaatenlösung bevorzugen würden, ist also keine Überraschung, ebenso wie die strikte Ablehnung durch die Mehrheit in Israel. So ist es zu erklären, dass es nach einer kurzen Übergangszeit einer Regierung mit acht Parteien, in der erstmals in der Geschichte des jüdischen Staates auch palästinensische Araber mit am Kabinettstisch saßen, es erneut zu einer Mehrheit für die rechten Kräfte in der Knesset kam. Benjamin Netanjahu konnte diese Mehrheit mit 64 von 120 Sitzen im Parlament und damit sein politisches Überleben nur dadurch zustandebringen, indem er auch ultra-rechte Parteien mit an Bord und dabei auch in Kauf nahm, dass mit Itamar Ben-Gvir und Bezalel Smotrich

Extremisten in die Regierung kamen, die aus ihrer aggressiven Palästinenserfeindlichkeit keinen Hehl machten. Im Gegenteil: Wo immer sie konnten, machten sie das klar. Während des Gaza-Krieges setzten sie sich für die Aussiedlung von Palästinensern aus dem Küstengebiet und für eine Rückkehr der Israelis ein, was zu einer scharfen Zurückweisung vonseiten der US-Regierung führte.

Itamar Ben-Gvir von der Partei Otzma Yehudit ist vielfach wegen rassistischer Aufhetzung und der Unterstützung einer terroristischen Vereinigung verurteilt und galt schon als junger Mann als so radikal, dass er vom Wehrdienst ausgeschlossen wurde. Netanjahu machte ihn ausgerechnet zum Minister für Nationale Sicherheit. Hier passt das Bild vom Pyromanen, den man zum Feuerwehrchef ernennt. Bezalel Smotrich von der Nationalreligiösen Partei, den Netanjahu zum Finanzminister machte, der qua Amt für die Besiedlung der Westbank zuständig ist, steht ihm nicht nach, was Rassismus gegenüber den Palästinensern angeht. Historisch gesehen, so äußerte er, gebe es überhaupt kein palästinensisches Volk. Netanjahu, so urteilten israelische Kommentatoren, sei so zur Geisel dieser Regierungsmitglieder und ihrer Anhänger geworden.

## Hamas-Geld aus Katar

Zu seiner Überlebensstrategie gehörte auch, jahrelang zuzulassen, dass Katar die Hamas finanzierte, indem er katarische Emissäre einreisen ließ, die dann in Begleitung von Mitarbeitern des israelischen Geheimdienstes Mossad ihre Millionenbeträge mit Koffern nach Gaza transportierten. Netanjahu, im Übrigen mit Wissen auch der Regierung in Washington, wollte so mit der Hamas ein Gegengewicht gegen die PLO-Führung in Ramallah schaffen und eine Annäherung zwischen den beiden palästinensischen Machtzentren verhindern. Diese Art der Finanzierung hat nicht nur die «New York Times» im Detail nachgewiesen. Sie wurde sogar von dem früheren Mossad-Chef Yossi Cohen öffentlich gemacht, der nach einem Bericht der «Israel Times» bei einer Rede an der israelischen Bar-Ilan-Universität schon im Juni 2021 erklärte, die Zahlungen aus Katar seien «etwas außer Kontrolle geraten». Israel habe gehofft, das «katarische Geld würde zu einer Übereinkunft mit der Hamas» führen. Er war eigens im Februar 2020 nach Doha gereist und hatte im Auftrag von Netanjahu dort mit Nachdruck dafür geworben, dass Katar die Zahlungen in Höhe von Hunderten Millionen Dollar an die Hamas fortsetzen sollte. Avigdor Lieberman von der Siedlerpartei Israel Beitenu und früher selbst Regierungsmitglied, hatte dazu erklärt, dies sei «eine Politik der Unterwerfung unter den Terror».

Dass die Hamas das Geld auch nutzte, um ein Hunderte Kilometer langes Tunnelsystem zu bauen und riesige Mengen Waffen in den Küstenstreifen zu schmuggeln, musste Israel dann am 7. Oktober 2023 schmerzlich erfahren.

## Paukenschlag aus Washington

All das wird sicherlich zu der Aufarbeitung der Gründe für das totale Versagen der Sicherheitsdienste und der Regierung bei diesem brutalen Hamas-Angriff führen. Kritische Beobachter in Israel äußerten den Verdacht, Netanjahu lasse den Krieg mit dieser Härte und dieser Länge deshalb führen, um so lange wie möglich an der Macht zu bleiben.

Wie tief der Konflikt zwischen dem Regierungschef Netanjahu und ausgerechnet dem ihm unterstellten Sicherheitsestablishment tatsächlich ist, zeigte sich Ende Januar 2024, als der Militäreinsatz nach wie vor auf vollen Touren lief. Mehr als 40 früher führende Militärs, Geheimdienstchefs und drei Nobelpreisträger schrieben einen Brief an den israelischen Präsidenten und an den Knesset-Sprecher mit der Forderung, Benjamin Netanjahu aus seinem Amt zu entlassen, weil er eine «existentielle» Gefahr für das Land darstelle. Sie glaubten, Netanjahu trage «die überwiegende Verantwortung bei der Herstellung der Umstände, die zu dem brutalen Massaker» der Hamas geführt habe. Die Anführer des Iran, der Hisbollah und der Hamas hätten ganz offen die Entwicklung gepriesen, die sie völlig korrekt als einen «destabilisierenden und erosiven Prozess für Israels Stabilität, angeführt von Netanjahu», gesehen und deshalb die Gelegenheit genutzt hätten, Israel Sicherheit zu verletzen. «Das Blut der Opfer ist an Netanjahus Händen.» Und der Widerstand gegen die Netanjahu-Regierung wuchs auch bei dem wichtigsten Verbündeten weiter.

Ausgerechnet am 100. Tag des Krieges kam ein Paukenschlag aus Washington. Präsident Biden, der innenpolitisch wegen der Israel-Unterstützung selbst in seiner eigenen Partei erheblich unter Druck stand, hatte von Anfang an Israel vor zu großer Härte gewarnt. An diesem Tag schickte das Weiße Haus den Sprecher des Nationalen Sicherheitsrates ins Fernsehen. John Kirby erklärte in «Face the Nation» des Senders CBS, nun sei es an der Zeit, von der intensiven Phase heftiger Bombardierungen überzugehen zu gezielteren Schlägen gegen die Hamas. Mit anderen Worten: Israel solle endlich aufhören, so viele zivile Opfer unter den Palästinensern in Kauf zu nehmen, die nach palästinensischen Angaben bereits die Zahl 24 000 erreicht hatte. Präsident Biden, so ließ man gleichzeitig unwidersprochen durchsickern, sei «zutiefst frustriert» über Netanjahu, der sich allen Anfragen und Vorschlägen aus Washington widersetze. Der hatte zum 100. Kriegstag noch einmal demonstrativ verkündet, der Krieg werde «bis zum vollständigen Sieg» fortgeführt: «Niemand wird uns stoppen» – auch nicht, so konnte man das interpretieren, die Biden-Regierung.

## Nein auch zu Freunden

Und wenige Tage danach – als US-Außenminister Tony Blinken erneut und noch dringlicher eine Zweistaatenlösung gefordert und Biden den israelischen Premier angerufen hatte – legte

Netanjahu noch einmal nach, brüskierte den US-Präsidenten öffentlich und ganz unmissverständlich: «Israels Ministerpräsident muss imstande sein, auch Nein zu sagen, wenn es nötig ist, selbst zu unseren besten Freunden.»

Um dann wenig später endgültig alle Rücksichten fallen zu lassen. Als praktisch in allen Lagern, bei den Verbündeten wie auch in der arabischen Welt, die Zwei-Staaten-Lösung als absolute Voraussetzung für eine Zukunft nach dem Gaza-Krieg verlangt wurde und offenbar für einen solchen Friedensplan bereits Vorschläge formuliert wurden, fühlte sich der Premierminister zu einer ganz grundsätzlichen Klarstellung genötigt. Auf dem Online-Dienst X schrieb er, Israel werde sich «weiter gegen eine einseitige Anerkennung eines Palästinenserstaates» stellen.

«Israel weist kategorisch alle internationalen Diktate hinsichtlich einer dauerhaften Vereinbarung mit den Palästinensern zurück.» Ein Nahost-Friedensabkommen könne nur in «direkten Verhandlungen ohne Vorbedingungen» vereinbart werden.

Und es wurde erneut noch klarer, dass es hier um sein eigenes politisches Überleben ging. Denn ein Palästinenserstaat ist in dieser Regierung völlig undenkbar. Sein Finanzminister Bezalel Smotrich, auf dessen Lager Netanjahu angewiesen ist, ließ daran keinen Zweifel. Ebenfalls auf X schrieb er: «Wir werden niemals unsere Zustimmung zu einem solchen Plan geben, der in Wirklichkeit sagt, dass die Palästinenser für das schreckliche Massaker, das sie begangen haben, eine Belohnung verdienen.» Einen eigenständigen Palästinenserstaat nannte er eine «existentielle Bedrohung für den Staat Israel».

Und diese Zurückweisung galt gewiss auch gegenüber den Deutschen. Die hatten ja ebenfalls schon mehrfach genau dieselbe Position vertreten wie das Weiße Haus, öffentlich und intern. Außenministerin Baerbock hatte die gemeinsame Position sehr nachdrücklich betont, als sie auch die Westbank besuchte und von dort vor Kameras erklärte, der israelische Siedlungsbau sei «illegal» und untergrabe eine Zweistaatenlösung: «Die Palästinenser müssen in Selbstbestimmung in Sicherheit und in Würde auf ihrem eigenen Land leben können.» Die Absprachen zwischen Washington und Berlin in diesen kritischen Monaten, das wurde immer wieder offensichtlich, funktionierte, aber die Reaktion aus Jerusalem machte eben gleichzeitig deutlich, dass man sich dort nicht darum schert.

Selbst die jüdische Diaspora folgt keineswegs blind der Linie der Netanjahu-Regierung. «Ich sehe im Prinzip ehrlicherweise keine andere Lösung als eine Zweistaatenlösung», sagt etwa der Präsident des Zentralrats der Juden, Josef Schuster. «Was im Moment ein ganz großes Hindernis ist, ist das grenzenlose Misstrauen auf beiden Seiten, und der zweite Knackpunkt wird der Status von Jerusalem sein.»

Aber für die deutsche Regierung blieb die Herausforderung, wie sie trotz aller immer wieder verkündeten Solidarität weiter mit dem Krieg und auch mit der Netanjahu-Regierung umgehen sollte. Und wie das auch im eigenen Land durchzuhalten war, wo die Diskussion über Israels Vorgehen weiterhin kontrovers verlief.

## Israel und wir
Ein Realitätscheck

Ihr Urteil über die deutsche Politik nach dem Hamas-Angriff auf Israel ist scharf: «Blinde Loyalität», stellt Deborah Feldman fest. «Ich höre zur Zeit überhaupt keine Kritik am Staat Israel, ich höre überhaupt nichts. Ich höre nur, wir müssen Israel beiseitestehen, egal was Israel vorhat, egal was Israel tut», sagt sie im Deutschlandfunk. Es ist die harte Kritik einer mutigen Frau. Deborah Feldman hat es geschafft, sich aus der bedrückenden Enge der ultraorthodoxen jüdischen Sekte der Satmarer Chassiden im New Yorker Stadtteil Williamsburg zu befreien. Von dort kam sie nach Berlin, wo sie als erfolgreiche Autorin arbeitet.

Nicht nur die Politik sei in blinder Loyalität gegenüber dem Staat der Juden unterwegs. Wer in der Gesellschaft Kritik übe, müsse dafür unter Umständen büßen. «Ich habe in der Vergangenheit erlebt, dass viele Menschen harte Konsequenzen erlebt haben, wenn sie die israelische Politik kritisiert haben, weil ihnen vorgeworfen wird, dass sie das ganze Land und alle Menschen kritisiert haben.» Und das gelte auch für Juden.

Dass dies nicht ohne Widerspruch bleibt, ist nicht überraschend. «Das ist natürlich wahnhaft, was Frau Feldman da erzählt», weist Volker Beck, der Präsident der Deutsch-Israelischen Gesellschaft, diese Kritik zurück. Das diene nur der Steigerung der Auflage ihrer Bücher und bringe dicke Honorare in Talkshows. «Ansonsten ist ihr nichts Schlimmes widerfahren», meint Beck. «Außer vielleicht, dass sie in Sendungen zu bester Sendezeit eingeladen wurde, denen sie geistig nicht gewachsen war.»

Aber so einfach ist es nicht.

Nimmt man die Reden zum Maßstab, die bald nach dem Hamas-Angriff im Deutschen Bundestag gehalten wurden, drängt sich der Eindruck auf, Loyalität zum Staat der Juden sei oberstes Gebot. Quer durch alle Parteien wurde die Solidarität mit Israel beschworen.

## Israel-Solidarität immerwährende Aufgabe

In einem Entschließungsantrag, der von den Ampel-Parteien und auch der CDU/CSU eingebracht wurde, wird die Bundesregierung aufgefordert, «Israel vor dem Hintergrund der brutalen Angriffe gegen sein Land und unschuldige Bürgerinnen und Bürger volle Solidarität und jedwede Unterstützung zu gewähren». Die Verantwortung, so geht es weiter, «für die aktuelle Eskalation und ihre Folgen trägt einzig und allein die Hamas, die schon viel zu viel Leid über die Menschen in Israel und besetzten palästinensischen Gebieten gebracht hat».

Bundeskanzler Olaf Scholz setzte in dieser Sitzung des Parlaments fünf Tage nach dem Angriff der Hamas den Ton, als er das Selbstverteidigungsrecht Israels betonte und dann fortfuhr: «In diesem Moment gibt es für Deutschland nur einen Platz, den Platz an der Seite Israels. Das meinen wir, wenn wir sagen, die Sicherheit Israels ist deutsche Staatsräson.»

Da war er also, der Begriff, den einst Angela Merkel geprägt und der nun wieder und wieder zitiert wurde. Wirklich getestet worden war er in den vergangenen Jahren nicht. Aber immerhin: Er hatte es auch in den Koalitionsvertrag der Ampel-Koalition geschafft. Dort heißt es wörtlich: «Die Sicherheit Israels ist für uns Staatsräson. Wir werden uns weiter für eine verhandelte Zweistaatenlösung auf der Grundlage der Grenzen von 1967 einsetzen. Die anhaltende Bedrohung des Staates Israel und den Terror gegen seine Bevölkerung verurteilen wir.»

Kanzler Scholz brachte an diesem 12. Oktober das Solidaritätsversprechen in den historischen Kontext, ohne den kaum eine Rede über das deutsch-israelische Verhältnis auskommt: «Unsere eigene Geschichte, unsere aus dem Holocaust erwachsene Verantwortung macht es uns zur immerwährenden Aufgabe für die Existenz und die Sicherheit Israels einzustehen. Diese Verantwortung leitet uns.» Das ist die Linie, die deutsche Politik mehr oder weniger seit der Gründung der Bundesrepublik vertritt: Solidarität mit dem Staat der Juden vor dem Hintergrund der schwer lastenden Verantwortung für den Versuch, das jüdische Volk auszurotten.

## Deutschland also in einer Sonderrolle?

Der türkische Präsident Erdoğan sah das ganz eindeutig so. Bei einem Besuch während eines der Höhepunkte der israelischen Angriffe im Gaza-Streifen sprach er bei einem Kurzbesuch in Berlin, neben Kanzler Scholz stehend, von einer «Schuldpsychologie». Und es war klar, wer gemeint war: die Deutschen mit ihrer Fixierung auf die Vergangenheit. «Wir haben keine Schuld bei Israel», stellte er fest. «Wenn das so wäre, dann könnten wir vielleicht nicht so einfach reden. Wir sind eben auch nicht durch diesen Werdegang des Holocaust gegangen.»

Ist Erdoğan hier nicht der Kronzeuge für Deborah Feldman? Legt sie nicht doch den Finger in eine offene Wunde mit ihrer Kritik? Folgt man in Berlin, ganz anders als viele europäische Nachbarstaaten, allzu blind und kritiklos der israelischen Regierung, egal was Israel vorhat, egal was es tut, wie Feldman meint? Hier kommt scharfe Kritik vom streitbaren Historiker Professor Michael Wolffsohn, der vor allem mit Angela Merkel nachdrücklich ins Gericht geht: «Israel als Staatsräson Deutschlands ist eine völlig undurchdachte, nicht auf Fakten basierende Erfindung von Angela Merkel. Sie meinte damit und sagte es auch: Ein Angriff auf Israel wäre wie ein Angriff auf Deutschland. Das würde bedeuten, dass dann alle NATO-Partner aufgrund eines Angriffs auf Deutschland durch Artikel 5 NATO-Vertrag Israel militärisch helfen müssten.» Und das hält Wolffsohn, Sohn jüdischer Eltern, der lange an der Bundeswehruniversität in München lehrte, für unmöglich: «Die Bundeswehr könnte nicht einmal deutsches Territorium ohne die USA verteidigen. Aber dann Israel? Absurd. Auch Phrasen werden nicht durch Wiederholung Substanz.»

Und doch zeigen die konkreten Handlungen der deutschen Politik gegenüber Israel mit den Waffenlieferungen ein anderes Bild. Und auch ganz grundsätzlich hat Deutschland Abschied genommen von der pazifistischen Grundstimmung, die jahrzehntelang fest zur deutschen DNA gehörte.

## Abkehr von der Zurückhaltung

Olaf Scholz hatte unmittelbar nach dem Angriff Russlands auf die Ukraine die «Zeitenwende» ausgerufen. Die weltweit mit Überraschung aufgenommene Rede wurde als Abkehr von der jahrzehntelangen Zurückhaltung sowohl der deutschen Politik wie auch der Bevölkerung bei allem Militärischen gewertet. Nun wurden die so lange aufrechterhaltenen Argumente auf den Kopf gestellt, selbst bei den Grünen, zu deren DNA doch der Anspruch gehörte, die Friedenspartei zu sein. Die frühere grüne Co-Vorsitzende Annalena Baerbock, nunmehr Außenministerin, rechtfertigte die Zeitwende mit ihrem 100-Milliardenpaket für die Ausrüstung der Streitkräfte und die bald einsetzenden Waffenlieferungen an die Ukraine sogar ganz ausdrücklich mit der so belasteten deutschen Vergangenheit. Bei Fragen von Krieg und Frieden, von Recht und Unrecht dürfe Deutschland nicht neutral sein. «Ich sage es hier ganz klar: Ja, aus unserer Geschichte, aus der deutschen Schuld für Krieg und Völkermord erwächst für uns, erwächst für mich in der Tat eine besondere Verantwortung: und zwar die Verpflichtung, jenen zur Seite zu stehen, deren Leben, deren Freiheit und deren Rechte bedroht sind.»

Und dann räumte sie ein urgrünes Tabu ab. Jahrzehntelang war es eine zentrale Forderung der Grünen, die US-Atombomben aus Deutschland abzuziehen und die nukleare Teilhabe im Rahmen der NATO mit deutschen Atombombern zu beenden. Doch auch diese Forderung wurde entsorgt: «Und auch das hat uns der Krieg vor Augen geführt: Die nukleare Abschreckung muss glaubhaft bleiben.» Deshalb habe sich die Bundesregierung für die Anschaffung von F-35-Kampfbombern für die Bundeswehr entschieden, als Trägerwaffen für die in der Eifel stationierten US-Nuklearwaffen. Dramatischer kann der Abschied von der einst heilen Welt der militärischen Zurückhaltung mit der schweren Schuld des Nazi-Erbes als Begründung nicht sein.

Und auch im zeitlichen Zusammenhang mit dem Gaza-Krieg verkündete Baerbock dann eine ebenfalls lange höchst umstrittene Entscheidung, die die friedensbewegte Klientel im Regierungslager aufbrachte: Deutschland stimmte der Lieferung von Eurofighter-Jets an Saudi-Arabien zu und packte das Luftabwehrsystem Iris-T noch dazu. Das Königreich hatte sich auf den Weg gemacht, mit Israel endgültig Frieden zu schließen, was durch den Gaza-Krieg zwar unterbrochen, aber keineswegs ausgeschlossen wurde. Auch Kanzler Scholz ließ durch seinen Sprecher verkünden, Saudi-Arabien nehme seit dem 7. Oktober eine «sehr konstruktive Haltung ein», habe auch Raketen der Huthis abgeschossen, die auf dem Weg nach Israel gewesen seien, und sich auch nicht von seiner Annäherung an Jerusalem abbringen lassen. «Und im Lichte all dieser Entwicklungen ist die Positionierung der Bundesregierung, was die Eurofighter angeht, zu sehen.»

## Ist das der Schlussstrich?

Endlich, so das überwiegende Urteil im Ausland, lösen sich die Deutschen von ihren Schuldkomplexen und bekennen sich zu ihrer Verantwortung als Führungsmacht in Europa. Der neue Verteidigungsminister Boris Pistorius machte Schlagzeilen, als er davon sprach, die abgewirtschaftete Bundeswehr müsse «kriegstauglich» werden, bis hin zur Dauer-Stationierung einer ganzen Bundeswehrbrigade in Litauen in unmittelbarer Nähe Russlands. Bis zu Wladimir Putins Überfall auf die Ukraine wäre das unvorstellbar gewesen. Hier, durchaus unterstützt auch von der CDU/CSU-Opposition, nahmen die Deutschen Abschied von ihrer Zurückhaltung, die Friedensdividende war aufgebraucht, der von Nazi-Deutschland angezettelte Zweite Weltkrieg mit seinen Abermillionen Toten durfte nun nicht mehr als Entschuldigung für die pazifistische Grundeinstellung in der Politik und in weiten Teilen der Bevölkerung herhalten. Man sprach zwar nicht von einem Schlussstrich, doch in der politischen Realität lief es darauf hinaus.

Anders beim Verhältnis zum Staat der Juden. Hier ist eine Neuinterpretation der Verpflichtungen, basierend auf der Vergangenheit, nicht in Sicht. Die von Erdogan benannte «Schuldpsychologie» wirkt weiter. Die aus dem Holocaust erwachsene Verantwortung, Olaf Scholz hat es bekräftigt, bleibt eine «immerwährende Aufgabe».

Springer-Chef Mathias Döpfner benennt die bekannten Argumente für die Solidarität mit Israel mit dem Hinweis auf die deutsche Vergangenheit mit der Umsetzung des Holocaust und erwartet von Deutschland eine besondere Zurückhaltung: «Dass das Land, das vor acht Jahrzehnten den Holocaust konzipiert, organisiert und in beispielloser Konsequenz den Genozid umgesetzt hat, eine besondere Sensibilität besitzen muss, wenn es darum geht, Belehrungen zu erteilen, wie Israel sein Existenzrecht verteidigt, das halte ich für sehr naheliegend oder um es etwas zugespitzter zu sagen: Was Ratschläge zur Selbstverteidigung und zur Sicherung des Existenzrechtes des Staates Israels betrifft, sollte Deutschland sich bitte mindestens für die nächsten acht Jahrzehnte zurückhalten.»

Belehrungen aus Deutschland mindestens in den nächsten 80 Jahren bitte nicht – das kommt dann doch sehr nahe an die von Deborah Feldman beklagte blinde Loyalität heran. Die Frage nach der Zulässigkeit deutscher Kritik ist ein Dauerbrenner, sie zieht sich wie ein roter Faden durch das deutsch-israelische Verhältnis, und das verschärft sich gerade angesichts des Hamas-Überfalls und des daraus entstandenen Gaza-Kriegs.

## Zwei Staaten: Vision oder Illusion?

Der frühere Präsident des Europaparlaments, Hans-Gert Pöttering (CDU), spricht zwar ebenfalls von der Verpflichtung, solidarisch an der Seite Israels zu stehen, und dem Recht auf Selbstverteidigung, aber auch er betont, was sich weitgehend als Gemeinsamkeit im politischen Mainstream herausstellt: «Es wäre ein großer Fehler, alle Palästinenser mit der Hamas gleichzusetzen. Die Palästinenser haben ebenso wie Israel das Recht, in einem sicheren Staat zu leben. Ihnen darf das Selbstbestimmungsrecht nicht vorenthalten werden.» Deshalb sollten die USA, die Arabische Liga und die Europäische Union nach Ende des Gaza-Krieges eine Friedensinitiative mit dem Ziel einer Zweistaatenlösung unternehmen, ergänzt durch eine internationale Friedenstruppe.

Die Zweistaatenlösung – seit so vielen Jahren die Forderung, auf die sich die internationale Gemeinschaft verständigen kann, auch in Deutschland gehört sie zur Grundausstattung der Nahost-Politik. Doch ist sie Vision oder Illusion? Es ist die Belastungsprobe schlechthin für die israelische Gesellschaft, die längst an einem Punkt ist, wo schwerste Erschütterungen bis hin zu bürgerkriegsartigen Auseinandersetzungen mit gewaltbereiten Siedlern zu befürchten stehen, sollte sie Realität werden. Für sie ist die Westbank das biblische Judäa und Samaria, und deshalb unter keinen Umständen verhandelbar. Dennoch will die deutsche Politik konsequent an der Zweistaatenlösung festhalten.

Der frühere Kulturstaatsminister im Kanzleramt, Julian Nida-Rümelin (SPD), sieht zwar auch die Sicherheit Israels als deutsche

Staatsräson, aber das sollte eine kritische Sicht nicht ausschließen. «In Israel und aktuell leider auch in der israelischen Regierung gibt es chauvinistische und rassistische Kräfte, die die israelische Demokratie bedrohen und um fast jeden Preis eine Zweistaatenlösung verhindern wollen. Die Siedlerpolitik im Westjordanland ist Teil dieser Politik.»

Diesen Konflikt in der Gesellschaft und nicht zuletzt auf den deutschen Straßen auszuhalten, das haben die Monate während des Gaza-Krieges gezeigt, wird weiterhin belastend bleiben. Was ist also mit Deborah Feldmans Vorwurf von der blinden Loyalität gegenüber Israel? Das beantwortet der Historiker Professor Michael Wolffsohn: «Wer die diesbezüglich schier endlosen und hochemotionalen Debatten in Deutschland auch nur oberflächlich wahrnimmt oder gar kennt, kann diese These doch nicht ernsthaft aufstellen. An Kritik, auch an fundamentaler, ja existentieller Kritik an Israel fehlt es nun wirklich nicht in Deutschland.»

## Distanz in der Bevölkerung

Die spektakulären Auseinandersetzungen bei Demonstrationen sind offensichtlich, aber was denkt die Gesellschaft eigentlich insgesamt? Eine schwierige Frage. Hier ist man auf Umfragen angewiesen, und die auf einen tragfähigen Nenner zu bringen bleibt schwierig. Denn ihr Ergebnis hängt sowohl von der Fragestellung wie auch von der äußeren Entwicklung ab, wie sich zeigen sollte. Natürlich war es keine Überraschung, dass die Befragten direkt nach dem so blutigen, rücksichtslosen Überfall der Hamas mehr Verständnis für Israels Reaktion zeigten. Eine Forsa-Umfrage für die «WELT» ergab, dass damals 44 Prozent der Meinung waren, Deutschland habe eine «besondere Verpflichtung gegenüber Israel». Im Dezember waren es nur noch 37 Prozent. Israel ist mir fremd, das meinten schon 59 Prozent. 57 Prozent waren der Ansicht, Israel verfolge seine Interessen ohne Rücksicht auf andere Völker, 6 Prozent mehr als zwei Monate davor. Und nur 35 Prozent, also nur jeder Dritte, war der Meinung, Israel achte die Menschenrechte.

Eine deutliche Distanz vor allem zur von der Politik doch so hochgehaltenen Forderung, es gebe nur den einen Platz, und der sei an der Seite Israels, ergab sich auch bei einer Umfrage des Allenbach-Instituts für die «FAZ» schon im November 2023. Nur 31 Prozent stimmten dieser Aussage von Kanzler Scholz zu. 43 Prozent waren der Meinung, Deutschland solle sich weitgehend aus dem Konflikt heraushalten.

## Große Entfernung in Ostdeutschland

Auffallend waren die regionalen Unterschiede. In Ostdeutschland sahen nur 18 Prozent ihren Platz an Israels Seite, während 58 Prozent dort eine neutrale Position wünschten. Der lange Schatten der Vergangenheit könnte als Erklärung eine Rolle spielen. Die DDR hatte eine staatlich verordnete Distanz zu Israel gehalten und den Staat der Juden nicht einmal anerkannt.

Dass der Zentralrat der Juden diese Entwicklung besonders aufmerksam verfolgt, ist keine Überraschung. Zum einen, so glaubt Zentralratspräsident Josef Schuster, liege es daran, dass für die deutsche «schweigende Mehrheit» der Konflikt im Gegensatz zum russischen Krieg gegen die Ukraine weit weg sei und «sehr viele persönlich überhaupt nicht tangiert». Dieser Ukraine-Krieg sei eben viel dichter an Deutschland im Bewusstsein der Menschen hier: «Da ist halt nur Polen dazwischen, und die Grenze ist sehr, sehr nah. Da gibt es eine größere persönliche Betroffenheit.»

Aber die Distanz zu Israel gehe sehr viel weiter zurück, wie sich schon in den letzten Jahren gezeigt habe. Das sei bei der Aufnahme der diplomatischen Beziehungen 1965 noch ganz anders gewesen. «Da gab es eine große Euphorie auf deutscher Seite, große Skepsis auf israelischer Seite, und das Bild hat sich nicht erst seit dem 7. Oktober schon in den letzten Jahren um

180 Grad gewendet. Es gibt auf deutscher Seite eine Skepsis und auf israelischer Seite heute die Euphorie.» Auf der Suche nach Erklärungen sieht Schuster durchaus Gründe in Israel selbst. «Eine Rolle spielt auch die israelische Politik in den letzten Jahren, die Siedlungspolitik, die von vielen doch auch kritisch gesehen wird. Auch ich sehe die Siedlungspolitik kritisch.»

Eifernde Beobachter sowohl hier wie in Israel wachen seit Jahren streng darüber, wie die Deutschen über den jüdischen Staat urteilen. Der Zentralrat der Juden wurde nie müde zu betonen, und das tut auch dessen Präsident Schuster, dass Kritik an Entscheidungen der israelischen Regierung «völlig legitim» sei. Für ihn ist entscheidend: «In dem Moment, in dem bei Israel Doppelstandards angelegt werden, wenn Israel dämonisiert wird oder das Existenzrecht Israels infrage gestellt wird, dann ist die Grenze der in meinen Augen mitunter berechtigten Kritik überschritten.»

Das «offizielle» Deutschland, das zeigte sich, hat das Versprechen, die Sicherheit Israels sei Teil der deutschen Staatsräson, eingehalten, trotz kritischer Begleitung auf dem schwierigen Weg bei der Reaktion Israels auf den Hamas-Angriff. Aber nimmt man diese Umfragen zum Maßstab, dann hat sie das über die Köpfe eines großen Teils der Bevölkerung hinweg getan.

# Gedanken zum Schluss

Er hatte ein klares Ziel: Er wollte die Juden vernichten, am liebsten alle und überall. Und als die sowjetischen Truppen bereits in den Straßen der Hauptstadt des Nationalsozialismus kämpften und Adolf Hitler beschloss, sich durch Selbstmord der Verantwortung zu entziehen, hatte er erreicht, dass fast sechs Millionen europäischer Juden umgebracht worden waren. Aber mit dem selbst gewählten Tod vor Augen, diktierte er noch sein politisches Testament. Und dazu gehörte folgende Passage: «Es werden Jahrhunderte vergehen, aber aus den Ruinen unserer Städte und Kunstdenkmäler wird sich der Hass gegen das letzten Endes verantwortliche Volk immer wieder erneuern, dem wir das alles zu verdanken haben: dem internationalen Judentum und seinen Helfern.»

Es war dieser Judenhass, den Hitler buchstäblich fast bis zu seinem letzten Atemzug in sich spürte – und den er zwölf Jahre lang den Deutschen so eingeredet hatte, dass ein erschreckend großer Teil von ihnen ihm darin auch folgte und so die Mordmaschine der Nazis möglich machte. Auch bei der Schuldfrage für den Ausbruch des Zweiten Weltkriegs, den er vorsätzlich begonnen hatte, sah er als eigentlichen Auslöser nicht sich selber, sondern für ihn war klar, wer «der eigentlich Schuldige an diesem mörderischen Ringen ist: das Judentum».

Als dann am 8. Mai 1945 die Waffen schwiegen, wurde der Weltöffentlichkeit erst das wahre Ausmaß dieser Katastrophe bewusst, die fortan als «Holocaust» in die Geschichtsbücher eingehen sollte – ein Begriff aus dem Griechischen – «vollständig verbrannt».

Liest man heute, fast 80 Jahre danach, Hitlers Testament, dann reibt man sich die Augen. Hat er etwa recht behalten, als er diktierte, dass sich der Hass gegen das Judentum auch nach Jahrhunderten immer wieder erneuern würde? Was sich auf Straßen und Plätzen, in Universitäten und bei Großveranstaltungen nach dem 7. Oktober 2023 entlud, klang in vielen Slogans genauso, wie Hitler es vorausgesagt hatte: ein ungezügelter Hass auf die Juden. Nicht die Hamas war es, die zur Vernichtung einer ethnischen Gruppe angetreten war, schuld war «das internationale Judentum und seine Helfer» – wieder einmal.

Ist das nicht zutiefst bestürzend?

In vielen Teilen der Welt war das zu hören, in der muslimischen Welt ohnehin, aber eben auch bei den Nachfahren des Volkes der Täter, bei den Deutschen. Bis in die Mitte der Gesellschaft, so stellte sich heraus, stieg wieder ein Antisemitismus hoch, den wir doch überwiegend für überwunden gehalten hatten. Und das nicht nur bei den wenigen, die sich noch selber an die Nazi-Zeit erinnern konnten. Auch und gerade unter jungen Menschen entwickelte sich ein israelfeindlicher Reflex, der bei genauer Betrachtung antisemitische Bezüge hat.

Vieles dabei, so muss angenommen werden, beruht auch auf Unkenntnis. Es gilt einiges ganz grundsätzlich zu klären. Israel nennt den Holocaust die «Shoah», übersetzt das Unheil, die Katastrophe. Und wenn auch manches im strengen historischen Vergleich überzogen sein mag, so empfanden viele Israelis den brutalen Angriff auf das eigene Territorium und das Abschlachten von etwa 1200 Menschen durch die Hamas als den neuen Holocaust.

Ohne den grauenvollen Schrecken der Shoah hätte es bei der Entscheidung in den jungen Vereinten Nationen 1947 vermutlich keine Mehrheit für den Teilungsplan gegeben, der das britische Mandatsgebiet Palästina für Juden und Araber aufteilte – was sofort zum Krieg führte, weil die Araber einen jüdischen Staat nicht akzeptieren wollten. Die Juden, die nun ins Land strömten, viele davon Überlebende des Holocaust, zogen aus dieser fürchterlichen historischen Erfahrung eine Lehre, die sich bis heute auswirkt: Nie wieder Auschwitz, nie wieder hinzunehmen, ohne Widerstand wie Schafe zur Schlachtbank geführt zu werden. Und das, so die Konsequenz, konnte nur gelingen, wenn sich die Juden auch wehren könnten, mit eigenen Streitkräften. Das hat bis heute in mehreren Kriegen funktioniert, Israel hat alle Angriffe abgewehrt. Umso traumatischer allerdings die Erfahrung, dass eine vergleichsweise kleine Gruppe wie die Hamas das mächtige Israel so blutig überrumpeln konnte. Das muss man verstehen, wenn man sich ein Urteil über Israels Reaktionen erlauben will.

Hinter dieser vermeintlich unbesiegbaren Militärmacht, abgesichert auch durch Atomwaffen, hat sich Israel allerdings zunehmend bequem eingerichtet. Motto: Uns kann doch keiner! Am liebsten im Status quo, bitte keine Veränderungen, jedenfalls keine, die Opfer verlangen, schon gar nicht in der Palästinenserfrage. Palästinenser, das sind doch die, die morgens aus der Westbank kommen und auch aus dem Gaza-Streifen, als Bauarbeiter selbst für den Siedlungsbau, als Erntehelfer, und dann wieder verschwinden. Und die mit dem israelischen Pass, immerhin jeder Fünfte, die muss man halt hinnehmen. Das führte auch zu vielen Ungerechtigkeiten, auch zu Gewalt, die eigentlich nicht hinnehmbar war und ist.

Damit ist jetzt Schluss.

Der neuerliche Gaza-Krieg hat das alte Problem, das vom ersten Tag seit der Gründung des Staates Israel da war, wieder ins Bewusstsein auch der Weltöffentlichkeit geholt. Es verlangt nach Antworten. Die müssen die Israelis selbst geben. Dazu gehört auch eine gründliche Selbstvergewisserung. Wie soll dieser Staat der Juden in Zukunft aussehen? Diese Frage war der Kern der tiefen Auseinandersetzung um die Justizreform. Soll Israel weiterhin ein weltoffener, demokratischer Staat sein oder ein Gottesstaat, in dem zum Beispiel Frauen bitte schön, wie oft in Jerusalem geschieht, hinten im Bus zu sitzen haben?

Und ja, und dann – wie soll es weitergehen mit den Palästinensern? Und damit, untrennbar verbunden, mit den Siedlern?

Das kann und wird die gegenwärtige Regierung nicht lösen. Auch hier muss ein Neuanfang her, ein Kraftakt allerdings, der einen völlig offenen Ausgang hat.

Und wir?

Zurück zu Hitlers Testament. Wir haben die historische Verpflichtung, uns gegen seine Versicherung zu stellen, dass das Judentum an allem schuld ist, dass sich der Hass immer wieder neu entladen wird. Das Motto «Nie wieder ist jetzt» ist richtig. Es muss klar sein, dass Juden in Deutschland nicht in Angst leben müssen. Und gleichzeitig müssen wir darauf drängen, dass auch die rund fünf Millionen Muslime dies mittragen, wir sie aber nicht in Generalverdacht nehmen und als unsere Mitbürger anerkennen.

Auch das braucht in Wahrheit einen Kraftakt, der uns alle stark fordert. Und gegenüber Israel ist es ebenfalls richtig, dass wir uns, und das ohne Wenn und Aber, für das Existenzrecht des Staates der Juden einsetzen. Auch, und das tun wir, ganz praktisch, und nicht nur in Sonntagsreden. Das entlässt uns aber nicht aus der Verantwortung, uns für Lösungen zu engagieren, die die gesamte Region im Nahen Osten endlich ein Stück weit näher an den Frieden heranbringen, und das auch gegenüber Israel zu vertreten.

Das ist, seien wir ehrlich, leichter gesagt als getan.

Es wird im Augenblick im Nahen Osten Geschichte geschrieben – wieder einmal und mit offenem Ausgang. Aber nie waren die wichtigen Spieler so divers, die Fronten so unübersichtlich, und nie gab es so viele unterschiedliche Koalitionen. Offensichtich ist, und das ist eine neue Qualität, dass die wichtigen arabischen Staaten endlich eine Friedenslösung mit dem Staat der Juden wollen. Historische Schritte sind in den vergangenen Jahren bereits gegangen worden. Aber sie kommen nicht umhin, dafür einen Preis zu verlangen, und der ist eine Regelung für die Palästinenserfrage. Und ebenso offensichtlich ist, dass dies mit der gegenwärtigen Regierung in Israel unmöglich ist. Die deutsche Politik ist gefordert, den Spagat hinzubekommen, einerseits

Solidarität mit dem Staat der Juden zu zeigen, zugleich aber auch das berechtigte Anliegen der Palästinenser zu unterstützen.

Dieses Buch soll Fakten liefern. Es erhebt nicht den Anspruch, angesichts der komplexen Umstände Antworten auf alle Fragen zu geben. Und es kann auch deshalb keine endgültigen Schlüsse ziehen, weil sich die Situation beinahe täglich ändert. Es soll im besten Sinne «food for thought» anbieten – Stoff zum Nachdenken.

# Dank

Ich danke allen, die mit ihren Gedanken bei offenen Gesprächen und in schriftlichem Austausch zu diesem Buch beigetragen haben. Ohne sie hätte es nicht geschrieben werden können.

Mein Dank geht in alphabetischer Reihenfolge an:

Thomas Bagger
Volker Beck
Ron Ben-Yishai
Mathias Döpfner
Ariel Kirzon
Roderich Kiesewetter
Markus Laubenthal
Olaf Lindner
Aiman A. Mazyek
Jörg Meuthen
Julian Nida-Rümelin
Yael Peleg
Jens Plötner
Olga Polyakov
Hans-Gert Pöttering
Carsten Sawitzki
Josef Schuster
Thomas Seifert
Arye Shalicar
Agnes Strack-Zimmermann
Erika Steinbach
Michael Wolffsohn
Peter Ziegert

Dieses Werk beruht in seinem historischen Teil auf meinem Buch «Staatsräson? Wie Deutschland für Israels Sicherheit haftet». Darin ist eine weitere, große Zahl an Gesprächspartnern sowohl in Israel wie in Deutschland genannt, ebenso wie eine umfassende Liste der verwendeten Literatur.

Auf jeden Fall erneut möchte ich mich bei Niels Hansen bedanken († 2015), der mir ausdrücklich sein wichtiges Buch «Aus dem Schatten der Katastrophe» zur Auswertung zur Verfügung gestellt hat. Der frühere deutsche Botschafter in Israel (1981–1985) hat das Standardwerk schlechthin über die Anfangszeit der deutsch-israelischen Beziehungen geschrieben. Der damalige israelische Staatspräsident Shimon Peres verweist in seinem Vorwort zu Recht darauf, wie gründlich Niels Hansen die Archive durchforstet hat.

Zu besonderem Dank verpflichtet bin ich dem Verlag C.H. Beck, hier vor allem Cheflektor Sebastian Ullrich und seinem Team Eva Detig, Rosemarie Mayr, Christa Schauer und Anja Schoene. Sie haben sich mit großem, erfrischendem Engagement dafür eingesetzt, dieses aktuelle Buch schnell ins Programm zu nehmen.

Aufrichtiger Dank gebührt auch Daniel Bussenius, der sich kritisch mit dem Manuskript auseinandergesetzt und wertvolle Hinweise zur Faktenlage beigetragen hat, ebenso wie Maike Specht, die gründlich Korrektur gelesen hat.

Meiner Literaturagentin Frauke Jung-Lindemann von der Berlin Agency bin ich dankbar für ihre Anregung, angesichts der Explosion der Gewalt, die ich im Oktober 2023 vor Ort in Israel erlebt habe, erneut das Thema aufzugreifen und daraus eine Bestandsaufnahme der deutschen Beziehungen zum Staat der Juden zu machen.

Aus dem Verlagsprogramm

Saul Friedländer

**Blick in den Abgrund**

*Ein israelisches Tagebuch*

Aus dem Englischen von Andreas Wirthensohn

3. Auflage. 2023. 237 Seiten. Gebunden

Haim Hillel Ben-Sasson (Hrsg.)

**Geschichte des jüdischen Volkes**

*Von den Anfängen bis zur Gegenwart*

Sonderausgabe. Mit einem Nachwort von Michael Brenner

Autorisierte Übersetzung aus dem Englischen von Siegfried Schmitz

7. Auflage. 2022. 1412 Seiten mit 28 Karten. Gebunden

Michael Brenner

**Israel**

*Traum und Wirklichkeit des jüdischen Staates*
*Von Theodor Herzl bis heute*

2. Auflage. 2023. 288 Seiten mit 24 Abbildungen und 4 Karten. Broschiert

Beck Paperback Band 6372

Muriel Asseburg und Jan Busse

**Der Nahostkonflikt**

*Geschichte, Positionen, Perspektiven*

11. Auflage. 2024. 128 Seiten mit 4 Karten. Broschiert

Beck'sche Reihe Band 2858

Noam Zadoff

**Geschichte Israels**

*Von der Staatsgründung bis zur Gegenwart*

3., aktualisierte Auflage. 2023. 144 Seiten mit 8 Abbildungen
und 2 Karten. Broschiert

Beck'sche Reihe Band 2905